# 多元开放 以文化人

## ——威海市鲸园小学人文教育课程建设的实践探索

丛滋芬 著

中国海洋大学出版社

CHINA OCEAN UNIVERSITY PRESS

·青岛·

**图书在版编目（CIP）数据**

多元开放 以文化人：威海市鲸园小学人文教育课
程建设的实践探索 / 丛滋芬著. -- 青岛 ： 中国海洋大
学出版社， 2024. 8. -- ISBN 978-7-5670-4008-3

Ⅰ . G621

中国国家版本馆 CIP 数据核字第 2024X4W122 号

多元开放 以文化人——威海市鲸园小学人文教育课程建设的实践探索
DUOYUAN KAIFANG YI WEN HUAREN—WEIHAI SHI JINGYUAN XIAOXUE RENWEN
JIAOYU KECHENG JIANSHE DE SHIJIAN TANSUO

| | |
|---|---|
| **出版发行** 中国海洋大学出版社 | |
| **社　　址** 青岛市香港东路 23 号 | **邮政编码** 266071 |
| **出 版 人** 刘文菁 | |
| **网　　址** http://pub.ouc.edu.cn | |
| **电子信箱** huiwang0325@163.com | |
| **订购电话** 0532-82032573（传真） | |
| **责任编辑** 王　慧 | **电　　话** 0532-85901092 |
| **印　　制** 日照报业印刷有限公司 | |
| **版　　次** 2024 年 8 月第 1 版 | |
| **印　　次** 2024 年 8 月第 1 次印刷 | |
| **成品尺寸** 170 mm×240 mm | |
| **印　　张** 17.25 | |
| **字　　数** 278 千 | |
| **印　　数** 1 ～ 1000 | |
| **定　　价** 68.00 元 | |

发现印装质量问题，请致电 0633-8221365，由印刷厂负责调换。

# 序　言

　　地方课程和校本课程是基础教育体系的重要组成部分，是国家课程的拓展和补充。加强课程建设和管理，是贯彻落实习近平总书记实现全员全程全方位育人要求的具体行动和生动实践，也是促进学校充分发挥为党育人、为国育才作用的重要途径。

　　威海市鲸园小学在丛滋芬校长的带领下，深刻理解国家和省、市基础教育课程改革，以及加强中小学地方课程和校本课程建设与管理的要求，本着"在传承中思变"的学校发展观，坚持整体设计、协同育人，因地制宜、体现特色，有序推进、保证质量的工作思路，积极推动人文教育特色学校建设，进一步增强了地方课程、校本课程与国家课程的有效配合。丛滋芬校长集十年的思考与实践，著成《多元开放　以文化人——威海市鲸园小学人文教育课程建设的实践探索》一书。该书记录的是鲸园小学"用十年做一件事"——课程建设的探索成果。鲸园小学以独特的方式践行着人文教育理念，以贴近儿童内在发展轨迹的方式守护着儿童的天性，既推动了教育改革和教师专业发展，也促进了学生的全面发展和健康成长。

　　办学特色的本质是课程建设的特色。鲸园小学教育工作者完整地认识与把握基础教育课程体系，在落实国家课程的同时，立足于学校的文化核心，构建本校师生认同的课程文化。通过自上而下的顶层设计和自下而上的实践探索，对课程进行校本化的开发与重构，形成了双向交互、双向融合的课程体系。这是一个校长、教师、社区、家长、学生等多方参与的创生过程，体现了共生共享的发展愿景和价值追求。

　　课程建设需要创新精神，更需要创新的勇气和创新的智慧。鲸园小学的课程建设发展历程印证了只有坚持正确的方向，找到正确的方法，才能实现发展与水平的超越。他们的课程建设 1.0 时期开设的是"1+X"人文教育课程，这个课程体系还仅仅是校本课程的丰富化，是培养学生特长的课程供给，还停留在学科化的思维。课程建设 2.0 时期构建了"1-5-3-3"人文教育课程体系，这个时期的课程建设跨越了学科课程的藩篱，构建出基础性课程、拓展性课程、选择性课程和综合性课程为架构的立体多元课程体系群，贯通了国家课程、地方课程和校本课程三级课程。课程建设 3.0 时期，学校遵循人文教育的教育哲学，把"以文化人、以文育人，让每个学生成为新时代的文化人"的办学理念作为统领课程的灵魂，形成了"小鲲鹏"课程，构建了分别指向社会与品格、语言与文学、思维与探索、艺术与审美、生命与运动五个学习领域的小使者、小文人、小博士、小达人、小健将课程体系，让"创新体验、涵养人文、点亮未来"的课程理念真正落地，实现了课程建设的升华。从运用学科思维构建课程，到基于学习视角整合课程，再到以学生核心素养提升为目的的创设课程，这一发展历程体现了学校管理团队对课程认识的不断深入，他们不断反思，不断超越，让课程有了创新、有了灵魂、有了生命。

"一门触碰心灵的好课程，会让人终身受益。"对学生如此，对教师亦然。课程建设过程中课程目标的确定、课程体系的搭建、课程资源的开发、课程教学的实施、核心素养的落地等，无不考验着教师的综合水平与专业素养。"小鲲鹏"课程的建设，让教师重新规划自己的发展方向，重构知识体系，突破成长的"高原期"。那些基于教材又超越教材、基于课堂又超越课堂的拓展性、综合性课程的开发，引领教师走出一片新天地，获得持续不断的发展动力。

鲸园小学在深入推进课程建设的进程中，不断凝练教育理念，提升课程领导力，培育课程文化，使课程成为教育综合改革的闪亮标识。每一种思考与理解都有其价值和意义，每一段实践与探索都是启示和智慧，希望这本书能给正在摸索课程建设的教育工作者带来借鉴和启发。

程方平

2024 年 6 月 27 日

程方平，中国人民大学教授，原中央教育科学研究所研究员，学术委员会主任，兼任中国比较教育学会常务理事、中国国情研究会理事。研究领域：教育史、比较教育、民族文化教育、教师理论。

# 前　言

　　文化是学校的灵魂，是师生的精神支柱。威海市鲸园小学创建于1902年，是一所具有丰厚文化底蕴的百年名校。我任校长以来，坚持质量立校、教研兴校、文化润校、特色强校的发展思路，从学校发展历史、师生风貌特质、教育教学传统以及地域文化特点这四个维度对学校120余年的办学历程进行全面梳理，确立"人文教育"的教育哲学。在实施人文教育过程中，推行"以文化人、以文育人，让每个学生成为新时代的文化人"的办学理念，儒雅教师，涵养学生，期望学生如鲲鹏一般心怀凌云志，胸有家国情，拼搏进取，奋起直飞，拥有美好的未来。

　　《教育的目的》开宗明义：学生是有血有肉的人，教育的目的是激发和引导他们的自我发展之路。[①]如何唤醒学生沉睡的潜能呢？多年的思考与实践让我看到，课程就是这样一块有可能激发学生潜能的试金石。学生的特长很多时候是在对种种课程尝试失败的基础上，被筛选和保留下来的。学校课程的意义在于帮助学生获得生存的本领，学习生存的智慧、体验生命的意义和价值。这是学校教育改革发展的核心，是通往美好生活的教育旅程。

　　2016年9月，中国学生发展核心素养研究成果的发布，使得教育的目标越来越指向"以人的发展为中心"的综合素养提升，落实核心素养，必须以课程为依托。原有的课程基础是学校课程建设的起点，我们分析了既有的优点，优点有拓展课程科目丰富、已有的校本课程特色鲜明、学校历史悠久底蕴深厚、所处的区域具有多元的优质资源。我们发现现有的问题包括缺少课程理念的提炼、没有系统的课程体系、学校教师结构分化明显、社会资源利用率低。由此可见学校课程未来的发展空间很大，于是我们激发全学科教师的能动性，发挥

---

　　① 怀海特.教育的目的[M].庄莲平，王立中，译.上海：文汇出版社，2012：前言.

校内外合力，以核心素养为纲，制定了课程改革规划，围绕"创新体验、涵养人文、点亮未来"的课程理念，将鲸园小学人文课程的育人目标确定为培养有"家国情怀、智慧创新、责任担当"的时代新人。从课程理念、目标、内容到评价，重构了融全面发展与个性成长为一体的"小鲲鹏"课程体系。

　　"小鲲鹏"课程，来源于学校的校名。我们认为，"鲸"是庄周笔下代表鲲鹏的大鱼，载着与生俱来的智慧与诗意——"鲸鱼跋浪沧溟开"，欲化鲲鹏震九天，预示着鲸园学子在课程培育下皆能以鳍化羽，海阔天空，拥有美好的未来；同时也体现鲸园师生志存高远、拼搏进取、开拓创新的精神面貌。根据学科属性、学习规律及学习方式，"小鲲鹏"课程分别指向社会与品格、语言与文学、思维与探索、艺术与审美、生命与运动五个学习领域，每一个板块设置既含有国家课程与地方课程，又含有校本课程与社团课程。一方面保证国家课程与地方课程的校本化实施，确保将学科特色融入教学内容；另一方面保证校本课程的特色化实施，且能依据学生的需求动态更新。学校现有50余门校本课程，学生参与率均达到100％。可以说"小鲲鹏"课程与鲸园小学课程发展史一脉相承，是对优秀文化的传承和弘扬，既是创新探索，也是一种回归。创新之处就在于不断超越，在课程形成过程中，遵循了学校的办学理念和价值追求，还将学校文化融入课程建设，而且课程建设过程让教师和学生发声，形成集体智慧。回归则体现为课程建设的视角从关注课程转向关注学生素养的提升与学生的成长，让教书育人的本质得以显现。

　　我们希望每个学生在校园里能有一处喜欢的场所、一件热爱的事情、一个"扬长"的舞台、一项拿得出手的特长。课程建设将是学校发展的永恒主题，展望未来，任重而道远，我们将在思考—实践—提高的课程建设路上只争朝夕，行稳致远。

丛滋芬

2024 年 6 月 5 日

# 目 录
## CONTENTS

# 第一章　以文化人，点亮未来

　　一鲸落，万物生，化为园，润百年。威海市鲸园小学创建于1902年，是一所环翠区直属的公办学校。目前有教学班40个，学生1719人，教职工104人。学校为落实立德树人根本任务，深化课程与教学改革，秉承"以文化人、以文育人，让每个学生成为新时代的文化人"的办学理念，致力于培养有"家国情怀、智慧创新、责任担当"的时代新人，体现学校课程建设的全纳性、基础性、全面性，发展小学生的核心素养。

# 第一节　学校教育哲学

我们从学校发展历史、师生风貌特质、教育教学传统以及地域文化特点这四个维度对学校 120 余年的办学历程进行全面梳理，确立"人文教育"的教育哲学。《辞海》中写道，人文"指人类社会的各种文化现象"。文化是人类或者一个民族、一个群体共同具有的符号、价值观及其规范，其中价值观是文化的核心。我们的理解是人文就是人类文化中的先进部分和核心部分，即先进的价值观及其规范，其实质就是"以文化人、以文育人"。学校在实施人文教育过程中，深入推行"以文化人、以文育人，让每个学生成为新时代的文化人"的办学理念，展现"鲲鹏展翅　志在远方"（校训）、"自强不息　开拓创新"（校风）、"潜心钻研　因材施教"（教风）、"好问善思　健康发展"（学风）的"一训三风"，期望学生如鲲鹏一般心怀凌云志，胸有国家情，拼搏进取，奋起直飞，拥有美好的未来。具体解读如下。

**一、人文教育对办学理念的体现**

人文教育是文化传承的教育。人文教育致力于中华优秀传统文化、学校历史文化的传承，采用合理的方式，直抵心灵教育，激发学生的内在动力，以文化人，以文育人。

**二、人文教育对育人目标的体现**

人文教育是涵养人格的教育。人文教育提升人的思想境界和人文素养，将博大、包容的气质融入学生的教育之中，使其受到浸润和感染，进而追求理想、自信的人生。

**三、人文教育对教师群体的体现**

人文教育是育智立德的教育。人文教育遵循学生的成长规律，以育人为使命，帮助和认可学生的每一次进步，聚成震撼人心的影响力。

**四、人文教育对课程设置的体现**

人文教育是多样出彩的教育。人文教育尊重每一个学生的独特个体，从多元化的角度开发学生的潜力，让学生在丰富有益的课程中链接自我，释放溢彩的个性。

## 五、人文教育对实践的体现

人文教育是探索创新的教育。人文教育将科学创新精神和求真、求善、求美的精神放在了首位，在丰富多彩的课程中，把个体发展的主动权交还给学生，让学生通过探索与实践开阔视野，积淀智慧，实现蜕变。

## 六、人文教育对教育环境的体现

人文教育是自由生长的教育。人文教育是顺应天性与尊重个性的教育，在平等、自由的氛围中潜移默化地影响着每个学生，使其能遇见一个闪亮的自己，让每个学生都自由成长，张扬个性。

基于人文教育的教育哲学，我们将课程理念确定为创新体验、涵养人文、点亮未来。每一个学生都有自己的奇思妙想，教育就是顺应学生的自然发展规律，促进学生全面发展，为学生营造一个宽松自由的"创想"乐园。"小鲲鹏"课程的设计考虑到学生的个性特点，遵从生命成长的规律，呵护孩子的天性，注重学生认知增长与潜能开发、身体成长与心理健康、艺术审美与创新能力，注重品德形成、人格发展等，促进他们的可持续发展，点亮他们的未来。

人的全面发展理念指导下的"小鲲鹏"课程建设，遵循以人为中心的价值逻辑，构建指向学生全面而有个性发展的学校课程，形成独具特色的学校课程体系，满足学生终身发展的需要，打造具有"爱心育人，责任担当"人文品质的教师队伍，完善家校社共育共治的格局，将学校建设成人文教育特色鲜明、教育教学质量高的学校。

# 第二节　学校课程目标

我们要培养有"家国情怀、智慧创新、责任担当"的时代新人。

家国情怀：《孟子·离娄上》说"天下之本在国，国之本在家，家之本在身"。家国情怀是中国人民世代奋斗形成的归属感，是中华优秀传统文化的精髓。汲取民族文化的精髓，教育完善人格，实现人生的更高价值是人文教育的根本。

智慧创新：通过中华民族优秀的历史与文化教育人、影响人，使学生获得精神培育、精神成长。我们将科学创新精神和求真、求善、求美的精神放在首位，开展丰富多彩的课程，使学生在学习、理解、运用知识和技能的同时，提高知识的迁移运用与实践创新能力，形成清晰的价值标准、正确的思维方式和行为表现。

责任担当：梁启超的《呵旁观者文》中写有"知责任者，大丈夫之始也；行责任者，大丈夫之终也"。自 1902 年至今，鲸园小学与教育结缘的百余年来涌现出空军原司令员王海、著名漫画家毕克官、香港中文大学原副校长傅元国等一大批学子楷模，莘莘学子心怀家国、勇于担当、自强不息、追求卓越的精神，启迪和激励着代代鲸园人。

时代新人：以党的二十大精神为指引，围绕"为党育人、为国育才"这一初心使命，我们从提高学生品行素养、心理健康品质、文化品位等方面着力，实施课程架构，开展丰富的活动，促进学生全面发展、健康成长，传递时代精神与时代力量，成为担当民族复兴大任的时代新人。

我们立足《义务教育课程方案和课程标准（2022 年版）》，依据全体师生的课程愿景，围绕"创新体验、涵养人文、点亮未来"的课程理念，将育人目标细化，并结合学生的年龄差异，划分形成了低、中、高年级的课程要求，厘定出"小鲲鹏"课程分级目标（表 1-1）。

表 1-1　"小鲲鹏"课程分级目标

| 培养目标 | 关键素养 | 阶段发展目标 | | |
|---|---|---|---|---|
| | | 低年级 | 中年级 | 高年级 |
| 家国情怀 | 爱学校爱家乡爱祖国爱生命 | 1. 认识自己的学校，初步引导学生热爱自己的学校<br>2. 初步认识家乡，对自己家乡有认同感<br>3. 初步了解自己的祖国，热爱自己的祖国<br>4. 乐于参加体育活动，在集体中获得安全感和归属感，学会自我控制 | 1. 了解自己的学校，引导学生热爱自己的学校<br>2. 了解自己的家乡，熟悉家乡的风土人情，培养学生热爱家乡的情感<br>3. 初步引导学生感受祖国山河的美好，初步形成对中华民族的归属感和自豪感<br>4. 形成坚持锻炼的习惯，养成健康的生活方式，形成开朗、合群、自立的健康人格 | 1. 了解自己学校的校史和文化底蕴，热爱自己的学校<br>2. 了解自己的家乡，熟悉家乡的风土人情，对家乡怀有浓厚的热爱之情<br>3. 引导学生尊重不同的国家和民族的文化差异，初步形成开放的国际视野<br>4. 拥有良好的身体素质，基本形成终身锻炼的习惯，学会悦纳自己，身心健康 |
| 智慧创新 | 人文积淀学习习惯创新意识创新思维 | 1. 掌握低年级文化课程标准规定的要求。热爱经典文化，积累诗文、词汇，体会经典诵读中蕴含的自然美、韵律美<br>2. 初步养成认真听课、自主学习、热爱阅读的好习惯 | 1. 掌握中年级文化课程标准规定的要求。热爱中国经典文化，积累经典诗文，感受中国传统之美，体会经典诗文中蕴含的人格美、行为美<br>2. 养成良好的自主学习和阅读的习惯，主动与他人交流自己的收获和疑问 | 1. 掌握高年级文化课程标准规定的要求。培养中华民族的归属感和自豪感，积累经典诗文，初步了解古诗词格律，体会经典诗文中蕴含的智慧美<br>2. 养成良好的自主学习、合作探究习惯。养成深度阅读和反思的习惯，并联系实际交流自己的收获和疑问 |

续表

| 培养目标 | 关键素养 | 阶段发展目标 | | |
|---|---|---|---|---|
| | | 低年级 | 中年级 | 高年级 |
| 智慧创新 | 人文积淀学习习惯创新意识创新思维 | 3. 有好奇心，善于观察，能就感兴趣的内容提出问题，有好奇心，养成爱动脑筋的好习惯<br>4. 多角度观察身边的事物，能用自己的话来描述观察到的现象，从中感受到探究的乐趣 | 3. 能将科学知识应用于日常生活，乐于参加实践活动，喜欢动手探究身边的事物，勇于创新，善于积累创新经验，提高综合实践能力<br>4. 能大胆提出复杂的有一定深度的问题，对所提出的问题进行比较和评价，并会探究问题、解答问题 | 3. 能够将课内外知识有机融合，拓展思维与活动空间，形成激情涌动的团队合力<br>4. 通过实践掌握科学的研究方法，在实践过程中能够发现问题，同时能够大胆、充分地将想法付诸行动 |
| 责任担当 | 社会责任国家认同国际理解 | 1. 能做到文明礼貌、诚信友善、孝亲敬长，初步具有规则意识，有感恩之心，积极参与团队活动，主动作为，履职尽责<br>2. 初步具有家国意识，认同自己的身份，尊重中华民族的优秀文明成果，初步具有文化自信<br>3. 初步知道世界是多元的，愿意了解世界文明进程和世界发展动态 | 1. 具有互助意识，对自己和他人负责。具有法律意识，积极履行公民责任<br>2. 了解党的历史和光荣传统，具有热爱党、拥护党的意识和行动，理解、接受社会主义核心价值观<br>3. 关注国际形势，了解人类面临的挑战，尊重世界文化的多元和差异 | 1. 崇尚自由平等，维护社会公平正义，热爱、尊重自然<br>2. 具有为中华民族伟大复兴努力的理想，有为祖国奉献的信念和行动<br>3. 积极参与跨文化交流，理解人类命运共同体的内涵与价值 |

# 第三节　学校课程体系

秉持"以文化人、以文育人，让每个学生成为新时代的文化人"的办学理念，培育有"家国情怀、智慧创新、责任担当"的时代新人，探索构建"小鲲鹏"课程（图1-1），让"创新体验、涵养人文、点亮未来"的课程理念真正落地，促进学生健康、全面发展。

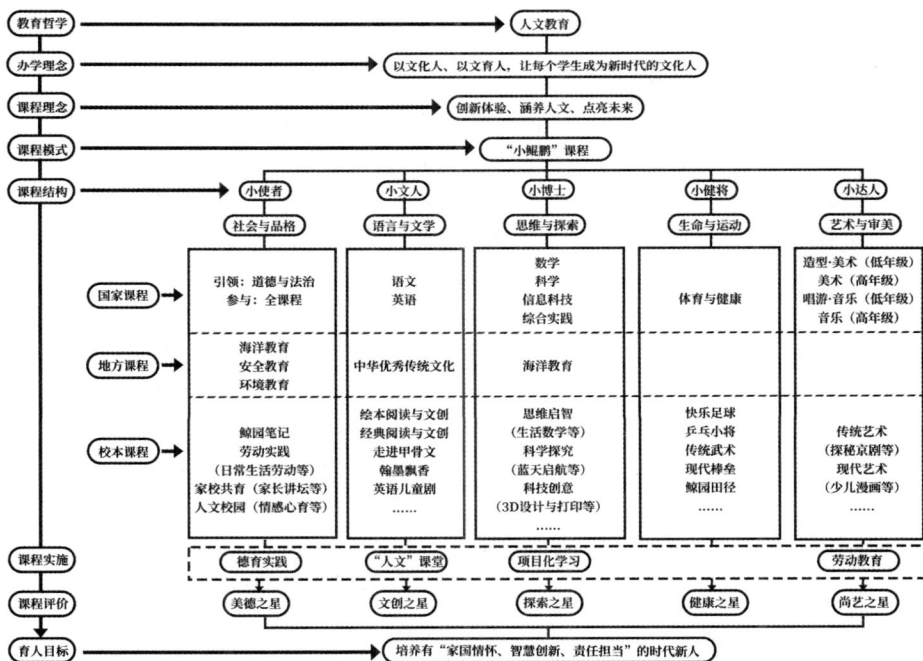

图1-1　"小鲲鹏"课程体系逻辑结构

"小鲲鹏"课程分别指向社会与品格、语言与文学、思维与探索、艺术与审美、生命与运动课程五个学习领域，根据学科属性、学习规律及学习方式，每一板块设置既含有国家课程与地方课程，又含有校本课程与社团课程。一方面保证国家课程与地方课程的校本化实施，确保将学科特色融入教学内容；另一方面保证校本课程的特色化实施，且能依据学生的需求动态更新。学校现有

50 余门校本课程，学生参与率均达到 100％。具体课程内容分布如表 1-2。

**表 1-2　"小鲲鹏"课程内容分布**

| 课程群 | 课程类型与内容 | | | | |
|---|---|---|---|---|---|
| | 国家课程 | 地方课程 | 校本课程 | | |
| 社会与品格 | 引领：道德与法治参与：全课程 | 环境教育安全教育海洋教育 | 必修：鲸园笔记 | 选修1——劳动实践：日常生活劳动生产劳动（节气美食、节气耕学）社会服务性劳动 | 选修2——家校共育：家长讲坛亲子阅读家庭课本剧 | 选修3——人文校园：情感心育文明礼仪红色印迹 |
| 语言与文学 | 语文英语 | 中华优秀传统文化 | 选修1：绘本阅读与文创经典阅读与文创小小朗读者甲骨文的故事翰墨飘香课本剧诗情画意 | | 选修2：绘本阅读旅行笔记生活英语英语趣配音英语儿童剧英语小导游 |
| 思维与探索 | 数学科学信息科技综合实践 | 海洋教育 | 选修1——思维启智：数学家的故事玩转七巧板趣味二十四点勇闯华容道快乐数独百变魔方生活数学智慧数学 | 选修2——科学探究：科学小实验种子发芽声音的秘密校园植物探秘自行车中的机械说明书那些事 | 选修3——科技创意：纸飞机航模AI 编程人工智能编程智能机器人 |

续表

| 课程群 | 课程类型与内容 | | | | |
|---|---|---|---|---|---|
| | 国家课程 | 地方课程 | 校本课程 | | |
| 思维与探索 | 数学 科学 信息科技 综合实践 | 海洋教育 | 结构游戏与模型搭建 | 蓝天启航 诗词中的科学 | 3D 设计与打印 创意智造 |
| 生命与运动 | 体育与健康 | | 选修： 快乐足球 现代棒垒 传统武术 鲸园田径 乒乓小将 | | |
| 艺术与审美 | 造型·美术 （低年级） 美术 （高年级） 唱游·音乐 （低年级） 音乐 （高年级） | | 选修1： 儿童剪影 传统剪纸 创意剪纸 生活剪纸 少儿漫画 水墨丹青 泥土留香 童味彩笔 | 选修2： 京剧探秘 百灵合唱 少儿舞蹈 鲲鹏管乐 尚音时空 | |

# 第四节　课程实施

## 一、"人文"课堂教学模式

构建"人文"课堂，旨在让师生有效互动，让学生合作学习，涵养乐思善问、探索创新的精神，真正实现教学力和学习力的双重提升。我们立足市域、区域层面推进的"核心素养导向的大单元教学"，进行"大单元教学背景下的探究性教学策略"循证研究，以学生的元认知为基准，以"问题意识＋思辨能力"的学习习惯培养为重点，按照同学段、跨学段教学策略循环实证研究的方式，检验"人文"课堂教学模式（图1-2）的科学性、实效性，提升学生的人文思辨素养与核心素养。

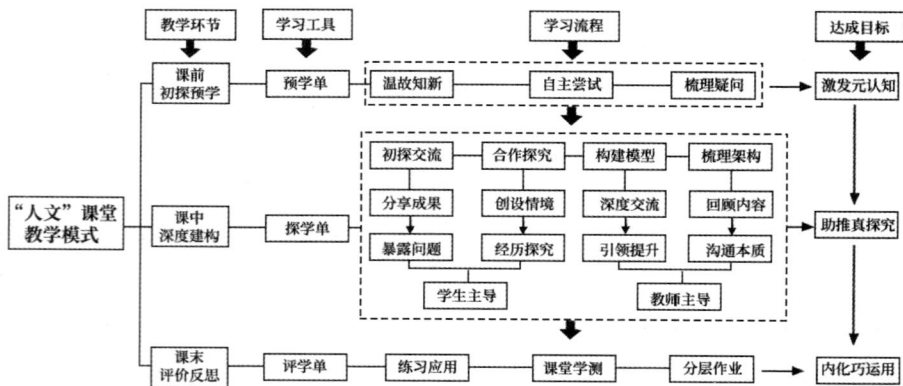

图1-2　"人文"课堂教学模式

"人文"课堂教学模式如下。

课前初探预学：即先行学习，自主探究，聚焦学生对新知识学习的"起点"，明晰学生的元认知结构以及学生的差异性，助推教师对学情的精准把握。

课中深度建构：即引导暴露问题，共同解疑，聚焦单元结构化教学策略，从初探交流—合作探究—构建模型—梳理架构四个层次，展开学生主导的探究活动和教师主导的引领活动。

课末评价反思：即课后自主延探＋项目化学习，聚焦学生对于核心知识的深度理解，教师从练习、学测、作业设计三个层面将研究的问题延伸，加强学生的后研力与热情。在这样的课堂结构中，学生的核心素养得到发展，教师观念从"学科教学观"转向"学科教育观"，从"知识本位"回到"育人本位"。

## 二、地方课程的实施

地方课程是国家课程的补充，在内容上与国家课程有着密切的联系。虽然课程开发的主体不同，但最终所要达到的教育目标具有一致性。我们将地方课程内容重新梳理，按照五大学习领域，分别归属于社会与品格和思维与探索（指地方课程中的海洋教育、环境教育、安全教育三个专题）、语言与文学（指地方课程中的中华优秀传统文化专题）三个领域，进行有机整合、有序实施。

### （一）将海洋教育、安全教育、环境教育三个专题融入社会与品格和思维与探索两个学习领域

海洋教育、安全教育、环境教育中的许多内容与科学、道德与法治、班队会的主题活动紧密相关。我们将学习主题与科学、道德与法治重点单元、班会主题、日常行为习惯养成有机整合起来，引导学生学习各种知识，了解家乡，增强安全意识和环保意识，掌握自我防范的方法，不断优化自己的行为习惯与行为方式。

### （二）将中华优秀传统文化专题融入语言与文学学习领域

根据语文学科课程内容特点，筛选传统文化课程中与之呼应的课节，通过语文各类课程教学、经典诵读活动等达成教学目标，实现学科价值。

## 三、校本课程的实施

### （一）创新内容，挖掘资源

（1）校本必修课程中的鲸园笔记：组织骨干教师、优秀校友、热心社会人士等多方力量，通过实地走访、查阅文献收集资料，梳理鲸园小学发展历史进程中有突出成就的人与大事件，编写教材及学期纲要，精心准备单元教学方案、课时教学方案，设计课程评价量规，实现育人目标。

（2）校本选修课程：依据各板块课程属性、各门课程的特点及学生的学习需求，充分挖掘与课程主题相关的中华优秀传统文化资源、本土地域资源、校本特色资源及人文精神财富等。组织本校教师编写教材及学期纲要，精心准备单元教学方案、课时教学方案，设计课程评价量规，实现育人目标。

**（二）创新学法，合作开放**

（1）校内层面：学校校本课程体现以拓展与整合、体验与理解、合作与开放等为标志的课程实施文化，将文化精神由课内延伸到课外，让学生在感受中内化，在经历中成长。让学生通过"考察探究－搜集资料－合作学习－汇报交流－反思修正"的学习方式，对课程内容开展"自主＋合作"式研究，鼓励学生大胆创新，进行文化创意，学创结合。同时，从内容、要求、方式等方面，加强校本课程与八大主题文化节之间的联系，合理布局校本课程，逐步推进纵向年段分布与横向显性、隐性结合，短期、长期配套，微型学期组合的校本课程实施体系。

（2）校外层面：一是通过"家长讲坛"，打通家校协同育人空间，夯实家庭教育管理，构建家校协同育人的和谐教育生态。二是通过社区志愿服务"我是鲸园小使者"活动，围绕"绿色环保""知法守法""安全护航""家国传承"等主题进行宣讲，建构多彩教育基地。将学校教育辐射到社区，共创教育的新型课堂，打造教育的新样态，实现育人目标。

学生自主性拓展课程选修志愿申报表见表1-3。

**表1-3　学生自主性拓展课程选修志愿申报表**

| 学生姓名 | | 所在班级 | | 年龄 | |
|---|---|---|---|---|---|
| 性别 | | 爱好与特长 | | | |
| 第一志愿 | | | | | |
| 第二志愿 | | | | | |
| 第三志愿 | | | | | |
| 确认参与课程 | 课程名称 | | 课程开发教师签名 | | |

## 第五节　课程评价

　　围绕《义务教育课程方案（2022年版）》强调的过程评价、结果评价、增值评价、综合评价四种评价方式的综合运用，我们以学生综合素质发展为核心，关注学生学业发展中的学习习惯、学习态度、学习兴趣和学科素养，强化过程评价，改进结果评价，探索增值评价，健全综合评价，融合四种评价方式，改革评价目标、评价内容、评价工具、评价结果的应用，提升教师的评价素养，提升学生自我评价、自我反思的能力，从而建立有序进阶、可测可评的学生综合素质评价体系。

　　**一、构建人文评价体系，提升综合素养**

　　我们构建"人文"综合素质测评连续体，评价主体采取自我评价、同伴评价、教师评价结合；评价维度包括学习表现测评（涵盖课堂表现、课堂练习、学习作品等）、学科素养测评（涵盖项目化学习）、综合规范化测评，以上测评均记录在成长档案袋中。

　　我们重点聚焦"学科思想方法理解与掌握水平"的"学科关键能力"测评，对学生应用学科知识和方法、技能解决问题的能力素养评估进行循证研究。通过编制学情调研问卷、学习任务单，设计与应用评价量规、设计作业与命题，以及师生共同制定学业评价标准，科学、合理地应用各项监测结果，尝试进行学生学业述评（即对学生学期结果评价的述评）等方面的研究与实践，提升学生自我评价、自我反思的能力，提升教师的评价素养，树立正确的质量观，从而有效测评学生的综合素质。以下是学科素养评测表（表1-4）和"争创五星"评价表（表1-5）。

表 1-4　学科素养测评表

| 学科 | 学科素养 | 测评内容 | 测评方式<br>（关注全程） | 测评工具<br>（实证支持） |
|---|---|---|---|---|
| 语文 | 文化自信<br>语言运用<br>思维能力<br>审美创造 | 围绕课文预学单、课堂探究单、拓展延探单、单元练习、学习反思笔记、阶段性读写作品资料、综合练习等，开展过程视角的纸笔测试 | 过程评价（40%）：遵守学习规则（10%），积极参与课堂讨论等活动（10%），学科知识习得扎实（20%）结果评价（50%）：完成日常作业（10%），完成单元练习题（10%），专项练习（10%），期末检测（非笔试＋纸笔测试，20%）增值评价（10%）：主要指向参与项目化学习成果，或与上一学期相比有明显进步 | 问卷、助学单、量规、AI智课、作业、命题 |
| 数学 | 会用数学的眼光观察现实世界<br>会用数学的思维思考现实世界<br>会用数学的语言表达现实世界 | 以会观察、会思考、会表达为核心，聚焦运算能力、表达能力、推理能力、审题能力、建模能力等学科能力素养 | | |
| 英语 | 语言能力<br>文化意识<br>思维品质<br>学习能力 | 以语言能力为核心，注重过程评价，并将单纯的纸笔测验改进为围绕真实情境和真实问题进行理解和表达沟通 | | |
| 科学 | 科学观念<br>科学思维<br>探究实践<br>态度责任 | 以探究实践与创新制作为核心，开展基于核心知识的纸笔测试，以及基于现场任务的科学探究实践操作 | | |
| 音乐 | 审美感知<br>艺术表现 | 以视唱素养为核心，通过纸笔测试考查学生的乐理和欣赏能力，通过 | 过程评价（60%）：演唱水平结果评价（30%）：乐理知识笔试检测 | 量规、命题 |

| 学科 | 学科素养 | 测评内容 | 测评方式（关注全程） | 测评工具（实证支持） |
|---|---|---|---|---|
| 音乐 | 创意实践 文化理解 | 个人独唱和群体合唱考查学生的视唱素养 | 增值评价（10%）：主要指向参与项目化学习成果或校文艺队参赛 | 量规、命题 |
| 体育 | 运动技能 健康行为 体育品格 | 以提升基本运动能力和专项技能为核心，通过对国家体测的基础项目和足球运球专项技能的检测，建立有连续性、可观测的发展性评价体系 | 结果评价（90%）：单元检测（20%）、国家体测（40%）、艺体"2+1"检测（30%）增值评价（10%）：主要指向参与项目化学习成果或校体育队参赛 | 定项技能 |
| 美术 | 审美感知 艺术表现 创意实践 文化理解 | 以审美感知、艺术表现、创意实践、文化理解等核心素养为导向，坚持以评促学，坚持多主体评价，重视学习态度（课堂评价表）、过程表现（课堂作业）、学业成就（期末综合测评）等多方面的表现性评价 | 过程评价（40%）：课堂表现 结果评价（50%）：作业评价（30%）、期末测评（20%）增值评价10%：主要指向参与项目化学习成果或参加学校美术作品比赛 | 课堂评价表、课堂作业、综合命题 |
| 信息科技 | 信息意识 计算思维 数字化学习与创新 信息社会责任 | 以信息意识、计算思维、数字化学习与创新为核心，开展创意编程设计与项目化学习等多元评价 | 过程评价（40%）：上机实践 结果评价（50%）：作品创作 增值评价（10%）：主要指向参与项目化学习成果或参加学校创客作品比赛 | 程序命题、作品评价量规 |

续表

| 学科 | 学科素养 | 测评内容 | 测评方式（关注全程） | 测评工具（实证支持） |
|---|---|---|---|---|
| 道德与法治 | 政治认同 道德修养 法治观念 健全人格 责任意识 | 以政治认同、道德修养、法治观念、健全人格、责任意识为核心，开展家校社三方联动下的"1+X"知行思政课程体系下的表现性评价 | 过程评价（50%）：活动 结果评价（50%）：比赛 | 问卷 |
| 劳动教育 | 劳动观念 劳动能力 劳动习惯和品质 劳动精神 | 以劳动价值观、劳动知识、劳动技能、创新劳动为核心，开展基于调查问卷和现场操作任务的真实性评价 | | 量规 |
| 心理健康 | 健康管理能力 正确面对问题的能力 压力管理能力 抗挫折能力和情绪管理能力 | 以认识自我、学会学习、人际交往、情绪调适、生活和社会适应为核心，开展过程性跟踪评价 | 过程评价（60%）：自评＋家长评＋师评 结果评价（40%）：展示测评活动 | 问卷、量规 |

表1-5  "争创五星"评价表

| 学习领域 | 星级名称 | 评价标准 |
|---|---|---|
| 社会与责任 | 美德之星 | 遵守班级日常文明礼仪规范，参与班级活动，品行量化评价突出，且电子成长档案中达到8～12个A |
| 语言与文学 | 文创之星 | 以书为友，有浓厚的阅读兴趣和良好的阅读习惯，积极参加班级、学校各类大阅读活动、写作评比活动，在活动中 |

| 学习领域 | 星级名称 | 评价标准 |
|---|---|---|
| 语言与文学 | 文创之星 | 表现出卓越的文创能力，发挥模范带头作用，或每学期至少一篇文创作品在校刊《问渠》上发表，且电子成长档案中达到 8～12 个 A |
| 思维与探索 | 探索之星 | 勤思善问，有浓厚的探索欲望和求知欲，积极参加科技实践活动、项目化学习和各类科技比赛，且在活动中表现出出色的创造性思维与想象力，为学校、班级争得荣誉，且电子成长档案中达到 10～15 个 A |
| 生命与运动 | 健康之星 | 热爱运动，日常活动中有斗志昂扬的激情与奋勇争先的态度，积极参与班级或学校各类运动比赛，在体育方面有特长，并为学校、班级争得荣誉，且电子成长档案中达到 6～10 个 A |
| 艺术与审美 | 尚艺之星 | 热爱艺术，日常活动中有不畏磨炼的吃苦精神与勇于创新的态度，积极参与班级或学校各类艺术比赛，艺术才能突出，为学校、班级争得荣誉，且电子成长档案中达到 6～10 个 A |

## 二、优化评价操作机制，提升评价素养

### （一）对评价结果的记录

我们完善与优化"阳光成长"电子档案，既能够全程、真实地记录每个学生的成长轨迹，又有家长和班主任老师的成长寄语，以及任课教师的学业述评（主要是针对学生一学期的学习情况进行语言描述，总结学生的学业成效、个人成长及存在问题、努力方向），清晰地展现学生小学阶段综合素质提升的轨迹，以及特长的发展，让家长了解学生在学校中是怎样从一粒种子成长为一朵绽放的花朵，并参与到评价中来。每学期结束前，指导学生整理电子成长档案，推送给家长。毕业前，收集、整理学生小学成长档案，刻录光盘，送给学生，见证成长。

### （二）对评价结果的表彰

我们采取"鲸园笑脸章即时评价""鲸园书签升级评价""校长签名喜报阶段性评价""人文素养成果展示性评价"四级激励性评价策略，让过程评价

成为学生自主成长的动力。其中，鲸园书签由学生依据五大学习领域自主设计，每周被评定为"学科小能手""进步之星"的学生获得一枚鲸园书签；校长签名喜报也由学生根据十二生肖自主设计，每月被评定为"学科小达人""进步小达人"的学生获得一张喜报；"人文素养成果展示性评价"主要由"学科小达人"自主申报，以人文素养展评（静态展示：与校园文化长廊融合，每学期不少于2次）和鲸园书院展示（动态展示：面向不同学生群体宣讲，每月2～3次）为载体，定期进行展评。

# 第二章　小使者课程，知行家国

　　"修身、齐家、治国、平天下"是古代君子的行为准则，至今仍有重要意义。家是最小国，国是千万家，具有家国情怀的教育是所有教育的开端，每个人的生命体验都与家国命运紧密联系在一起。从历史中走来的鲸园小学深谙其中的道理——不管从文化传承、社会发展还是个体生命价值的角度来说，把培育学生的家国情怀放在首位是鲸园人的必然选择。为深入落实立德树人根本任务，依据《中小学德育工作指南》，学校从大处着眼，小处入手，着力构建方向正确、内容完善、学段衔接、载体丰富、常态开展的小使者课程体系，努力实现全员育人、全程育人、全方位育人的德育工作新格局。

　　为落实立德树人根本任务，培育具有"家国情怀、智慧创新、责任担当"的时代新人，学校遵循知行合一的理念，从五大板块（主题教育、劳动实践、家校共育、校园节日、人文校园），八大主题（红色印记、文明礼仪、传统文化、安全同行、健康有约、绿色生活、班队会、海洋文化）建构小使者课程，做到德育覆盖各学科。以教师的发展、家长的提升共同促进学生的成长，形成良好教育样态，让立德树人教育落地生根。

# 第一节　课程价值观与课程理念

## 一、课程价值观

人无德不立，国无德不兴。我国正处在实现"两个一百年"奋斗目标和中华民族伟大复兴中国梦的关键阶段。小使者课程是落实立德树人根本任务的重要课程，具有政治性、思想性和综合性、实践性，是增强学生做中国人的志气、骨气、底气的思政课，把培育和践行社会主义核心价值观放在核心位置，将立德树人作为核心目标。这是学生健康成长和全面发展的关键，也是社会主义事业顺利发展的坚实基础。本课程重在培育学生的健全人格，培养良好品德，引导学生正确认识问题和挑战，帮助他们树立社会责任感，认识到每个人都有责任为社会的发展贡献自己的力量。塑造学生积极向上的人生观，培养学生的社会责任感和创新能力，引导学生正确认识价值的本质和价值观的重要性，帮助他们树立正确的价值观，为学生的成长和发展提供有力支持，为中国特色社会主义事业造就合格的建设者和接班人。

## 二、课程理念

青少年阶段是人生的"拔节孕穗期"，需要精心引导和培育。小使者课程以立德树人为根本任务，遵循育人规律和学生成长规律，强化课程一体化设计，坚持学科逻辑与生活逻辑相统一，主题学习与学生生活相结合，内容选择体现社会发展要求，重点突出中华民族传统美德、革命传统和法治教育等相关内容，有机整合社会主义先进文化教育、革命文化教育、中华优秀传统文化教育、国家安全教育、生命安全与健康教育、劳动教育等相关主题。以学生的真实生活为基础，坚持校内教育和校外教育相结合，引导学生走出课堂、走进生活，通过创设多样化学习情境，引导学生开展自主合作的实践探究和体验，帮助学生形成正确的价值观，涵养品格，增强规则意识，发展社会情感，提升关键能力，强化学生的社会责任感和家国情怀。

# 第二节　课程目标

## 一、课程总目标

通过小学阶段小使者课程的学习，学生能够初步了解中华优秀传统文化和革命文化、社会主义先进文化，理解、认同和拥护国家政治制度，养成良好政治素质、道德品质、法治意识和行为习惯，形成积极健康的人格。具体如下。

（1）汲取校园发展史、地方党史和中共党史所蕴含的精神力量，理解社会主义核心价值观的内涵及其重要意义，能够以实现中华民族伟大复兴为己任，增强做中国人的志气、骨气和底气。

（2）能够在日常生活中弘扬中华民族传统美德，形成基本的规则意识和安全意识，掌握基本的自我保护方法，初步具备依法参与社会生活的能力。

（3）能够正确认识生命的意义和价值，初步具有自尊自强、坚韧乐观的心理素质和道德品质；具有团队意识；具有主人翁意识和责任感，能够主动参与志愿服务，具有奉献精神。

## 二、分级目标

### （一）第一学段（一至二年级）课程目标

（1）认识国旗、党旗，会唱国歌、队歌、校歌；了解、崇敬革命家和英雄模范人物。

（2）知道健康生活的基本常识和要求；知礼讲礼，孝敬父母，尊敬师长；遵守学校纪律，了解社会规则，与同伴友好相处，做力所能及的家务劳动。

（3）热爱生命，懂得自我保护；知道积极情绪的重要性，懂得欣赏他人的优点，能够表达自己的感受，感知并适应环境的变化。

（4）热爱学校和班集体，积极参与学校和班集体的活动，有集体荣誉感；学会自理自立，能够主动承担力所能及的家务，关心和帮助他人。

### （二）第二学段（三年级）课程目标

（1）初步感知基本国情，了解地方党史，初步理解社会主义核心价值观的要求，在集体活动和日常生活中加以践行。

（2）初步养成健康的生活习惯；掌握基本礼仪，懂得个人成长离不开社会与他人的支持和帮助，树立平等意识，懂得感恩与尊重。

（3）正确认识自我，珍爱生命；能够进行自我调节和情绪管理，具备健康的心理素质；做事有耐心，在克服困难的过程中增强自信心。

（4）学会参与家庭决策，为父母分忧，参与班集体活动，学会团队合作；懂得保护环境、爱护动物、节约资源。

**（三）第三学段（四至五年级）课程目标**

（1）简要了解中国共产党的历史，具有维护国家利益和祖国尊严的意识与行动；理解社会主义核心价值观的内涵，并能够积极践行。

（2）养成健康的生活习惯，自觉维护公共卫生；懂得自律，能够得体地与人交往；养成尊敬师长、孝敬父母等好品质。

（3）懂得生命的意义和价值，热爱生活，树立正确的人生观；正确认识自己，不断完善自我；建立良好的人际关系，具有良好的沟通能力。

（4）自觉分担家庭责任，体会敬业奉献的重要性，具有较强的责任感；主动参与社会公益活动，增强团队合作精神和领导力。

# 第三节 课程结构与课程设置

## 一、课程结构

为落实培养有"家国情怀、智慧创新、责任担当"的时代新人的育人目标，学校确立了小使者课程。从五大板块（主题教育、劳动实践、家校共育、校园节日、人文校园），八大主题（红色印记、文明礼仪、传统文化、安全同行、健康有约、绿色生活、班队会、海洋文化）建构德育课程体系，同时做到德育覆盖各学科。小使者课程图谱见图2-1。

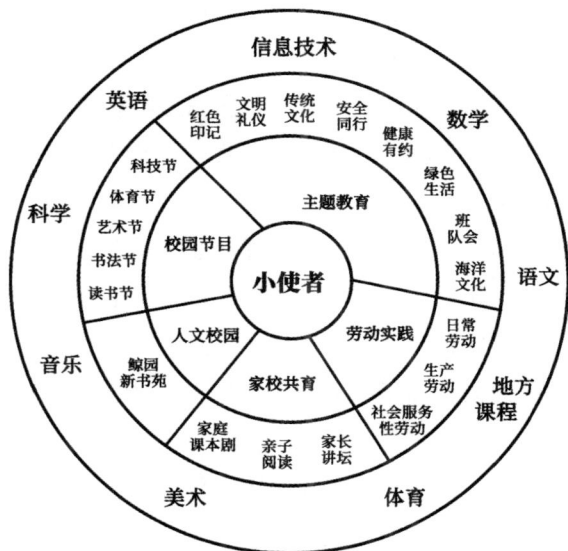

图2-1 小使者课程图谱

## 二、课程设置

红色印记包含威海党史和中共党史。文明礼仪以开学礼、毕业礼、入队礼、升旗礼、校庆礼这"五礼"教育为重点。传统文化以中国传统节日为研究方向。安全同行从交通、消防、饮食、防溺水、防欺凌、防诈骗六大领域着手。健康有约从体质健康、饮食健康、视力健康、疾病预防、心理健康五个方面关注身心健康。绿色生活聚焦节能减排、垃圾分类、环境保护、无烟校园，对学生进行环境保护教育。班队会通过设计班歌、班徽、班级名片等方式打造特色班级文化。海洋文化依托海滨城市特色，引导学生亲近海洋，学习海洋知识，了解海洋国防的重要作用及相关历史。

劳动实践包括日常劳动、生产劳动、社会服务性劳动。

家校共育设置了家长讲坛、亲子阅读、家庭课本剧三项课程内容，通过活动创设促进家校合作，实现家校共育。

校园节日依托学校五大节日——艺术节、读书节、体育节、科技节、书法节，通过丰富的节日文化，促进学生特长发展。

人文校园包括"两馆"（校史馆、党史馆）以及"六空间"（人工智能空间、创意美术空间、动感音乐空间、情感心育空间、鲸园文体公园、人文素养展评空间）构成的鲸园新书苑，其打造特色环境文化，让学生在行走中学习成长。

以思政校本课程为例，在小使者课程的覆盖下，以课程统整为理念，在夯实国家课程基础之上，以"开发—融合—链接"三步走策略，扩展和深化课程认知。

学校围绕中共党史、威海党史、校园发展史，聚焦人物和事件两个维度，开发了知行家国和鲸园笔记两门思政校本课程。通过案例式、探究式、体验式、互动式等多种方式，对低、中、高学段学生分别进行爱校园、爱家乡、爱祖国的思政教学，让学生在多种体验中亲近人物和事件，感受人格力量和伟大的爱国精神。

其中，鲸园笔记校本课程依托小使者课程体系，充分发挥学校作为山东省爱国主义教育基地的优势，对接国家核心素养和学校育人目标，寻根百年鲸园发展史，寻根鲸园人的成长史，实现校园德育教育与鲸园精神的双向渗透，旨在以人文教育为特色育人方式，使学生借助考察探究、搜集资料、合作学习、交流汇报、反思修正的学习方式，汲取精神营养，润泽生命成长。

### 三、知行家国校本课程介绍

#### （一）课程简介

《义务教育课程方案（2022年版）》课程设置中规定，校本课程由学校组织开发，立足学校办学传统和目标，发挥特色教育教学资源优势，以多种课程形态服务学生个性化学习需求。校本课程作为国家课程的补充，需要立足学校独特的教育情况，关注学生的兴趣需要与差异性，强调课程内容与形态的多样性。基于此，鲸园小学以立德树人这一根本任务为基础，依托威海市"红色故事进课堂"实验学校，开发了知行家国校本课程。开发过程历经以下三个阶段：第一阶段挖掘优秀家风故事，编写《家风》学本；第二阶段聚焦地方党史，挖掘党史事件和人物，编写《家·国》学本；第三阶段基于原有道德与法治课程中的爱校园、爱家乡、爱祖国三个维度，拓展引申出校园发展史、地方党史、中共党史的学习，开发了知行家国校本课程。在这三个维度中，精选各领域代表人物和事件，进行统编和优化，形成知行家国校本课程。知行家国校本课程的开发以课程统整为理念，以"开发—融合—链接"三步走策略，扩展和深化课程认知，渗透于主题活动中，让立德树人落地生根。课程结构如图2-2所示。课程具体情况见表2-1。

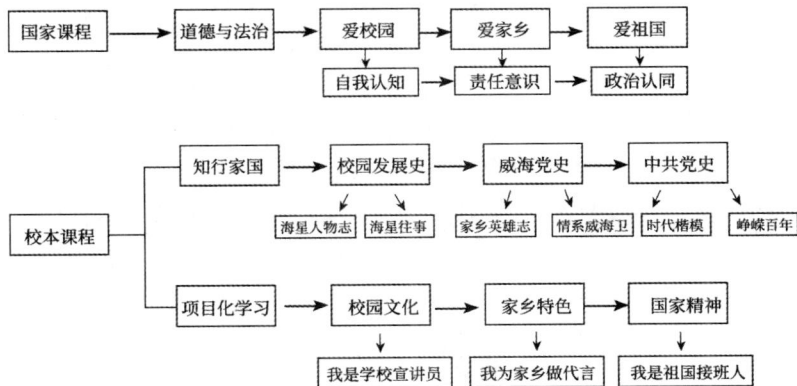

图2-2  课程结构

表2-1  知行家国校本课程一览表

| 年级 | 单元主题 | 相关课题 | 融合点 | 拓展点 | | 链接点 |
|---|---|---|---|---|---|---|
| | | | 道德与法治 | 晨会 | 班队会 | |
| 一年级 | 我们有精神 | 我们天天有精神 | 小学生要有精气神，向身边的校友 | 黄丽荣、傅元国、毕克官、毕中平、单国防、耿 | 王海将军事迹、书法名家进校园、传统文化润心田、我与"国脚"争球王、西 | 参观校史馆，了解鲸园小学历史 |

25

续表

| 年级 | 单元主题 | 相关课题 | 融合点 道德与法治 | 拓展点 晨会 | 拓展点 班队会 | 链接点 |
|---|---|---|---|---|---|---|
| 一年级 | 我们有精神 | 我们天天有精神 | 榜样学习，成为鲸园的骄傲 | 本清、黄道源、苗华东、戚建波、威洁、王枫 | 班牙足球技术学院专家莅临鲸园小学、与上海申鑫足球俱乐部开展交流、鲸园小学的变化、鲸园小学获得的荣誉、鲸园小学的由来、我与乒乓球冠军、百年校庆 | 参观校史馆，了解鲸园小学历史 |
| 二年级 | 我会努力的 | 1. 我能行 2. 坚持才会有收获 | 通过交流，感受同学们在学习中的有效方法，汲取榜样在身边的力量，不断坚持前进，感受努力取得的收获 | 张富贵、蒋虹君、田静、谷牧、郭永怀、宋干卿、王翼之、张晶麟、梁葆奎、夏云超、孙学悟、戚恩雨 | 威海起义、粉碎美军在威海登陆的阴谋、英雄悲壮的"一一·四"暴动、雷神庙战斗 | 走进一战华工纪念馆 |
| 三年级 | 我在这里长大 | 1. 我的家在这里 2. 请到我的家乡来 | 通过寻找家乡名人、名胜以及家乡的历史，感受家乡的多样化，提升家乡归属感和自豪感 | 曹云章、张连珠、林一山等、丛烈光、吕志恒、齐进虎、曲显明、王殿元、张铎、张修己、邹恒禄 | 甲午战争中威海长峰村惨案、文登乡师的建立、20世纪30年代威海学生抵制日货运动、光复文登城 | 走进刘公岛爱国主义教育基地 走进荣成将军碑廊 |

| 年级 | 单元主题 | 相关课题 | 融合点 | 拓展点 | | 链接点 |
|---|---|---|---|---|---|---|
| | | | 道德与法治 | 晨会 | 班队会 | |
| 四年级 | 这些东西哪里来 | 1. 物品身世探秘 2. 从"中国制造"到"中国创造" | 通过交流邓稼先等以身许国的科学家的故事，感悟"中国创造"的重要性，作为新时代的小学生，要学习先辈们的创新精神，努力学习，为国家的富强作出自己的贡献 | 王若飞、罗亦农、夏明翰、陈延年、蔡和森、谭平山、段德昌 | 百岁爱国科学家杨振宁"宁拙毋巧、宁朴毋华"、"中国核潜艇之父"彭士禄、守岛卫国 32 年的民兵夫妇、塞罕坝精神、神舟五号飞船成功返回 | 观看爱国主义教育影片 |
| 五年级 | 我们的国家机构 | 1. 国家机构有哪些 2. 人大代表为人民 | 通过交流，感受人物品质，汲取人物精神力量，转化到自己的行动中去 | 钟南山、向警予、徐向前、何叔衡、张太雷、赵尚志、李立三、邓恩铭、王尽美 | 钟南山抗击疫情、高原医学事业的开拓者吴天一、"亚洲飞人"苏炳添打破亚洲男子百米记录 | 1. 钟南山事迹宣讲 2. 走进医院，见证医生的一天 |

**（二）背景分析**

1. 课程依据

《义务教育课程方案（2022 年版）》将"聚焦核心素养，面向未来"作为义务教育课程遵循的基本原则之一，并确立了新的培养目标，指出："义务教育要在坚定理想信念、厚植爱国主义情怀、加强品德修养、增长知识见识、培养奋斗精神、增强综合素质上下功夫，使学生有理想、有本领、有担当，培养德智体美劳全面发展的社会主义建设者和接班人。"小学阶段正是孩子思想逐渐成熟的阶段，是可塑性最大的阶段，良好的个性品质、行为习惯和思考方式正是在这一阶段逐渐养成的。所以知行家国校本课程的开发与建设，对于学生的文化传承、道德修养的形成、行为规范的建立具有引导和规范的作用。

2. 学校特色依据

历经百年风雨沧桑的鲸园小学，是山东省爱国主义教育基地。2020 年上半年，学校将把省级文物保护单位"海星学校旧址"作为基础优势，来建设一个能体现百年鲸园发展历史，同时也代表威海百年教育历程的教育博物馆，作为进行家国情怀教育的重要阵地。围绕立德树人根本任务，立足学校的育人目标，寻根学校百年历史与文化，我们组建了校本课程开发团队，分梯次地深度挖掘学校发展过程中涌现的优秀教师、优秀学子的先进事迹，威海地方党史以及中共党史中的优秀人物和重大事件，引导全体学生学习优秀人物和事件中的品质和精神，树立正确的世界观、人生观、价值观，成为优秀的社会主义建设者和接班人。

3. 核心素养发展要求

2016 年教育部提出"中国学生发展核心素养"，其中人文积淀、人文情怀需要在生活、学习中形成，所以知行家国校本课程的开发与建设，对于培育具有"家国情怀、智慧创新、责任担当"的时代新人具有引导和规范的作用。全面实现本课程提出的"立德成人""立志成才"育人价值。

**（三）课程目标**

1. 总目标

（1）学习中共党史、地方党史、校园发展史中的优秀人物和先进事迹，感悟人物品质，树立正确的世界观、人生观、价值观；形成爱党、爱国、爱社会主义、爱人民、爱集体的情感，具有做社会主义建设者和接班人的能力。

（2）结合现有认知和相关社会实践活动，将学到的优秀精神品质内化于心、外化于行，辐射到爱学校、爱家乡和爱祖国的行动中，树立担当民族复兴大任的责任感和使命感。

（3）了解祖国的悠久历史和灿烂文化，感受中国特色社会主义建设的伟大成就和改革开放带来的巨大变化，知道热爱祖国从小事做起，从爱家庭、爱学校、爱家乡做起。

2. 具体目标

知行家国校本课程目标见表 2-2。

表 2-2 知行家国校本课程目标

| 年级 | 内容 | 具体目标 |
|---|---|---|
| 低年级 | 爱校园 | 1. 学生通过参观校史馆，了解学校的历史，感受鲸园小学的百年历史沧桑，培养爱校园的情感<br>2. 学生通过了解王海、邹汝平等优秀校友的故事及他们获得的荣誉，提升自豪感，激发热爱学校的情感<br>3. 学生能将学到的优秀品质内化于心，外化于行，养成良好品质，为成为优秀鲸园学子打下基础 |
| 中年级 | 爱家乡 | 1. 学生通过调查，了解家乡的物产、名胜古迹、著名人物，会绘制家乡的版图，能收集一些家乡的史料和写一篇家乡的知识介绍，能充当义务小导游<br>2. 学生通过活动，充分感受家乡的变化和发展，激发对家乡的热爱之情<br>3. 学生通过参与热爱生活，热爱家乡系列教育活动，激发热爱家乡、建设家乡、报效祖国的雄心壮志 |
| 高年级 | 爱祖国 | 1. 学生通过社区资源学习英雄人物的事迹，感受党的优秀历史文化，继承革命优良传统，发扬中华民族传统美德，激发爱国热情<br>2. 学生学习中国革命史中的重大事件，感受党带领人民奋起反抗，顽强斗争，矢志不渝探求救国救民道路的爱国精神，激发爱国主义热情<br>3. 学生发扬爱国主义精神，弘扬传统文化，用实际行动感染身边更多的人，为做社会主义建设者和接班人打下坚实的基础 |

（四）学习主题与活动安排

知行家国校本课程学习主题和活动安排情况见表 2-3。

### 表 2-3　知行家国校本课程学习主题与活动安排

| 年级 | 学习主题（人物） | 学习主题（事件） | 活动安排 | 时间 |
|---|---|---|---|---|
| 低年级 | **海星人物**<br>1. 文人学者傅元国<br>2. 著名漫画家毕克官<br>3. 爱国志士毕中平<br>4. 著名书法家单国防<br>5. 著名美术家耿本清<br>6. 爱国志士黄道源<br>7. 国家荣誉裁判黄丽荣<br>8. 热心企业家苗华东<br>9. 著名作曲家戚建波<br>10. 爱国志士戚洁<br>11. 著名导演王枫<br>12. "九星战将"王海（一）<br>13. "九星战将"王海（二）<br>14. "九星战将"王海（三）<br>15. 国防骄子邹汝平<br>16. 优秀校友：丛滋芬、谷新珊、黄曼兮、鞠鸿儒、龙宝桉、宁远哲、潘玉琴、盛琳、孙海波、孙燕燕、汤琳、王健、王丽彬、夏翠娟、徐晖、于子豪 | **海星往事**<br>1. 书法名家进校园 传统文化润心田<br>2. 我与"国脚"争球王<br>3. 西班牙足球技术学院专家莅临鲸园小学<br>4. 与上海申鑫足球俱乐部开展交流<br>5. 鲸园小学的变化<br>6. 鲸园小学获得的荣誉<br>7. 鲸园小学的由来<br>8. 我与乒乓球冠军<br>9. 百年校庆<br>10. 校歌的创作 | 1. 参观校史馆<br>2. 阅读学校有关名人的故事，开展故事会，与名人对话等<br>3. 制作学校宣传语、宣传海报等，争做学校宣传员 | 每周三晨会：人物学习<br>班会时间：事件学习 |
| 中年级 | **家乡英雄**<br>1. 黄土地走出的劳动英雄——张富贵<br>2. 蒋虹君——冲在脱贫攻坚一线的"铁娘子"<br>3. 抗疫英雄田静<br>4. 伟人风采——谷牧 | **情系威海**<br>1. 威海起义<br>2. 粉碎美军在威海登陆的阴谋<br>3. 英雄悲壮"一一·四"暴动 | 1. 阅读《威海地方党史志》，查阅威海党史史志网<br>2. 参观方志馆、图书馆 | 每周三晨会：人物学习<br>班会时间：事件学习 |

| 年级 | 学习主题（人物） | 学习主题（事件） | 活动安排 | 时间 |
|---|---|---|---|---|
| 中年级 | 5. 先生之风，山高水长——郭永怀<br>6. 冲锋陷阵，浴血东海——宋干卿<br>7. 最早的威海籍共产党员——王翼之<br>8. 少年英雄，巾帼英烈——张晶麟<br>9. 学英雄立报国志——梁葆奎、夏云超、孙学悟<br>10. 一心为民的优秀人民警察——戚恩雨<br>11. 重温经典人物，感悟奋斗人生——张连珠、林一山等<br>12. 英雄风采——丛烈光<br>13. 英雄风采——吕志恒<br>14. 英雄风采——齐进虎<br>15. 英雄风采——曲显明<br>16. 英雄风采——王殿元<br>17. 英雄风采——张铎<br>18. 英雄风采——张修己<br>19. 英雄风采——邹恒禄 | 4. 雷神庙战斗<br>5. 甲午战争中威海长峰村惨案<br>6. 文登乡师的建立<br>7. 20世纪30年代威海学生抵制日货运动<br>8. 光复文登城 | 3. 开展"我是家乡小导游"评选活动，参观威海红色教育基地，制作威海导游宣传报，进行展评和宣讲，争当威海小导游 | 每周三晨会：人物学习<br>班会时间：事件学习 |
| 高年级 | **时代楷模**<br>1. 一代伟人毛泽东<br>2. 视死如归张自忠<br>3. 抗日英雄吉鸿昌<br>4. 爱国诗人闻一多 | **峥嵘百年**<br>1. 九一八事变<br>2. 平型关大捷<br>3. 西安事变<br>4. 遵义会议 | 1. 在重大节日、纪念日（如雷锋纪念日、清明节、国庆节、国家公祭 | 每周三晨会：人物学习<br>班会时间：事件学习 |

续表

| 年级 | 学习主题（人物） | 学习主题（事件） | 活动安排 | 时间 |
|---|---|---|---|---|
| 高年级 | 5. 烈火中永生的邱少云<br>6. 宁死不屈的女英雄赵一曼<br>7. 人民音乐家聂耳<br>8. 为中华之崛起而读书的周恩来<br>9. 常胜将军勇无敌——段德昌<br>10. 情系革命的瞿秋白<br>11.《共产党宣言》首译者陈望道<br>12. 开国元帅陈毅<br>13. 朝鲜英雄彭德怀<br>14. 开国元帅朱德<br>15. 中国共产主义运动的先驱李大钊<br>16. 不屈不挠的刘胡兰<br>17. 一生清贫，绝不徇私的方志敏<br>18. 人民的勤务员雷锋<br>19. 不畏艰险，勇挑重担的邓小平<br>20. 巾帼模范向警予<br>21. 布衣元帅徐向前<br>22. 从晚清秀才到革命家——何叔衡<br>23. 党史上的重要人物张太雷 | 5. 天福山武装起义<br>6. 五四运动<br>7. 高原医学事业的开拓者吴天一<br>8. "亚洲飞人"苏炳添打破亚洲男子百米记录<br>9. 百岁爱国科学家杨振宁"宁拙毋巧、宁朴毋华"<br>10. "中国核潜艇之父"彭士禄 | 日等）进行专题演讲活动，讲述英雄的事迹<br>2. 学生阅读相关爱国英雄人物故事书，了解更多的革命英雄，并能讲述"英雄故事" | 每周三晨会：人物学习<br>班会时间：事件学习 |

| 年级 | 学习主题（人物） | 学习主题（事件） | 活动安排 | 时间 |
|---|---|---|---|---|
| 高年级 | 24. 东北抗日联军创建人和领导人之一——赵尚志<br>25. 坚强党性、忠心耿耿的李立三<br>26. 艰辛中坚守的革命者邓恩铭<br>27. 尽善尽美唯解放——王尽美<br>28. 开国元勋——聂荣臻<br>29. 声威震敌胆——杨靖宇<br>30. 仕宦之家走出的革命者——邓中夏<br>31. 心中有信仰，脚下有力量——陈乔年<br>32. 血铸太行的民族英雄——左权<br>33. 一切要为人民打算的烈士——王若飞<br>34. 永远的丰碑——罗亦农<br>35. 勇于追求真理——夏明翰<br>36. 站着从容就义——陈延年<br>37. 忠诚印寸心，浩然充两间——蔡和森<br>38. 追求真理九死未悔的革命家——谭平山 | 11. 守岛卫国32年的民兵夫妇：清澈的爱，只为中国<br>12. 塞罕坝精神<br>13. 神舟五号飞船成功返回 | 3. 观看爱国影片，写下观后感<br>4. 走进爱国主义教育基地，了解中共党史，绘制手抄报，录制微视频，讲述党史故事 | 每周三晨会：人物学习<br>班会时间：事件学习 |

**（五）课程实施策略**

1. 信息搜集与整理策略

学生通过上网查询，参观方志馆、图书馆、校史馆，查找相关资料，获取国家、地方、学校历史变革和时代变迁过程中的人物和故事；教师按照文献研究法，以时间、人物、建筑、文化等关键词形式指导学生查找信息与统计，提前设计并为学生提供主题检索清单和信息记录表，便于学生查阅与留存信息。这样，可以提高学生的信息整理能力，还能增加本课程的生动性和实践性。

2. 项目化学习策略

项目化学习是中小学学生最重要的学习方式，是新课程理念在学生活动之中落地的有效载体。项目化学习就是从问题出发，以任务驱动，注重学习实践与评价，发展学生高阶思维的学习方式。它融合了自主学习、合作学习、探究学习、综合学习、实践学习等方式。教师组织学生合作学习，开展项目实践，为学生提供适合儿童使用的、适合儿童探究的学习支架，以此发展学生的实践能力和高阶认知，提升学生的创新思维。

3. 自主合作策略

以小组合作方式为主，引导学生根据兴趣、能力、特长、活动需要，明确分工，做到人尽其力，合理高效。立足学生已有认知，以项目研究的方式，开展探究与实践，鼓励学生利用信息技术手段突破时空界限，进行广泛的交流与密切合作。在"探索""交流""总结""实践""反思"等一系列活动中，体验和感受生活，发现和解决问题，发展实践能力和创新能力。

4. 汇报评估策略

通过上述过程的学习和积累，让学生将成果汇总，可制作 PPT，也可以呈现小视频、文字类的总结等。这样能使学生具备一定的文化创意与设计制作能力，培养学生的语言表达能力和写作能力，成果展示阶段也将产生新的活动目标和研究方向。

**（六）评价活动与成绩评定**

1. 评价原则

（1）激励性原则：为促进学生的积极参与和主动学习，激发他们的内在动机和学习兴趣，从而实现更好的学习效果，教师设计丰富而有趣的学习活动，采用不同的教学策略和方法，包括小组讨论、角色扮演、实践操作等，以满足不同学生的学习风格和需求，提高他们的参与度和学习效果。随时给予学生适当的评价，增强他们的信心和学习动力。

（2）发展性原则：每个学生都是独特的个体，具有不同的能力、兴趣和学习风格。为促进学生全面而持续的成长，满足他们的学习需求，教师将学习与现实生活联系起来，创设真实且有意义的情境和任务，鼓励学生积极参与和合作，包括小组合作、参与团队项目和社区活动。让学生将所学知识和技能真正应用于实际问题解决中，从而提高学习的有效性和可迁移性。

2. 评价方式

知行家国校本课程的评价方式以自我评价为主，教师、家长评价为辅。评价是调动学生主体性的有效机制，学生的自我评价是学生能力得到发展的重要环节。

（1）反馈式评价——语言评价。在活动中，可以通过学生自我评价、学生间交流评价、家长反馈式评价进行语言评价。

（2）展览式评价——成果展示。每一个儿童都是一座宝库。儿童有着不同的思维与想象力，所呈现的作品也会千差万别。将学生的作品通过展览的方式展出，是对他们的极大鼓舞。

（3）赛事式评价——各类评选。通过各类评选活动、各类比赛等，让学生体验获得感。

（4）档案袋评价——档案存储。以学生为单位，建立档案袋，收录学生过程性的成长足迹，收获成就。

3. 评价内容

知行家国校本课程评价内容主要包括校本课程评价和小组合作评价。

（1）校本课程评价。

信息整合能力：学生能够根据课程要求到图书馆或者在网络上搜集资料并梳理信息。可通过小组交流或者集体汇报等进行考查。

实践能力：学生能根据要求在校园内和进入社区进行实地采访。可通过小组交流或者集体汇报、家长评价或者社会评价等进行考查。

创新能力：学生在设计制作上能突破固有的思维。主要通过小组交流、表演、自我评价等进行考查。

（2）小组合作评价。

在参与课程的过程中，许多环节需要学生通过小组合作来完成，因此通过制定小组合作评价表来激励学生更好地参与到小组活动中来，通过任务达成、参与热情、团队合作和创新意识四个维度，以学生自评和学生互评的方式评价学生的参与度，有意识地培养学生的团队意识。

4. 评价量表

知行家国校本课程评价框架如表 2-4 所示。

### 表 2-4　知行家国校本课程评价框架

| 评价内容 | 评价指标描述 | | | 评价方式／结果 | | |
|---|---|---|---|---|---|---|
| | ☆ | ☆☆ | ☆☆☆ | 生评 | 师评 | 家长评 |
| 信息整合能力 | 能自主查阅国家、地方、学校优秀人物和相关事件。对优秀人物事迹、故事等能大致掌握 | 了解中共党史、地方党史和校园发展史，倾听老师讲家国故事，能整合信息并能自主讲述故事 | 阅读和观看优秀影视作品，收集与整理资料，从微小的人物和事件中探寻家国精神 | | | |
| 实践能力 | 学生能根据要求在校园内和进入社区进行实地采访 | 参与有关"家国"主题教育活动 | 通过小组交流或者集体汇报方式展示探究实践结果 | | | |
| 创新能力 | 学生对已掌握的信息进行整合，形成展示作品，如故事小报、人物泥塑等 | 通过表演、演讲等方式将校园人物和校园历史串联起来，形成完整作品 | 学生设计小组展示作品，并能说出作品的意义，形成完整的汇报流程，分工明确，合作有序 | | | |

## 四、鲸园笔记校本课程介绍

### （一）课程背景与分析

**1. 课程定位**

（1）政策要求：教育部《关于全面深化课程改革落实立德树人根本任务的意见》《义务教育课程方案和课程标准（2022年版）》指出，将"聚焦核心素养，面向未来"作为义务教育课程遵循的基本原则之一，并确立了新的培养目标，指出："义务教育要在坚定理想信念、厚植爱国主义情怀、加强品德修养、增长知识见识、培养奋斗精神、增强综合素质上下功夫，使学生有理想、有本领、有担当，培养德智体美劳全面发展的社会主义建设者和接班人。"

（2）学校育人要求：学校历经百年沧桑，积淀了厚重的文化底蕴。作为山东省爱国主义教育基地，学校在核心素养的培养过程中，寻根百年鲸园发展史，寻根鲸园人的成长史，落实立德树人根本任务，实现校园德育与鲸园精神的双向渗透，旨在以人文教育为特色育人方式，以"小鲲鹏"课程体系为育人载体。引导学生在真实的人物和事件中，借助考察探究、搜集资料、合作学习、交流汇报、反思修正的学习方式，汲取精神营养，润泽生命成长，呵护美好未来。

（3）核心素养发展要求：2016年教育部提出"中国学生发展核心素养"，其中人文积淀、人文情怀需要在生活、学习中形成，所以鲸园笔记校本课程的开发与建设，对于培育具有"家国情怀、智慧创新、责任担当"的时代新人具有引导和规范的作用。全面实现本课程提出的"立德成人""立志成才"育人价值。

**2. 学情分析**

（1）认知基础：搭建课程需要学生对学校文化和历史有一定程度的了解。学生根据已知信息进行资源整合，通过调查问卷、访谈等形式继续完善信息。依据学生年龄的特点，低年级学生偏重于资料的收集，中、高年级的学生对学校发展历程中有突出成就的人和大事件有了一定的认知，也具有探究方法基础，对学校优秀前辈身上的鲸园精神有了较深刻的感悟。

（2）归属感：每个学生对自己的母校都有归属感和荣誉感。有百年历史的鲸园小学对于学生来说就是一本读不完的大书。小学阶段的学生具有很强的探究精神，本课程就是以鲸园历史文化为基石，通过对鲸园历史和人物的深入了解探究，激发学生对校园的归属感，培养学生热爱校园的品质。

（3）发现需求：随着课程活动的开展，学生能够从鲸园人身上感悟人物品质，从鲸园小学百年发展史中学习自强不息、奋勇向前的精神。通过对学校人物和事迹的探究学习，可以加深学生对杰出校友精神品质的领悟，增强对母校的热爱，懂得感恩，并将这种精神品质内化于心，外化于行，带动影响鲸园学子更加奋发进取。

3. 资源条件

（1）指导教师：学校道德与法治学科教师利用周三晨会和两周一次的班队会时间进行授课，培养学生爱校爱国精神。学校邀请杰出校友在重大活动、节日时走进课堂，例如，教授"国防卫士"单元时邀请王海的女儿王小华与学生分享王海的战斗故事。

（2）场地设施：学校是山东省爱国主义教育基地，还建设了校史馆与党史馆；同时借助威海市档案馆、中国甲午战争博物馆等社会资源，在综合楼四楼建立"甲午思政院"；学生在课余时间可以随意翻阅文化长廊的图书角中介绍校友的图书，让学生随时受到精神熏陶。

（3）参考资料：学校还随时积累校友的资料，如百年校庆的视频、校友发表的作品等，不断充盈校本课程的资源。学校历经百年风雨洗礼，形成了浓郁而独特的文化氛围，学校课程资源特色鲜明，绵远深厚的历史资源、内涵丰富的教师资源、潜力巨大的学生资源、丰富的社区资源和家长资源均为课程开发奠定了坚实的基础。

**（二）课程目标**

1. 本课程的核心育人价值

学校作为山东省爱国主义教育基地，山东省全环境育人规范校，在对接核心素养的培养和学校育人目标中，确定培养具有"家国情怀、创新思维、勇于担当"的时代新人的育人目标，旨在培养学生心怀家国、追求卓越、自强不息、勇于创新的精神。在寻根百年鲸园发展史，寻根鲸园人的成长史的同时，落实立德树人根本任务，实现校园德育与鲸园精神的双向渗透。

2. 学习目标

（1）学生通过参观校史馆、调查访问等方式了解学校的历史，探究学校百年发展历程，感受学校的百年历史文化，树立身为鲸园学子的自豪感和热爱学校的情感。

（2）学生通过查阅资料和调查研究，探寻鲸园小学古往今来优秀人物的事迹及他们获得的荣誉，从中感悟人物品质，形成"学校就是家园"的归属感和认同感。

（3）学生结合现有认知和相关社会实践活动，将学到的优秀精神品质内化于心、外化于行，辐射到爱家乡和爱祖国的行动中，树立担当民族复兴大任的责任感和使命感。

**（三）课程设置**

（1）修习方式：限定性选修。

（2）选课对象：一至五年级学生。

（3）课时设置：16 课时（结合班队会）。

（4）评价设置：星级评价。

**（四）课程内容**

1. 课程内容选择的基本思路

（1）面向校园生活：校园生活是培育学生、使其学会做人的一片沃土，具有独特的育人功效。课程内容的设计尽量贴近校园生活，校园中的人和事、学校历史都是校本课程的研究学习对象。通过教学与训练，引领学生自主发展成长，让校园更好地发挥育人功能，是本课程的一大尝试。

（2）注重学生实践：注意联系学生实践，可以极大地调动学生的积极性、主动性，使学生在强烈的求知欲望中探索新知识，变枯燥为生动，把学习作为一种享受。

（3）体现综合学习：校本课程体现了学校特色和学生的生活实际，其课程内容与一般学科的课程内容有所不同。本校本课程所涉及的知识点可以开拓学生的视野，让学生从崭新的学习视角了解学校，重在培养学生的综合能力，因此其课程内容应该凸显综合实践性的特点。

（4）应用项目化学习：通过开展"我是鲸园小使者"项目化学习，教师设置一系列驱动性问题，让学生在寻找校园历史的过程中，发现问题、提出问题、分析问题、评价验证、得出结论，在解决问题的过程中培养创造性思维能力，发展探究精神。

2. 课程内容的框架结构

鲸园笔记校本课程结构如图 2-3 所示。

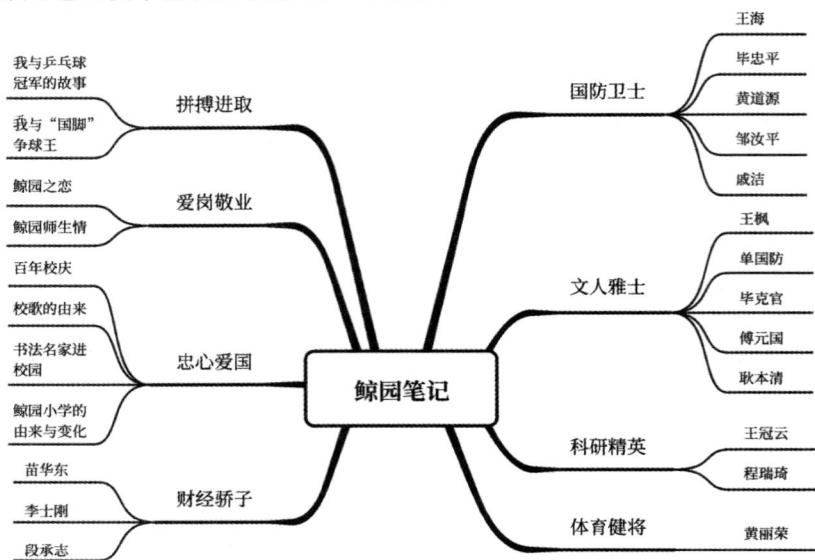

图 2-3　鲸园笔记校本课程结构

**（五）课程实施**

1. 实施安排表

鲸园笔记校本课程实施安排见表 2-5。

表 2-5　鲸园笔记校本课程实施安排

| 单元 | 主题 | 课程内容 | 课时预设 | 单元目标 | 资源配置 |
|------|------|----------|----------|----------|----------|
| 第一单元 | 国防卫士 | 1. "九星战将"——王海<br>2. 烽火战斗——毕忠平<br>3. 地下党员——黄道源<br>4. 为国铸剑——邹汝平<br>5. 爱国精武——戚洁 | 13课时 | 通过参观校史馆、查阅资料等方法，了解人物的英雄事迹，学习人物勇敢、坚毅的精神品质，形成爱国情感 | 校史馆资料、视频资料、人物自传、威海市档案馆资料等 |
| 第二单元 | 文人雅士 | 1. 未完影片——王枫<br>2. 威东传奇——单国防<br>3. 指尖艺术——毕克官 | 5课时 | 通过调查采访、人物专访等方式，探寻人物的艺术创作 | 校史馆资料、视频资料、人 |

| 单元 | 主题 | 课程内容 | 课时预设 | 单元目标 | 资源配置 |
|---|---|---|---|---|---|
| 第二单元 | 文人雅士 | 4. 勿忘乡音——傅元国<br>5. 油画人生——耿本清 | 5课时 | 生涯及典型事迹，学习人物坚持不懈、追求卓越的精神，树立民族自信 | 物自传、毕克官展览馆、威海市档案馆资料等 |
| 第三单元 | 科研精英 | 1. 科研之星——王冠云<br>2. 科技英才——程瑞琦 | 2课时 | 采用调查采访、探究学习等方式，了解人物的科研创新历程，领悟人物勇于创新、不怕失败的精神 | 视频资料、科研讲座等 |
| 第四单元 | 财经骄子 | 1. 难忘师恩——苗华东<br>2. 脚踏实地——李士刚<br>3. 大浪淘金——段承志 | 3课时 | 借助实地采访、人物专访等方式，搜集人物创业奋斗、回馈社会的事迹，争做努力奋斗、无私奉献、懂得感恩的鲸园学子 | 视频资料、老校友进校等 |
| 第五单元 | 体育健将 | 追求让梦想开花——黄丽荣 | 1课时 | 通过人物专访、实地探究等方式，学习人物勇于拼搏的精神品质，做到心中有榜样，行为学榜样，争做热爱祖国的人 | 校史馆资料、视频资料、老校友进校等 |
| 第六单元 | 忠心爱国 | 1. 赞新时代　诵母校恩——鲸园小学百年校庆<br>2. 校歌《鲸园之恋》的由来 | 4课时 | 通过搜集资料、考察探究等方式，探寻学校发展历程及重大事件，了解学校发展史，增强对 | 校史馆资料、视频资料、作品展览 |

续表

| 单元 | 主题 | 课程内容 | 课时预设 | 单元目标 | 资源配置 |
|------|------|----------|----------|----------|----------|
| 第六单元 | 忠心爱国 | 3. 百年老校墨之缘——书法名家进校<br>4. 鲸园小学古往今来的那些事 | 4课时 | 学校的认同感和自豪感，涵养家国情怀 | 校史馆资料、视频资料、作品展览 |
| 第七单元 | 爱岗敬业 | 1. 桃李花开　芬芳满园<br>2. 鲸园师生情 | 2课时 | 通过调查采访、实地探究等方式，感受鲸园人的爱岗敬业、默默奉献的精神，用实际行动来践行 | 优秀教师代表 |
| 第八单元 | 拼搏进取 | 1. 我与乒乓球冠军的故事<br>2. 我与"国脚"争球王 | 2课时 | 通过调查采访、考察探究等方式，探寻体育名人的故事，学习拼搏进取精神 | 优秀教师与优秀学生代表 |

2. 实施要求

（1）对教师的要求：教师要明确课程目标及课程内容，积极组成课程开发团队，开发课程学本，丰富校本课程内容，做好校内外资源链接和整合。

（2）课程内容：课程内容要符合学生的年龄特点、身心发展特点，能够吸引学生的兴趣，让学生能够积极主动地选择喜爱的项目，并全身心参与到课程活动中来。

（3）课程素养：开发校本课程资源，如学本，微视频等，结合学校现有资源，与校外资源结合，实现校内学习与校外实践的双向提升。

（4）教学准备：开发学本、微视频、学习探究单。

（5）指导能力：对学生探究过程中提出的问题能够有针对性地进行指导，引领学生达成课程目标，并能够进行总结性评价。

3. 实施策略

（1）信息搜集与整理策略：学生通过上网查询及到校史馆查找相关资料，对鲸园小学的历史人物、事件进行统计与分类。教师可以指导学生通过社区寻访鲸园小学的老一辈校友方式，获取学校历史变革和时代变迁过程中的人物和故事；教师按照文献研究法，以时间、人物、建筑、文化等关键词形式指导学生查找信息与统计，提前设计并为学生提供主题检索清单和信息记录表，便于学生查阅与留存信息；指导学生制作知识图谱，促进学生建立结构化思维，允许学生个性化表达……教师有针对性地指导，将学生带入学校的发展与变化之中，有利于学生初步学会信息筛选与统计方法，以校为荣，建立家国情怀，进而树立人生理想。

（2）项目化学习策略：项目化学习是中小学学生重要的学习方法，是新课程理念在学生活动之中落地的有效载体。项目化学习就是从问题出发，以任务驱动，注重学习实践与评价，发展学生高阶思维的学习方式。它融合了自主学习、合作学习、探究学习、综合学习、实践学习等方式。教师根据课程进度和具体活动安排，按照"策划和入项—实践探究—汇报与评估"三个阶段，组织学生合作学习，开展项目实践；为学生提供适合儿童使用的、适合儿童探究的学习支架，如校园观察笔记；集中组织项目论证和评估两个关键环节；倡导学生自主管理学习资料和探究结果。以此发展学生的实践能力和高阶认知，提升学生创新思维。

（3）自主合作策略：依托学校"三助三研"人文思辨课程学习范式，将思政教育与道德与法治课相融合，与多学科相结合，以小组合作方式为主，引导学生根据自己的兴趣、能力、特长和活动需要，就不同主题明确分工，展开探究。将校园作为研学基地，形成"红色学习圈"，引导学生链接课堂，实现项目共享、课程共建、知行统一。

（4）汇报评估策略：通过上述过程的学习和积累，学生可将成果汇总，形成交流 PPT、小视频或文字类总结等。学生在学习过程中不仅获得了丰富的材料和信息，还提升了文化创意与设计制作能力，更加激发了他们关注和参与校园生活的热情，培养了强烈的校园责任感和使命感，提升了感受美、创造美的能力。

（5）鲸园嘉年华策略：嘉年华活动中学生通过各种游戏和娱乐项目，在欢乐中学习和进步。嘉年华活动可以包括各种形式的游戏、竞赛和表演，如小组合作讲校史、接力制作鲸园人物图谱、演讲才艺展示等。这些活动不仅能够增强学生的团队合作意识和社交能力，还可以培养他们的创造力、观察力和解决问题的能力。嘉年华活动也能够促进学生之间的交流，增进友谊，培养他们的团队精神和集体荣誉感。

**（六）评价活动与成绩评定**

1. 评价原则

（1）激励性原则：为促进学生积极参与和主动学习，激发他们的内在动机和学习兴趣，从而取得更好的学习成果，教师设计丰富而有趣的学习活动，采用不同的教学策略和方法，包括小组讨论、角色扮演、实践操作等，以满足不同学生的学习风格和需求，提高他们的参与度和学习效果。随时给予学生适当的评价，增强他们的信心和学习动力。

（2）发展性原则：每个学生都是独特的个体，具有不同的能力、兴趣和学习风格。为促进学生全面而持续的成长，满足他们的学习需求，教师将学习与现实生活联系起来，创设真实且有意义的情境和任务，鼓励学生积极参与和合作，包括小组合作、参与团队项目和社区活动。让学生将所学知识和技能真正应用于实际问题解决中，从而提高学习的有效性和可迁移性。

2. 评价方式

鲸园笔记校本课程的评价方式以自我评价为主，教师、家长评价为辅。评价是调动学生主体性的有效机制，学生的自我评价是学生能力得到发展的重要环节。

（1）反馈式评价——语言评价。在活动中，可以通过学生自我评价、学生间交流评价、家长反馈式评价进行语言评价。

（2）展览式评价——成果展示。每一个儿童都是一座宝库，他们有着不同的思维与想象力，所呈现的作品也会千差万别。将学生的作品通过展览的方式展出，是对他们的极大鼓舞。

（3）赛事式评价——各类评选。通过各类评选活动、各类比赛等，让学生体验获得感。

（4）档案袋评价——档案存储。以学生为单位，建立档案袋，收录学生过程性的成长足迹，收获成就。

（5）嘉年华评价——游园评选。在游园活动中，学生通过参加各种活动，展示自己的创造力、观察力和解决问题的能力，体验不同的成长收获。

3. 评价内容

鲸园笔记校本课程评价内容主要包括以下两点。

（1）校本课程评价。

信息整合能力：学生能够根据课程要求到图书馆或者在网络上搜集资料并梳理信息。可通过小组交流或者集体汇报等进行考查。

实践能力：学生能根据要求在校园内和进入社区进行实地采访。可通过小组交流或者集体汇报、家长评价或者社会评价等进行考查。

创新能力：学生在设计制作上能突破固有的思维。主要通过小组交流、表演、自我评价等进行考查。

高阶认知：包括分析问题的能力，学生能根据需求进行思考、学生能用设计表达自己想法。

（2）小组合作评价。

在参与课程的过程中，许多环节需要学生通过小组合作来完成，因此通过制定小组合作评价表来激励学生更好地参与到小组活动中来，通过任务达成、参与热情、团队合作和创新意识四个维度，以学生自评和学生互评的方式评价学生的参与度，有意识地培养学生的团队意识。

**（七）评价量表**

主要评价量表见表 2-6 和表 2-7。

**表 2-6 鲸园笔记校本课程评价表**

| 评价内容 | 评价指标描述 | | | 评价方式／结果 | | |
| --- | --- | --- | --- | --- | --- | --- |
| | ☆ | ☆☆ | ☆☆☆ | 生评 | 师评 | 家长评 |
| 信息整合 | 能自主查阅优秀校友和先进人物的情况。对学校百年发展历程、鲸园小学优秀人物事迹、鲸园故事等能大致掌握 | 了解校园发展历史，倾听老师讲优秀校友的故事，能整合信息并能自主讲述故事 | 阅读和观看优秀校友影视作品，收集与整理优秀校友资料，参与探寻鲸园故事，从微小的人物和事件中探寻鲸园精神 | | | |

| 评价内容 | 评价指标描述 | | | 评价方式／结果 | | |
|---|---|---|---|---|---|---|
| | ☆ | ☆☆ | ☆☆☆ | | | |
| 实践能力 | 学生能根据要求在校园内和进入社区进行实地采访 | 参与有关"探寻鲸园小学古往今来优秀人物事迹"主题教育活动 | 通过小组交流或者集体汇报的方式展示探究实践结果 | | | |
| 创新能力 | 学生对已掌握的校园信息进行整合，形成展示作品，如校园小报、人物泥塑等 | 通过表演、演讲等方式将校园人物和校园历史串联起来，形成完整作品 | 学生设计小组展示作品，并能说出作品的意义，形成完整的汇报流程，分工明确，合作有序 | | | |
| 高阶认知能力 | 运用调查采访、实地探究、大事年表等方式记录整理，习得获取相关资料的方法与能力 | 熟知鲸园小学历史，能从所学所知中感悟鲸园精神，内化于心，将自己所学到的精神在生活中通过行动表现出来 | 参与"我是鲸园小使者"主题教育活动，通过传唱《鲸园之恋》、剪裁鲸园印象作品、投稿《问渠》，形成自己的"鲸园笔记" | | | |

### 表2-7　鲸园笔记校本课程小组合作评价表

| 评价内容 | 指标描述 | | | 评价方式／结果 | |
|---|---|---|---|---|---|
| | ☆☆☆ | ☆☆ | ☆ | 自评 | 互评 |
| 任务达成 | 达成 | 一般 | 失败 | | |
| 参与热情 | 非常热情 | 一般 | 抵触 | | |
| 团队合作 | 主导合作 | 参与合作 | 独自一人 | | |
| 创新意识 | 有意识 | 一般 | 无意识 | | |

# 第四节　课程实施与评价

## 一、实施要求

### （一）对教师的要求

教师要明确课程目标及课程内容，积极组成课程开发团队，开发相关课程学本，丰富校本课程内容，做好校内外资源链接和整合，对学生探究过程中提出的问题能够有针对性地进行指导，引领学生达成课程目标，能够进行总结性评价。

### （二）课程内容

课程内容要符合学生的年龄特点、身心发展特点，能够吸引学生的兴趣，让学生能够积极主动地选择喜爱的项目，并全身心参与到课程活动中来。

### （三）课程素养

开发不同类型的校本课程资源，如学材、微视频等，将学校现有资源与校外资源结合，实现校内学习与校外实践的双向提升。

### （四）教学准备

准备学材，包括学本、微视频、学习探究单等。

## 二、实施策略

### （一）信息搜集与整理策略

通过上网查询以及到校史馆查找相关资料，对课程相关资料进行统计与分类。在不同的校本课程中，教师按照文献研究法，以不同类型的关键词形式指导学生查找信息与统计，提前设计并为学生提供主题检索清单和信息记录表，便于学生查阅与留存信息，允许学生个性化表达……教师有针对性地指导，有利于学生初步学会信息筛选与统计方法，在搜集信息的过程中建立家国情怀，进而树立人生理想。

### （二）项目化学习策略

前文已阐述项目化学习策略。

### （三）自主合作策略

将德育与多学科相结合，以小组合作方式为主，引导学生根据兴趣、能力、特长、活动需要，就不同主题明确分工，展开探究。将校园作为研学基地，形成"红色学习圈"，引导学生链接课堂，实现项目共享、课程共建、知行统一，塑造担当精神。

### （四）汇报评估策略

通过不同校本课程的学习和积累，学生可将成果汇总，形成交流 PPT、小视频或文字类总结等。学生在学习过程中不仅可以获得丰富的材料和信息，还提升了文化创意与设计制作能力，更加激发了他们关注和参与校园和社会生活的热情，培养了强烈的家国责任感和使命感，提升了他们感受美、创造美的能力。

### （五）嘉年华策略

嘉年华活动可以包括各种形式的游戏、竞赛和表演，如小组合作开展国旗下讲话、接力制作鲸园人物图谱、演讲才艺展示等。这些活动不仅能够增强学生的合作意识和社交能力，还可以培养他们的创造力、观察力和解决问题的能力，促进学生之间的交流，增进友谊，培养他们的团队精神和集体荣誉感，使他们真正发挥"小使者"的作用，在欢乐中学习和进步。

## 三、课程评价

小使者课程的评价既关注学习结果，又关注学生在学习过程中的变化和发展；既关注学生的学业水平，又关注他们在学习活动中表现出来的情感、态度。通过评价保护学生的自尊心和自信心，促进学生成长。

小使者课程的评价主要突出以下几个方面：发挥评价对学生的激励作用；评价有助于促进学生发展；学生既是评价的对象，又是评价者。坚持学生自评、互评与教师评价相结合，可以对学生在活动（如调查、实验、探究、交流、讨论等）中的表现加以评价（表 2-8）。

表 2-8　小使者课程评价表

| 项目 | 说明 |
|---|---|
| 评价内容 | 1. 能根据自己的爱好坚持每周按时参加小使者课程学习<br>2. 掌握所学学科的相关知识与技能，能通过检验测评 |

| 项目 | 说明 |
|---|---|
| 评价内容 | 3. 能运用所学的相关知识与技能和伙伴合作完成作品或进行成果展示，展现自己的能力<br>4. 能在学习活动中形成初步的拓展能力 |
| 评价方式 | 采用"个性+"课程评价手册，能够反映学生的爱好、家庭情况、学习体会，由老师、学生、家长三方进行评价<br>自我评价：依据课程要求及课程评价手册中的过程性资料，进行自我评价<br>相互评价：以小组为单位，组内成员之间相互进行评价，促进共同发展<br>教师评价：对低、中、高年级学生，教师根据日常的观察与学生完成情况等进行综合评价，奖励诚信积分<br>家长评价：学生家长对子女参加小使者课程活动后是否掌握了专项技能、是否发展了个人特长进行评价 |
| 激励措施 | 1. 班级层面：每周根据学生手中鲸园币的数量评选"美德之星"，颁发鲸园书签<br>2. 学校层面：每月评选校级"美德之星"，颁发校长签字喜报；学期末，评选"鲸园小使者"，颁发荣誉证书 |

**（一）评价原则**

1. 导向性原则

充分发挥评价的教育和导向功能，评价的内容、标准、方法、制度适应素质教育要求，利于学生了解自己，发现并发掘潜能，及时调整状态，促进学生健康成长，全面发展。

2. 多元性原则

多元性评价指内容、形式和评价主体不同的多元化评价。

3. 激励性原则

善于发现学生的闪光点，及时给予鼓励和表扬，帮助学生树立学习的信心，增强进取的勇气。

4. 可行性原则

评价方案、方法、程序简单易行、科学合理，做到操作性强，实用性强。

5. 过程性原则

评价不单是学习结束的环节，更要贯穿于学生成长的全过程，坚持形成性评价与终结性评价相结合，注重评价结果，更注重评价过程。

**（二）评价方式**

1. 采用评价过程全时化原则进行评价

采用过程评价和结果评价相结合的方法，考查学生日常学习知识的牢固程度以及对小使者课程学习的感受。过程评价，采用展示、实践、成长记录袋等方式评价学生认知过程的发展水平；结果评价，采用学生单项、团队整体期末展示等方式评价学生、团队整体发展水平。

2. 采用评价主体多元化原则进行评价

学生自评与互评：对照参与程度、个人表现、学习收获对自己进行评价；教师评价：教师根据学生在学习中的表现、投入程度及运用技巧的能力，给学生适当的评价；学校评价：运用过程评价与结果评价相结合的方式，通过听课、展示、竞赛等形式，对学生的表现进行评价。

给学生建立档案册，将学生一学期的活动记录在册。过程评价与结果评价两方面的成绩相加，作为对学生进行综合评价的依据。给学生的评价不以分数的方式呈现给学生，而以 A、B、C、D 的等级形式反馈给学生。

**（三）制度保障**

小使者课程评价是以学生、教师、家长为主体，采取自评、班评、家长评的评价形式，充分发挥学生、教师、家长在评定工作中的主体作用，注重工作的时效性。以下是制度保障的措施。

（1）提高认识，健全组织。要结合学校工作实际，建立各级评定工作领导组织，切实加强对评定工作的领导与指导，力求评定工作规范化、制度化、科学化、常规化。

（2）制定细则，细化管理。小使者课程评价活动要建立健全培训制度，制订培训计划，明确培训内容，抓实培训效果，按方案要求严格规范操作，利用晨会、班队会等做好评定工作，随时随地收集相关材料，及时填写评定结果。

（3）积累材料，规范档案。小使者课程评价要做到过程评价和结果评价相结合，注意及时积累、存放各项资料。学校、班级、学生都要认真搜集、提供、保存相关材料，便于评价。

（4）完善机制，公平公正。小使者课程评价的各单项内容的评定结果与综合评定结果要相互印证，协调一致。要认真落实督导检查，确保素质发展争章评定工作公开、公正、有序、有效。

## 四、"九星战将"——王海第一课时教学方案

### （一）背景分析

1. 该主题在本单元和本门课中的地位和作用

小学阶段正是孩子思想逐渐成熟的阶段，也是可塑性最大的阶段。为坚定学生理想信念、厚植爱国主义情怀，我们将了解国防卫士们的英雄事迹作为本单元的学习内容。本节课着重向学生介绍鲸园小学优秀校友——空军原司令员王海上将。让学生从人物事迹中逐步认识并感受"自强不息，奋勇向前"的鲸园精神，增强校园认同感，提升使命感。

2. 学生已有知识基础

五年级的学生对学校发展历程中有突出成就的人和大事件有了一定的认知基础，也具有探究方法基础，对学校优秀前辈身上的鲸园精神有了较深刻的感悟。五年级的学生即将毕业，通过对"九星战将"王海的事迹进行研究，可以加深对杰出校友精神品质的领悟，增强对母校的热爱，懂得感恩。五年级的学生能够将这种精神品质内化于心，外化于行，带动影响学弟学妹们更加奋发进取。

3. 学习重点和难点分析

（1）通过了解王海一生与"九"结缘的重大事件，对王海的主要经历、功勋有整体上的认知。

（2）通过了解王海的成就与精神品质，学习王海坚韧不拔、大胆果断、爱军爱国等精神品质。

### （二）教学目标

（1）引导学生通过查阅资料、观看视频等方式发现问题、提出问题，了解王海在抗美援朝战争中的主要战绩，初步感知英雄事迹。

（2）梳理本课核心知识时，发现并提出自己感兴趣的问题，小组合作探究王海取胜的原因，感悟英雄精神。

（3）在小组合作探究问题的过程中，能学会科学地筛选、合并问题，在讨

论的过程中，能合理听取他人的意见，发展协作探究能力。

**（三）评价设计**

教学方案评价设计见表 2-9。

**表 2-9　"九星战将"——王海教学方案评价设计**

| 课时目标 | 评价任务 | 评价等级 | |
|---|---|---|---|
| 目标 1 | 通过课前查阅相关资料和课堂交流等方式，知道王海的故事，感知英雄精神 | 交流王海的故事 | |
| | | 了解王海的英雄事迹 | |
| | | 能够说出让自己感动的地方 | |
| 目标 2 | 1. 通过学习交流、观看影片等活动，加深对王海的了解 | 借助资料能够讲述王海的英雄事迹 | |
| | 2. 从自身做起，学习英雄人物，走好自己这一代人的长征路 | 从小树立梦想，走好自己这一代人的长征路 | |
| 目标 3 | 1. 学会科学地筛选、合并问题 | 能梳理出核心问题 | |
| | 2. 能合理听取他人的意见，发展协作探究能力 | 虚心听取他人意见，在交流中经历知识的形成过程 | |

**（四）教与学活动设计**

1. 课前活动：初识王海

教师：同学们，有这样一个人，他叫王永昌，也是咱们威海人。他还有四个哥哥，名字分别是永春、永福、永生、永乐。父亲给兄弟几人起名时，希望他们一生能如意，所以选了这样几个吉祥的字。王永昌 20 岁那年要离开威海了，去人民革命大学求学，辞别家人之前，他把名字改了。你知道他是谁了吗？

他就是空军原司令员，鲸园小学的校友王海爷爷。

王海爷爷将自己一生的经历写成了一本书——《我的战斗生涯》。本周，就请同学们利用课余时间，通过查阅书籍、观看视频等方法初步认识王海爷爷，了解他的英雄事迹，完成课前探究单。

2. 教学过程

（1）活动一：寻九星。

视频：感动中国人 2020 年度物颁奖词——在朝阳下俯冲，迎着西风开火。

空中的尖刀，以一当十；疆土的坚盾，巡天卫国。山河已无恙，祖国的雄鹰已飞得更高，你刻在机身上的星星，是战士们的巡航坐标。

提出问题：你知道"刻在机身上的星星"指的是什么吗？

预设交流：王海驾驶过的米格-15歼击机，机身上绘有9颗红星，目前陈列在中国人民革命军事博物馆兵器馆。

小组活动要求：这9颗红星其实就代表了王海爷爷在抗美援朝战争中击落、击伤了9架美国战机，他也因此被称为"九星战将"。这些星星的排列可有讲究，要分为两行，第一行为实心红星，代表击落敌机的数量，第二行是空心红星，代表击伤敌机的数量。根据课前查阅的资料，小组尝试绘制九星标志。

学生活动：交流展示不同小组的绘制结果，小组间相互评价。

设计意图：利用感动中国2020年度人物颁奖词，吸引学生的兴趣。结合资料，学生能够很快走近战斗英雄。

过渡：在抗美援朝战争期间，王海率领大队参加空战80余次，全队击落击伤敌机29架。9和29，都与"9"有关。不仅如此，王海爷爷回顾自己的一生，觉得自己和"九"很有缘。

小结：正是这一个个"九"，组成了王海爷爷波澜壮阔的一生，"九星战将"，名不虚传。

（2）活动二：探九星。

导入：这些成绩的取得并非偶然，关于抗美援朝战争，同学们知道当时中美两国空军实力如何吗？

提出问题：对比中国、美国作战飞机和飞行时间，你体会到了什么？

设计意图：通过表格进行比较，学生体会到两国作战飞机和飞行时间的差距，感受到中国空军为保卫祖国而战的大无畏精神。在模拟演练中体验战场危机，进一步体会王海大队用热血和生命书写、传承的家国情怀。

预设：誓死保家卫国的精神。

补充资料：参加斗争的那一年，王海只有24岁，虽然飞行技术好，但没有任何实战经验，即便如此，他率领同样年轻的王海大队立下了赫赫战功。据报道，时任空军副司令员常乾坤当年到沈阳进行战前动员，叫王海发言表态。王海说了这样一句话："美国人是人，中国人也是人，我就不相信我们打不下美国飞机！"

追问：中美两国军事实力相差如此巨大，王海爷爷却坚信中国人民志愿军能打胜这场战争，为什么？

小结：靠的就是这种"不怕死"的精神，就是我们一代代鲸园人传承下来的"自强不息，奋勇向前"的精神。

小组活动过渡：就是在这样的情况下，经历了三年的斗争，中国人民志愿军获得了胜利。（视频）那次漂亮仗，其实是王海爷爷破解了敌人的"罗圈阵"而取得的胜利。什么叫罗圈阵呢？王海爷爷又是怎样破解的呢？

小组活动要求：请大家以小组为单位仔细研读资料，借助工具袋中的飞机模型，分工合作，尝试把王海大队破解"罗圈阵"的过程演示清楚。

学生活动：小组交流破解过程。

追问：你从中体会到了什么？

小结：空中的局势瞬息万变，看清敌军的形式是对飞行员沉着冷静的考验；做出相应的判断是对飞行员战略战术的考验；千米距离上的俯冲与上升是对飞行员身体素质的考验；近距离地向敌军开火是对飞行员胆量的考验。王海上将身上的这份勇敢担当、心中的这份爱国热忱正是我们鲸园人家国情怀的最好体现。

（3）活动三：访九星。

导入：1984年，年近六旬的王海访问美国，遇到了美国空军参谋长加布里埃尔上将。在《我的战斗生涯》一书中王海这样描述两人相见的场景——

他惊奇而又激动地走到我面前说："你就是那位朝鲜战场上的王海？我当年在朝鲜就是在一次空战中被你打下来的。"

这时，我跟他热烈握手，同时对他说："如果你们再进攻我们，我们还要把你们打下来！"

顿时激起了一片笑声和掌声。

提出问题：如果你是一位随行记者，看到此情此景，在随后的记者招待会上，你会提出哪些问题呢？请思考后完成自己的采访提纲。

学生活动，预设问题：年近六旬的王海爷爷为什么还这么有信心？加布里埃尔被王海爷爷打败了，为什么见到他会激动？

提出问题：如果你是今天的新闻发言人，你会如何回答这些问题？

小结：老英雄铿锵有力的话语，饱含着对国家的责任担当；能得到对手的认可，更足以证明我们空军的果敢与英勇。

3. 链接生活，反思修正

英雄是民族最闪亮的坐标。王海上将是一名战斗英雄，他把自己的一生全部无私奉献给祖国和人民，用一生的行动诠释着自己的家国情怀，践行着自己的理想信念。课后请同学们继续探索王海精神，以王海精神为指引，振兴中华为己任，自强不息，奋勇向前。

4. 课后探究活动

分小组合作探究，共同成长。

（1）再探王海：王海被称为"九星战将"，他与"九"有着不解之缘，请小组课后继续搜集王海的事迹，结合所学以及搜集的资料，以"九"为中心，以思维导图的形式呈现王海与"九"相关的英雄经历。

（2）时空对话：在了解了王海的生平事迹之后，你心中是否感慨良多？是否感动于王海不畏生死、保卫国家的大无畏精神？是否感动于他为了理想坚定信念勇往直前的精神？如果你可以跨越时空与王海爷爷对话，你会说些什么呢？请你以一封信的形式，将自己心中所想说与王海爷爷听吧！

设计意图：将探究主动权交到学生手中，让学生以自己喜欢的方式探究人物精神，拉近了学生与英雄之间的距离，更能够让学生在活动中感悟王海的品质，引发学生更深层次的思考。

（3）在搜集资料和课堂了解王海的过程中，相信大家一定对他留下了深刻的印象，请你担任鲸园小使者，为英雄人物王海宣讲。

探究结束后，进行"小组合作优秀团队"评选，优秀小组将被推荐参加"我是鲸园小使者"宣讲。

设计意图：通过对王海将军的宣讲，一方面，加深学生对王海将军和他光辉一生的理解，另一方面，这也是对小组研究成果的总结过程。

**五、追求，让梦想开花第一课时教学方案**

**（一）课时目标**

（1）通过看视频、听故事了解黄丽荣的事迹，感受黄丽荣拼搏进取、勇于追求梦想等精神。

（2）借助黄丽荣的故事了解国家体育发展史，能够感受到中国体育事业的蓬勃发展，增强民族自豪感，树立报国志。

**（二）评价设计**

教学方案评价设计如表 2-10 所示。

表 2-10 追求，让梦想开花教学方案评价设计

| 课时目标 | 评价任务 | 评价等级 | |
|---|---|---|---|
| 1. 通过看视、听故事了解黄丽荣的事迹，感受黄丽荣的精神 | 通过课堂交流等方式，能够知道黄丽荣的成长故事，学习黄丽荣拼搏进取、勇于追求梦想的精神 | 交流黄丽荣的故事 | |
| | | 能够说出令自己感动的细节 | |
| | | 明确黄丽荣的精神 | |
| 2. 借助黄丽荣的故事了解国家体育发展史，进而加深对党史的了解，在深度体会中增强民族自豪感，树立报国志 | 1. 通过学习交流了解国家体育发展史<br>2. 走进校史馆，宣讲黄丽荣的事迹 | 借助资料能够简单讲清楚国家体育发展史 | |
| | | 走进校史馆，为参观的人讲述黄丽荣的事迹 | |

**（三）课程设计**

1. 课前准备

搜集资料，了解乒乓球的相关知识。

2. 教学过程

（1）认识黄丽荣。

①教师：平时你最喜欢的运动是什么？

学生谈喜欢的运动，引出乒乓球。

②教师：老师认识一个人，她从小特别爱好打乒乓球，我们一起来认识一下她。

出示黄丽荣简介：黄丽荣出生于 1951 年 11 月 13 日，1988 年加入中国共产党，1988 年成为国家级裁判员，2019 年荣获国家荣誉裁判称号。

③教师：黄丽荣小学是在我们鲸园小学度过的，她是我们的优秀校友。

设计意图：利用学生喜欢的体育运动，吸引学生的兴趣。结合资料，学生能够很快走近黄丽荣，提升学习兴趣。

（2）了解中国体育史。

①了解"东亚病夫"称呼的来历。

教师：大家看黄丽荣的出生时间，你觉得你该怎么称呼她呢？

学生：黄丽荣奶奶。

教师：她的年纪和同学们的爷爷奶奶年纪差不多，你了解你爷爷奶奶的那个年代是什么样子的吗？

曾几何时，中国人因为吃不饱穿不暖，身体素质偏弱而被人冠以"东亚病夫"，这顶"帽子"压在中国人的头顶，令人难以呼吸。当时的中国体育事业是什么样子呢？

学生交流。

②乒乓球被奉为"国球"。

新中国成立后，毛泽东"发展体育运动，增强人民体质"的题词，适时地为新中国体育工作指明了方向。和中国其他领域一样，体育也获得了新生的机会。

1959年，一个振奋人心的消息传来了。

教师播放容国团的视频。

容国团这个世界冠军从此改变了乒乓球项目在中国体育体系中的地位。乒乓球开始被奉为"国球"，逐渐成了民族情感的寄托，成为国家运动的象征。

学生交流课前搜集的容国团的事迹。

设计意图：引导学生通过了解中国体育发展史，了解党史，认识到自强不息、奋发向上是鲸园学子爱国意识的重要体现，激发学生的民族自豪感和民族认同感。

（3）了解黄丽荣的学习经历。

过渡：也是在那时，这颗小小的乒乓球在黄丽荣的心中种下了梦想的种子。让她深深地爱上了乒乓球。

教师：上学后的黄丽荣申请加入了乒乓球队，开始了刻苦的训练。你知道那时训练条件是怎样的吗？

我们一起来看看这张图片，这就是黄丽荣奶奶那个时代练习用的简易乒乓球台，和我们现在的球台对比，怎么样？

教师小结：不止如此，那时的乒乓球训练室连块窗玻璃都没有，冬天时外面下大雪，里面飘小雪，而且黄丽荣还经常光着脚丫穿着背心练习，因为那时候生活贫困，家中连一双鞋子都买不起，一旦穿烂了就没有鞋子换了。同学们，如果是你在这么艰苦的条件下，能坚持下来吗？

学生交流发言。

教师小结：就是在这样艰苦的条件下，黄丽荣也从没想过放弃自己的爱好，每天练习挥拍动作和步法数千次。即使这样，她也从没有耽误过自己的学习。她曾经多次代表学校参加威海市、烟台地区和山东省的乒乓球比赛。大大小小的比赛，让黄丽荣积攒了丰富的比赛经验。

设计意图：通过了解黄丽荣的学习经历，学生进一步了解黄丽荣拼搏进取的精神。

（4）黄丽荣与周总理的小故事：1965年，黄丽荣获得了山东省乒乓球比赛第二名的好成绩。由于各方面表现突出，技术出众，她被选拔到山东省队，参加1966年在北京举办的全国21省市女子少年乒乓球比赛并被授予了风格奖。周总理为其颁奖。

教师出示周总理与黄丽荣握手的图片。

教师：大家看这张照片，照片中的小女孩就是黄丽荣，你知道为她颁奖的人是谁吗？

是的，他就是我们敬爱的周总理。

周总理亲自为她颁奖，这是多么至高无上的荣耀啊，看图片猜一猜周总理会对黄丽荣说什么？

当时周总理走到她的面前，亲自为她颁奖，并叮嘱她要好好学习，好好打球，将来为祖国争光。黄丽荣听了总理的话会怎么想？

正是这段经历激励着她在今后的困难中永不退缩，更激励着她坚持自己的梦想，朝着自己的目标一步步迈进。

黄丽荣这一路的奋斗历程，你想用一个什么词语来形容？

正是她的好学进取、勇于拼搏才让她取得了骄人的成绩。而她也从未忘记周总理对她的嘱咐，她将她的一腔热情全部投入自己所热爱的乒乓球事业中。

设计意图：通过学习黄丽荣与周总理之间的小故事，学生进一步了解黄丽荣拼搏进取的精神，启发学生多关注自己身边的英雄人物。

（5）黄丽荣与乒乓球的不了情：从小就热爱乒乓球的黄丽荣为了能继续留在她热爱的赛场上，努力学习，考取了国家级裁判证，以裁判员的角色继续在球场上发光发热。

教师：请说一说黄丽荣奶奶在担任裁判员的工作中都做了哪些令你感动的事情？

集体交流：

①工作中的黄丽荣一丝不苟，判断准确无误，技术一流，严谨细致。

②她担任过无数次大赛的裁判，见证了许多优秀运动员、教练员的成长。

教师出示合影。

教师：这张照片是黄丽荣与蔡振华教练的合影。蔡振华教练曾担任多年国家乒乓球男队的总教练，十次荣获国家体育荣誉奖。

教师：这是黄丽荣与乒乓球奥运冠军王楠、乒乓球世界冠军王励勤、乒乓球协会主席刘国梁的合照。

在黄丽荣任裁判的这些年，她也亲眼见证了中国体育的蓬勃发展。

学生交流课前搜集的关于中国乒乓球名将的事迹以及成就，说明中国乒乓球事业在不断蓬勃发展。

教师：担任裁判员的日子里，没有鲜花与掌声，没有奖牌与喝彩，但黄丽荣凭着那份对职业的责任与担当，拥有了属于她的更为珍贵的勋章。

黄丽荣已经70多岁了，整个人的精神状态却是非常积极向上。她总是面带微笑，讲述她与乒乓球的故事。退了休的黄丽荣，依然没有停下她的脚步，继续从事着与乒乓球有关的工作。别看黄丽荣已经70多岁了，她还在努力学习英语，不断提升自己。听到这里，你有什么话要说？

学生联系自身谈要学习黄丽荣奶奶这种生命不息，奋斗不止的精神。

教师：是啊，无论在她人生的哪一个阶段，她都从未停止过追求。就在2019年，黄丽荣作为山东省唯一的裁判被授予国家乒乓球荣誉裁判称号，这是对她奋斗一生的最好的肯定和赞誉，这个至高无上的荣誉既是我们山东人的骄傲，也是我们鲸园人的骄傲。

设计意图：通过了解黄丽荣担任裁判员期间的小故事，学生进一步了解中国体育事业的发展，感受中国的强大，激发学生的民族自豪感。

（6）感恩鲸园，不忘初心。

无论飞得多高，走得多远，黄丽荣从没有忘记自己的母校对她的谆谆教诲，在学校118年校庆时，黄丽荣来到学校为校友们送上她的真挚祝福和殷殷期盼，并亲自指导小乒乓球运动员打球，还亲切地与他们切磋球技。这种不忘初心，心怀感恩的精神值得每一位鲸园学子学习。

教师播放视频。

教师：生命不息，奋斗不止，我们要向黄丽荣致敬。同时我们要致敬的更是这一代代体育人为祖国默默奉献的精神。

设计意图：通过播放黄丽荣在校庆时的视频，让学生了解黄丽荣奶奶对学校的牵挂，培养学生爱国爱校的情怀。

（7）链接生活，厚植家国情怀。

教师：体育承载着国家强盛、民族振兴的梦想。体育强则中国强，国运兴则体育兴。如今的中国已然强大，正是因为有着千千万万个如黄丽荣一般的中国人，好学进取，勇于拼搏，才让我们的国家在国际体坛上具有强大的竞争力。希望同学们也能够传承黄丽荣奶奶的精神，自强不息，奋勇向前。

课后实践活动如表 2-11 所示。

表 2-11　追求，让梦想开花课后实践活动内容

| 活动名称 | 活动内容 | 评价等级 |
|---|---|---|
| 我是小小讲解员 | 走进校史馆，向参观的同学宣讲黄丽荣奶奶的故事 | |
| 我是小小宣讲员 | 走进社区，把黄丽荣奶奶的故事以及其他优秀校友的事迹讲给更多的人听 | |
| 我是小记者 | 采访黄丽荣奶奶，了解更多的事迹 | |

设计意图：通过对黄丽荣的宣讲和采访等活动，一方面，加深学生对黄丽荣的优秀品质的理解；另一方面，通过宣讲的方式，提升学生的表达能力。启发学生多关注学校发展史中的人物，实现从发现到了解，再到情感共鸣的升华过程。

**（四）阅读资料**

1959 年，一个振奋人心的消息传来了。容国团获得第 25 届世界乒乓球锦标赛男子单打比赛冠军。从此改变了乒乓球项目在中国体育体系中的地位。乒乓球就此开始被奉为"国球"，成为国家运动的象征，成了民族情感的寄托，也是在那时，这颗小小的乒乓球在黄丽荣的心中种下了梦想的种子，她深深地爱上了乒乓球。

上学后的黄丽荣立刻申请加入乒乓球队，开始了刻苦的训练。那时的乒乓球训练室连块窗玻璃都没有，冬天时外面下大雪，里面飘小雪，而且黄丽荣还经常光着脚丫、穿着背心练习，因为那时候生活贫困，家中连一双鞋子都买不起，一旦穿烂了就没有鞋子换了。就是在这样艰苦的条件下，她也从没想过放弃自己的爱好。每天她早早到学校练习，课间休息时练习，活动时练习，放学后练习，寒暑假练习。每天练习挥拍动作和步法数千次，累得吃饭时，胳膊都在发抖。即使这样，她也从没有耽误过自己的学习。每次考试，她都是班级前几名，她还是学校的大队长，胳膊上还带着"三道杠"呢。凭借着对乒乓球的热爱，训练比别人刻苦，她的球技也飞快地提高。她曾经多次代表学校参加威海市、烟台地区和山东省的乒乓球比赛。

大大小小的比赛，让黄丽荣积攒了丰富的比赛经验。功夫不负有心人，1965 年，黄丽荣获得了山东省乒乓球比赛第二名的好成绩。由于各方面表现突出，技术出众，她被选拔到山东省队，参加 1966 年在北京举办的全国 21 省市女子少年乒乓球比赛。能够到首都北京参加全国的比赛是多么荣幸的事啊！可是这也意味着春节期间她要到济南参加集训，不能回家过年了。年纪还小的黄丽荣第一次在外面过春节，的确很想家，但是在教练和队友的鼓励下，她将想家的念头化作训练的动力，别人都在休息，她在挥拍练动作，练习步法，练习发球，为比赛做了充足的准备。终于盼来了比赛，黄丽荣万分紧张，也摩拳擦掌，骨子里有种坚强、不服输的精神，她默默下定决心，一定要尽自己的努力，顽强拼搏，打出风格，打出水平。在与四川省的一名横拍打法的选手比赛时，她以顽强的意志与对手对搓 100 多个回合还没分出胜负，最后实行轮换发球法，即规定接发球方 12 板之内必须结束比赛。黄丽荣明白，胜负在此一举，她沉下心来，盯住对手，暗中寻找对方的破绽。终于，机会来了，黄丽荣反手一记大力扣杀，球重重地击在对手的球拍上崩飞了出去，2：1，黄丽荣胜利了！此时，全场沸腾，大家都在为这场精彩的比赛鼓掌，也为这个小姑娘的精彩表现鼓掌。在这次比赛中，黄丽荣因为表现出色被授予了风格奖。

周总理亲自为她颁奖，这是多么至高无上的荣耀啊。当时周总理走到她的面前，为她颁奖，并叮嘱她要好好学习，好好打球，将来为祖国争光。正是这段经历激励着她在今后的困难中永不退缩，更激励着她坚持自己的梦想，朝着自己的目标一步步迈进。

# 第三章　小文人课程，读写时空

　　语言是人类特有的最重要的交际工具，语言输入和输出的过程正是发展思维的过程。小学阶段是儿童学习发展语言、提升思维能力的关键时期，因此，对儿童进行语言文学教育具有重要的意义。小文人课程隶属语言与文学学习领域，旨在通过丰富多样的语言实践活动，开阔视野，引领学生进一步感受中外文化的异同，加深对中国文化的理解，形成个体独特的语言经验，并能够正确、规范地运用语言文字表达情感，感受文学创作的独特魅力，提高思维品质和审美情趣，绽放出最美的姿态。

　　围绕立德树人根本任务，结合学校的课程理念，深入挖掘小文人课程独特的育人功能，聚焦学生核心素养发展，立足真实的情境，通过对语文、英语、地方传统文化以及项目化学习研究等课程内容的学习，引导学生在识记与书写、阅读与表达、鉴赏与交流、梳理与探索等实践活动中积累，完成富有挑战性的学习任务，养成良好的学习习惯，对比了解中外不同的文化，学习并汲取精华，逐步树立正确的世界观、人生观、价值观，涵养家国情怀，坚定文化自信，提高学习能力。

# 第一节　课程价值观与课程理念

## 一、课程价值观

课程育人的本质就是提高课程的教育或教学水平来丰富学生作为人的社会本质、文化本质和精神本质，促进其由作为自然生命的人向作为社会生命、精神生命的主体转化。一方面，小文人课程培养学生基于人际交往的语言能力以及借助语言的思维能力，使学生具备一定的语言文字应用能力和理解能力；另一方面，基于语言文字的学习感悟培育民族精神和传承民族文化，从而使学生养成喜爱并继承祖国语言文化的态度，并从中得到文化熏陶和精神滋养。

任何一个民族的语言文字都不仅仅是一个单纯的符号系统或交际工具。语言文字不仅反映一个民族认识客观世界的思维方式、审美态度、价值观念，而且传播、发展民族文化和民族精神。因此，小文人课程深深地根植于中外民族优秀文化传统，哺育学生的社会生命，滋养其精神生命。

## 二、课程理念

小文人课程是依托《义务教育语文课程标准（2022 年版）》和《义务教育英语课程标准（2022 年版）》，在充分解读学校人文教育内涵的基础上构建的，是人文教育的核心部分和精髓的体现，旨在引导学生在吸纳与传承多元精粹文化的过程中，提升自我认知，绽放个性色彩，成就自信人生。以下为其课程理念。

### （一）聚焦核心素养发展，发挥课程的育人功能

围绕立德树人根本任务，吸纳古今中外优秀语言文化成果，使学生系统、规范地加以掌握和运用，并从中获得精神给养与哺育，促进其核心素养的发展，建立文化自信。

### （二）加强内容整合，注重课程的阶段性和发展性

遵循学生身心发展规律和核心素养形成的内在逻辑，链接生活，开展主题丰富的实践活动，将多元的学习内容、方法和丰富的资源等要素进行整合，突出不同学段学生核心素养发展的需求，促进其整体发展。

### （三）重视实践体验，促进学习方式的变革

从学生的生活实际出发，引导他们加强日常积累，勇于参与各种实践活动，在独特多样的学习情境中，进行自主、合作、探究学习，积极完成富有挑战性的学习任务，养成良好的学习习惯；注重阅读指导，不断激发学生的阅读兴趣，倡导多读书、好读书、读好书、读整本书，在畅读中，提高阅读品味；关注学生的个体差异和不同的学习需求，鼓励自主阅读、自由表达，有自己独特的阅读见解和感受；借助各种现代信息技术手段，不断拓宽学习空间，提高学习能力。

### （四）关注评价的导向作用

既注重考查学生日常学习过程和点滴进步，又重视根据不同学段的学习目标和学生的学习特点，选用恰当、合理的评价方式，加强小文人课程评价的整体性和综合性。

# 第二节 课程目标

## 一、课程总目标

结合《义务教育语文课程标准（2022 年版）》和《义务教育英语课程标准（2022 年版）》，特制定小文人课程总目标。

### （一）培养文化意识

通过学习了解不同国家的优秀文明成果，感受不同文化的独特魅力，比较中外文化的异同，加深对中华文化的理解、认同和热爱，形成健康向上的审美情趣和正确的价值观，坚定文化自信。

### （二）发展语言能力

能够积极参与各类语言实践活动，在感知、体验、积累和运用中感受汉语与英语的异同，积累语言经验，提升表达能力，乐于尝试与他人进行有意义的沟通与交流。

### （三）提升思维品质

能在语言学习的过程中发展思维，在思维发展过程中推进语言学习；尝试从多角度观察和认识世界、看待事物，有理有据、有条理、连贯有序地表达观点；遵循螺旋递进的发展规律，逐步发展逻辑思维、辩证思维和创新思维，使思维体现一定的灵活性、创造性、批判性和深刻性，养成良好的思考习惯。

### （四）培养审美能力

在学习的过程中，能通过感受、理解、欣赏、评价语言文字及作品，获得全新的感悟和丰富的审美经验，具有初步的感受美、发现美和运用语言文字表现美、创造美的能力，具有健康的审美意识和正确的审美观念。

### （五）提高学习能力

能够树立正确的课程学习目标，保持学习兴趣，养成良好的习惯，主动参与各项语言实践活动；在学习中注意倾听、乐于交流、勇于尝试；学会自主探究，合作互助；学会反思和评价学习进展，能不断调整学习方式，提高学习效率。

## 二、分级目标

小文人课程分级目标如表 3-1 所示。

表 3-1  小文人课程分级目标

| 学科 | 学段 | 语言能力 | 学习能力 | 思维品质 | 审美能力 | 文化意识 |
|------|------|----------|----------|----------|----------|----------|
| 语文 | 第一学段（一、二年级） | 养成说普通话的习惯，学习有感情地朗读课文，能认真听他人讲话，努力了解讲话的主要内容；对讲话有兴趣，乐于运用阅读和生活中学到的词语并结合语文学习，用口头或图文等方式整理、表达自己在生活中的见闻和想法 | 学会汉语拼音，掌握汉字的基本笔画和常用的偏旁部首，努力养成良好的写字和阅读习惯，学习独立识字，积累自己喜欢的成语和格言警句 | 观察字形，体会汉字部件之间的关系；梳理学过的字，感知汉字与生活的联系；对周围事物有好奇心，能提出感兴趣的问题；日常学习讨论时，尝试提出自己的看法 | 向往美好的情境，关心自然和生命；诵读儿歌、儿童诗和浅近的古诗，获得初步的情感体验，感受语言的优美；尝试阅读整本书，用自己喜欢的方式向他人介绍读过的书 | 喜欢学习汉字，有主动识字、写字的愿望；学说普通话，有表达和交流的自信，不断增强对中华文化的自豪感和认同感 |
| 语文英语 | 第二学段（三、四年级） | 1. 能正确、规范地书写字母、生字、词语等<br>2. 能感知单词、短语及简单句的重音和升降调等，能联系上下文，理解句子的意思 | 1. 能在教师的帮助和指导下，制订简单的学习计划，并尝试在学习活动中与他人合作，共同完成学习任务 | 1. 喜欢学习多种语言，乐于参与课堂的活动<br>2. 能注意到不同的人看待问题是有差异的，能从不同角度观察周围的人与事 | 1. 初步感受作品中生动形象和优美的语言，关心作品中人物的命运和喜怒哀乐，与他人交流自己的阅读感受 | 1. 有主动了解中外文化的意愿；能通过图片、配图故事、歌曲及韵文等获取简单的中外文化信息，初步具有观 |

续表

| 学科 | 学段 | 语言能力 | 学习能力 | 思维品质 | 审美能力 | 文化意识 |
|---|---|---|---|---|---|---|
| 语文英语 | 第二学段（三、四年级） | 3. 热爱阅读，能够自主阅读，并与他人交流自己的收获和疑问<br>4. 能感知语言信息，积累表达个人喜好和个人基本信息的简单句式<br>5. 能理解基本的日常问候、感谢和请求用语，能听懂日常指令等，能借助图片读懂语言简单的小故事，理解基本信息 | 2. 能在学习过程中积极思考，发现并尝试解决语言学习中的问题 | 3. 能依据个人经历对语篇内容、人物或事件等表达自己的喜恶，初步具有问题意识，并养成在生活中运用知识解决问题的思维能力<br>4. 在阅读中总结方法，主动思考，分析问题，积极发表自己的看法 | 2. 积累文中优美的词句、精彩段落，以及在课外阅读和生活中获得的语言材料 | 察、识别、比较中外文化的意识<br>2. 有与人交流沟通的意愿；能大方地与人接触，主动问候；能学习和感知人际交往中不同语言独特的表达方式 |
| 语文英语 | 第三学段（五年级） | 1. 能领悟基本语调表达的意义，能理解常见词语、基本句式和常用时态表达的意思 | 1. 对语言学习有较浓厚的兴趣，能积极参与课堂活动，注意倾听，能抓住重点，并大胆进行交流 | 1. 能对获取的语篇信息进行简单的分类和对比，加深对语篇意义的理解，并作出正确的价值判断 | 能简单描述印象最深的场景、人物、细节，说出自己的喜爱、憎恶、崇敬、向往、同情等感受，受优 | 1. 对学习、探索中外文化有兴趣<br>2. 能通过故事、介绍、对话、动画等获取中外文化的简单信息，并能做简单介绍 |

67

续表

| 学科 | 学段 | 语言能力 | 学习能力 | 思维品质 | 审美能力 | 文化意识 |
|------|------|----------|----------|----------|----------|----------|
| 语文英语 | 第三学段（五年级） | 2. 能通过听，理解询问个人信息的基本表达方式<br>3. 能听懂日常学习和生活中简单的指令、对话、独白和小故事等 | 2. 乐于参与语言类读写实践活动，遇到问题积极请教，敢于发表自己的意见<br>3. 能初步找到适合自己的学习方法，尝试根据学习进展调整学习计划和策略 | 2. 能从不同的角度辩证地看待事物，学会换位思考<br>3. 能识别、提炼、概括语篇的关键信息、主要内容、主题意义和观点 | 秀作品的感染和激励，追求美好的理想 | 3. 感知与体验文化多样性，能在理解的基础上进行初步比较 |

# 第三节 课程结构与课程设置

## 一、学科课程结构

小文人课程指向语言与文学领域，依据学科包含文化意识、语言能力、思维品质、审美能力和学习能力等方面。国家课程包括语文、英语。地方课程包括中华优秀传统文化。校本课程包括经典阅读与文创、小小朗读者、甲骨文的故事、翰墨飘香、旅行笔记、英语主题海报、生活英语、英语趣配音等。在小文人课程的学习中，学生通过识记与积累、阅读与表达、分析与比较、归纳与判断、欣赏与创造、项目化学习等探究方式，提升语言运用能力和思维能力，获得灵动而可持续的发展。课程图谱如图 3-1 所示。

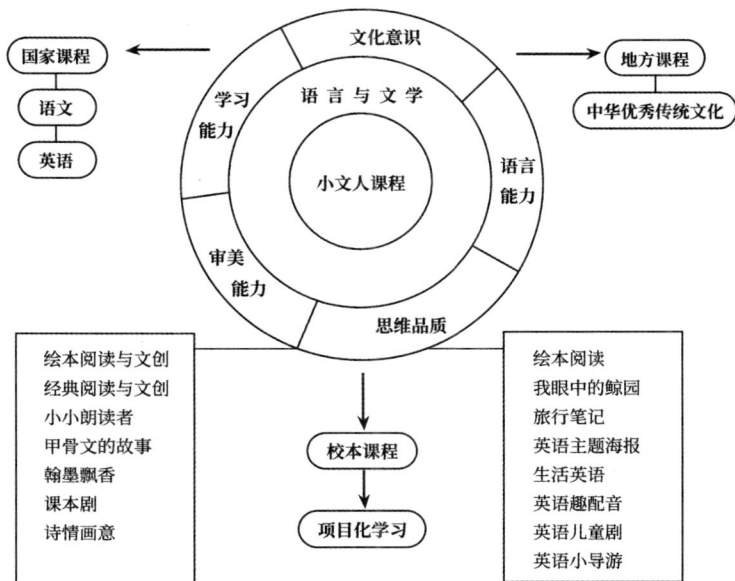

图 3-1 小文人课程图谱

## 二、学科课程设置

从学生的实际需要出发，深度挖掘学校课程资源，与学科知识内容深度融

69

合，培养学生听、说、读、写的核心素养，全面、系统地规划与设计小文人课程（表3-2），从而使学生学会终身学习，使其保持可持续发展的态势。

表3-2　小文人课程设置表

| 国家课程 | 地方课程 | 校本课程 | 面向年级 |
|---|---|---|---|
| 语文 | 中华优秀传统文化 | 绘本阅读与文创 | 一至二年级学生 |
| | | 经典阅读与文创<br>翰墨飘香 | 三至五年级学生 |
| | | 小小朗读者<br>课本剧<br>诗情画意<br>甲骨文的故事 | 一至五年级学生 |
| 英语 | | 绘本阅读<br>我眼中的鲸园<br>旅行笔记<br>英语主题海报<br>生活英语<br>英语趣配音<br>英语儿童剧<br>英语小导游 | 三至五年级学生 |

### 三、经典阅读与文创校本课程纲要

**（一）课程背景与分析**

1. 课程定位

《义务教育语文课程标准（2022年版）》强调在语文教学过程中，要适当增加阅读量，加强对古典文化的积累，感受中华文化的丰厚精深，激发对祖国语言文字的热爱，吸收民族文化的智慧精髓。《义务教育课程方案（2022年版）》中强调校本课程由学校组织开发，立足学校办学传统和目标，发挥特色教育教学资源优势，以多种课程形态服务学生个性化学习需求。基于此，经典阅读与文创校本课程旨在以读促写，以写带读。以读为基础，让学生读名家名篇，读文学名著，读中学写。通过阅读名篇佳作，积累语言素材，学习表达方法，增强语感，提升学生的阅读能力。在教学中结合听、说、读、写的语言文字训练，增加学生学说、学写、学想象、学表达的机会，从而提高学生的语言表达能力，进而提高学生的习作水平。力求让学生善听、会说、悦读、乐写。

2. 学校育人要求

学校倡导人文教育办学特色，以"以文化人、以文育人，让每个学生成为新时代的文化人"为办学理念，积极构建"小鲲鹏"课程体系，重视师生的文化积淀及人文素养的提升，课程探索中采取多项举措，全面推进，经典阅读与文创校本课程浸润了百年文化。

3. 核心素养发展要求

根据中国学生发展核心素养要求，应注重培养学生的人文底蕴与学会学习的能力。经典阅读与文创校本课程本着"得法于课内，迁移于课外"的原则，将阅读教学与写作教学有机融合，形成"单元主题阅读"阅读群。在教学过程中，以单元主题统整教学流程，在阅读经典与创意写作的过程中，增加人文积淀，培养人文情怀、审美情趣，养成乐学善学、热爱表达的好习惯。

**（二）学情分析**

1. 认知基础

学生认知基础情况如图 3-2 所示。学生兴趣调研情况如图 3-3 所示。

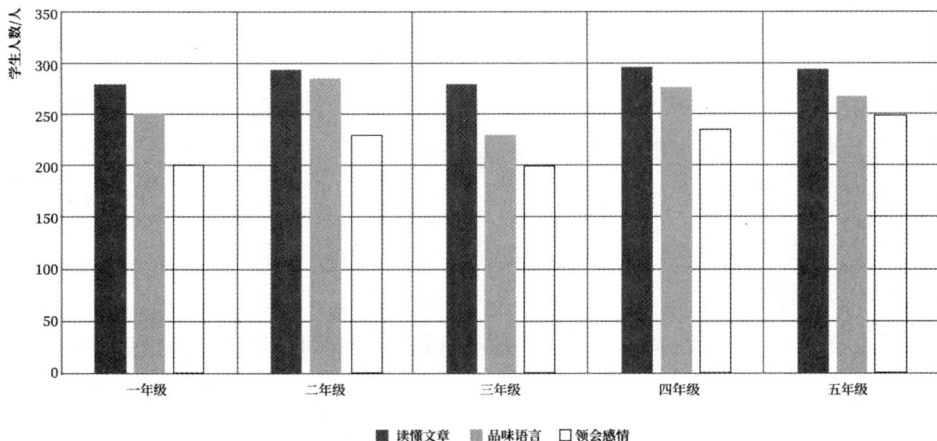

图 3-2　学生认知基础调研

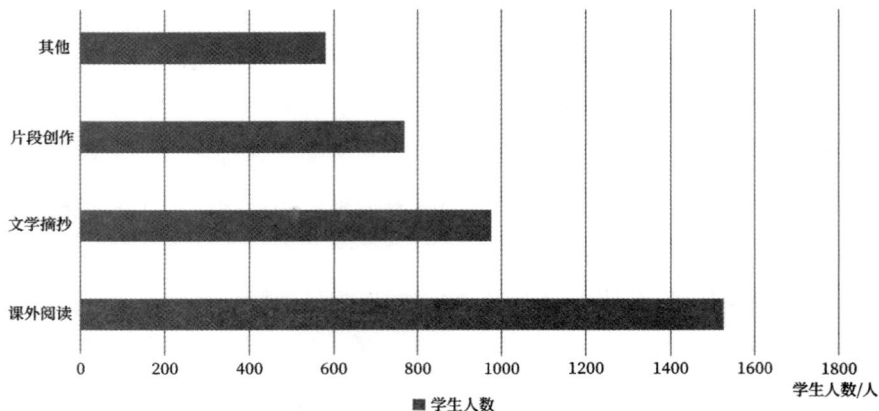

图 3-3　学生兴趣调研

经过前期问卷调查，通过语文课堂的学习，97.56％的学生能够读懂文章，89.21％的学生能够在阅读文章的过程中品味语言，72.35％的学生能在阅读文章后领会作者所表达的情感。大部分学生掌握了基本的阅读方法，初步形成阅读能力，为经典阅读与文创校本课程的开设奠定了认知基础。

2. 兴趣特长

我校位于威海市市中心，学生多来自书香家庭。通过前期对学生兴趣特长的问卷调研，我们了解了全校 89.16％的学生的兴趣特长与阅读、文创有关，学生积累了一定文化底蕴，并且家长对阅读与表达的学习普遍非常重视，学生有着非常好的家庭学习环境和基础。学生在学校和家庭浓郁文化的影响下，有较强的阅读与表达兴致与欲望，对于课程的学习兴趣浓厚。

3. 发展需求

帮助学生在广泛阅读中，增强热爱祖国语言文字的情感，养成良好的阅读习惯，初步掌握阅读方法，不断提升阅读能力。在发展语言能力的同时，发展思维能力，学习科学的思维方法，逐步养成实事求是、崇尚真知的科学态度。通过阅读经典、分享与交流，吸收人类优秀文化的营养，提高文化品位，同时能够学以致用，进行创作。

4. 资源条件

（1）指导教师：学校有一批能读会写的教师，占教师人数的 86.78％。在构建"单元主题阅读与文创"课程体系时，在《基于情境视域下单元主题阅读的实践研究》的课题实践中，教师能够从学情出发，深入研究，探寻推进课程的有效路径，积累了丰富的经验。教师执教的市、区、校级阅读课、习作指导课多次受到好评，撰写的相关论文在国家级、省级期刊上发表。他们具备开发经典阅读与文创校本课程的能力。

学校与图书馆、城市书房联手，开展丰富多彩的阅读活动，多次邀约名师入校，进行阅读与文创指导。同时，结合家长中各个行业的优势资源，举行朗诵、家教等主题讲座，长期开放"润物家塾"家长课堂，作为拓展课程资源。

（2）场地设施和设备：学校的海天阅览室、走廊图书角成为学生最喜欢的阅读场所。学校每年花费大量资金来购买书籍，供学生阅读。2019年，学校购置了超星校园阅读系统，其中有丰富的阅读资源，满足了学生读、听、写、测等需求。

（3）学习材料：学校为保障校本课程的学习质量，每年为教师购买大量专业书籍，为学生购买经典阅读书籍。除此之外教师还汇编课时学习材料。

**（三）课程目标**

1. 本课程的核心育人价值

围绕着学校育人目标中的"智慧创新"，通过中华民族优秀的历史与文化教育人、影响人，使学生获得精神培育和精神成长是我们的首要任务。我们将文学创作精神以及求真、求善、求美的精神放在首位，开展丰富多彩的阅读与写作课程，让学生在学习、积累、运用知识和文创技能的同时，逐步形成清晰的价值标准和写作思维方式等。

2. 课程理念

内涵：每一个孩子都有自己的奇思妙想，教育就是顺应孩子的自然发展规律，促进他们的内在生长。我们努力为学生营造一个宽松、自由的文创乐园。在经典文学作品的阅读、理解、积累中，促进每个学生的内在生长，在积极向上、各抒己见的文创过程中，遵从生命成长的规律，呵护学生的天性，加速学生认知生长与潜能开发，点亮他们的未来。

外延：在学校育人理念指导下的经典阅读与文创课程遵循以发现并记录学生的独特想法为中心的价值逻辑，通过不同主题的阅读文创活动，满足学生发展的需要。

3. 学习目标

（1）通过广泛阅读文学经典和创意写作作品，激发读写兴趣，探寻读写方法，养成良好的阅读与表达习惯，提升阅读能力、审美能力，增强文化自信。

（2）通过品读不同主题的名家名篇，拓展阅读的广度和深度，发现蕴含其中的真、善、美，提高人文修养，积淀文化底蕴，形成健全美好的人格。

（3）通过模仿、借鉴经典作品，在模仿中有所创造，养成读写结合的好习惯，有意识地丰富见闻，善于发现和挖掘生活中美的因素，培养对生活的感受能力，从而热爱生活。

**（四）课程内容**

1. 课程内容选择的基本思路

（1）选择项目化学习课程内容：通过跨学科的项目化学习，将阅读和其他学科知识进行整合性学习，可以培养批判性思维等高阶思维能力，培养学生全面的素养，教会学生通过阅读来建构新知，让每个学生在新的境界中发现学科、发现世界、发现自己、发现生活，建构一个属于自己的精神家园。

（2）体现读写结合：6—10岁是阅读的最佳期，在这个时候的孩子可以进入阅读的高级阶段，能在融入自己的观点和看法的基础上对作品进行理解、鉴赏，并且在阅读后能够记录部分阅读笔记，学习作品中的语言，自由地应用到自己的语言表达或写作当中，实现读写结合。学生围绕一个主题阅读不同作者、不同体裁、不同构思及不同写法的文章，便于学生在类比和对比中学习，发现语言表达的规律，汲取语言精华。如此，个性化阅读便有了广阔的空间，能够全面推进学生读写能力等语文核心素养的提升。

（3）生活融合：在读写活动中，链接学生的生活，对学生的语言建构与运用、思维发展与提升、审美鉴赏与创造、文化传承与理解起到助推作用，以期有效达成育人目标。

2. 课程架构

课程架构如图3-4所示。

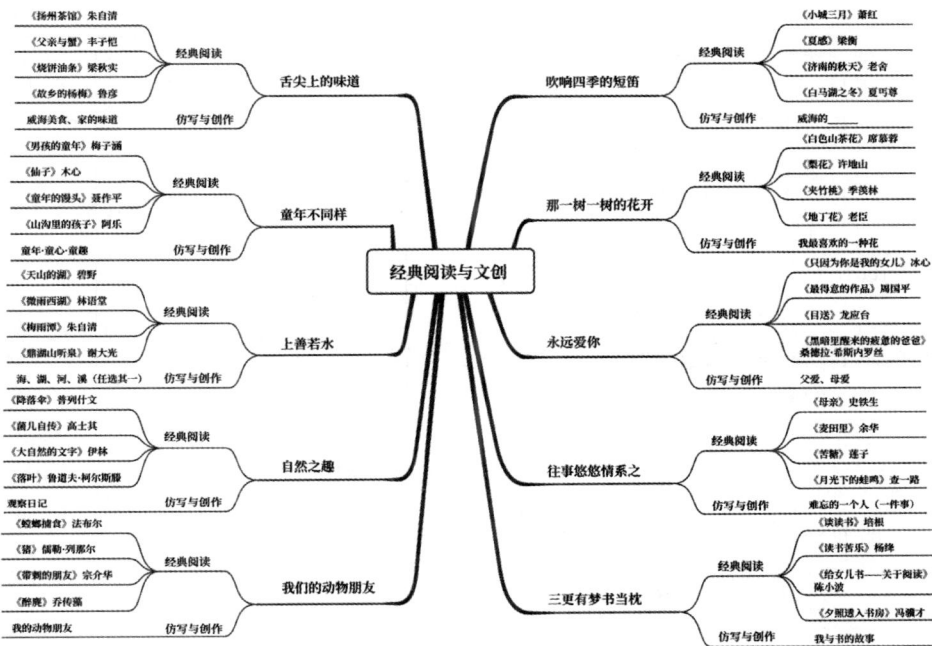

图 3-4 经典阅读与文创校本课程架构

**经典阅读与文创**

舌尖上的味道
- 经典阅读：《扬州茶馆》朱自清、《父亲与蟹》丰子恺、《烧饼油条》梁秋实、《故乡的杨梅》鲁彦
- 仿写与创作：威海美食、家的味道

童年不一样
- 经典阅读：《男孩的童年》梅子涵、《柚子》木心、《童年的馒头》聂作平、《山沟里的孩子》阿乐
- 仿写与创作：童年·童心·童趣

上善若水
- 经典阅读：《天山的湖》碧野、《微雨西湖》林语堂、《梅雨潭》朱自清、《鼎湖山听泉》谢大光
- 仿写与创作：海、湖、河、溪（任选其一）

自然之趣
- 经典阅读：《降落伞》普列什文、《蒲儿自传》高士其、《大自然的文字》伊林、《落叶》鲁道夫·科尔斯纳
- 仿写与创作：观察日记

我们的动物朋友
- 经典阅读：《螳螂捕食》法布尔、《猪》儒勒·列那尔、《带刺的朋友》宗介华、《醉鹿》乔传藻
- 仿写与创作：我的动物朋友

吹响四季的短笛
- 经典阅读：《小城三月》萧红、《夏感》梁衡、《济南的秋天》老舍、《白马湖之冬》夏丏尊
- 仿写与创作：威海的＿＿＿

那一树一树的花开
- 经典阅读：《白色山茶花》席慕蓉、《紫竹》许地山、《夹竹桃》季羡林、《地丁花》老臣
- 仿写与创作：我最喜欢的一种花

永远爱你
- 经典阅读：《只因为你是我的女儿》冰心、《最得意的作品》周国平、《目送》龙应台、《黑暗里醒来的疲惫的爸爸》桑德拉·希姆内罗丝
- 仿写与创作：父爱、母爱

往事悠悠情系之
- 经典阅读：《母亲》史铁生、《麦田里》余华、《苦酿》莲子、《月光下的蛙鸣》壹一路
- 仿写与创作：难忘的一个人（一件事）

三更有梦书当枕
- 经典阅读：《读读书》培根、《读书苦乐》杨绛、《给女儿书——关于阅读》陈小波、《夕照透入书房》冯骥才
- 仿写与创作：我与书的故事

## （五）课程实施

### 1. 实施安排

本课程的实施安排见表 3-3。

表 3-3 经典阅读与文创校本课程实施安排

| 内容模块 | 活动主题 | | 实施场所 | 目标/要求/资源 |
|---|---|---|---|---|
| | 经典阅读 | 仿写与创作 | | |
| 舌尖上的味道 | 朱自清《扬州茶馆》丰子恺《父亲与蟹》 | 威海美食家的味道 | 教室、家、美食街 | 目标：<br>1. 通过序列化阅读指导，积累描写各种感官感受的语言<br>2. 把握文章主题，用自己的语言清晰地表达感受到的作者表达的情感<br>3. 结合生活经验，对感兴趣 |

75

续表

| 内容模块 | 活动主题 | | 实施场所 | 目标/要求/资源 |
| --- | --- | --- | --- | --- |
| | 经典阅读 | 仿写与创作 | | |
| 舌尖上的味道 | 梁秋实《烧饼油条》鲁彦《故乡的杨梅》 | 威海美食家的味道 | 教室、家、美食街 | 的食物进行多感官、多角度的描述要求：结合生活实际从多感官、多角度展现美食带给自己的愉悦体验，当堂完成该习作资源：教师提供阅读材料，学生了解威海市各类美食 |
| 童年不同样 | 梅子涵《男孩的童年》木心《仙子》聂作平《童年的馒头》阿乐《山沟里的孩子》 | 童年童心童趣 | 教室 | 目标：1. 把握文章的主题，语言清晰地表达感受到的文章情感2. 通过结合生活实际，对童年中印象深刻的事物有序地描述要求：1. 展示大量童年游戏的视频片段，跳出俗套，当堂完成该习作2. 运用习作结构，把事情叙述得更有顺序性；运用以景写情的方法，使景物有生命的丰富情感资源：教师提供阅读素材，学生了解祖辈、父母的童年 |

续表

| 内容模块 | 活动主题 | | 实施场所 | 目标 / 要求 / 资源 |
|---|---|---|---|---|
| | 经典阅读 | 仿写与创作 | | |
| 上善若水 | 碧野《天山的湖》<br>林语堂《微雨西湖》<br>朱自清《梅雨潭》<br>谢大光《鼎湖山听泉》 | 海、湖、河、溪（任选其一） | 教室、公园湖边、海边等 | 目标：<br>1. 通过序列化阅读指导，体会"水"的精神<br>2. 通过阅读例文、结合生活实际，对感兴趣的水的形态进行有顺序的描述<br>要求：<br>1. 展示大量水的图片，从多感官、多角度展现不同形态的水带给人们的不同印象，跳出俗套，当堂完成该习作<br>2. 赏析作家描写不同形态水的美文美句，活学活用。当堂进行作文的精细修改<br>资源：<br>教师提供阅读素材，学生观察身边的各种湖、海等美景 |
| 自然之趣 | 普列什文《降落伞》<br>高士其《菌儿自传》 | 观察日记 | 教室、自然 | 目标：<br>1. 通过序列化阅读指导，积累描写四季景物的语言<br>2. 把握文章主题，用语言清晰地表达感受到的文章情感<br>3. 通过观察图片，对感兴趣的不同季节的景物进行有顺序的描述<br>要求：<br>1. 细心观察自然的景色，用心去感受。有顺序、重点突 |

| 内容模块 | 活动主题 | | 实施场所 | 目标／要求／资源 |
| --- | --- | --- | --- | --- |
| | 经典阅读 | 仿写与创作 | | |
| 自然之趣 | 伊林《大自然的文字》鲁道夫·柯尔斯滕《落叶》 | 观察日记 | 教室、自然 | 出地描绘大自然的壮观，多方面调动自己的感官，从看到的情景、听到的声音，详细描写，用上比喻、拟人的手法<br>2. 运用排比句，让景物描写更有次序性、连续性；运用拟人句，使景物有生命的丰富情感；运用比喻句，让景物描写具体、形象<br>资源：<br>阅读素材、自然风景 |
| 我们的动物朋友 | 法布尔《螳螂捕食》儒勒·列那尔《猪》宗介华《带刺的朋友》乔传藻《醉麂》 | 我的动物朋友 | 教室、家 | 目标：<br>赏析名家笔下的小动物，学习通过对动物的毛色、样子的描述，写清动物的外形<br>要求：<br>强调审题，掌握题目的深层情感要求。赏析名家笔下的小动物，通过写自己和小动物之间发生的印象深刻的故事来表现动物的生活习性，凸显小动物的特点；表达出我的喜爱之情<br>资源：<br>教师提供的阅读素材、家里的宠物 |

续表

| 内容模块 | 活动主题 | | 实施场所 | 目标 / 要求 / 资源 |
|---|---|---|---|---|
| | 经典阅读 | 仿写与创作 | | |
| 吹响四季的短笛 | 萧红《小城三月》<br>梁衡《夏感》<br>老舍《济南的秋天》<br>夏丏尊《白马湖之冬》 | 威海的____ | 教室、威海各风景区 | 目标：<br>1. 通过序列化阅读指导，积累描写四季景物的语言<br>2. 把握文章的主题，语言清晰地表达感受到的文章情感<br>3. 通过观察图片，对感兴趣的不同季节的景物进行有顺序的描述<br>要求：<br>1. 展示大量景物的图片，从多感官、多角度展现不同季节带给人们的不同印象，跳出俗套，当堂完成该习作<br>2. 赏析作家描写不同季节的美文美句，活学活用。当堂进行作文的精细修改<br>3. 运用排比句，让景物的描写更有次序性、连续性；运用拟人句，使景物有生命的丰富情感；运用比喻句，让景物的描写具体形象<br>资源：<br>教师提供的阅读素材、各处美景 |
| 那一树一树的花开 | 席慕蓉《白色山茶花》<br>许地山《梨花》 | 我最喜欢的一种花 | 教室、公园、花园等 | 目标：<br>1. 确定观察对象，并对观察对象进行连续观察，为写观察日记做充分的准备。调动 |

| 内容模块 | 活动主题 | | 实施场所 | 目标 / 要求 / 资源 |
|---|---|---|---|---|
| | 经典阅读 | 仿写与创作 | | |
| 那一树一树的花开 | 季羡林《夹竹桃》老臣《地丁花》 | 我最喜欢的一种花 | 教室、公园、花园等 | 多种感官，生动表达要求：多角度连续观察，详细地记录要描写植物的特征变化，将记录的资料进行整理，让描写具体而有序，准确写出变化和特点，用上比喻手法，让文章富有感染力资源：教师提供的阅读素材、生活中常见的各种花卉 |
| 永远爱你 | 冰心《只因为你是我的女儿》周国平《最得意的作品》 | 父爱、母爱 | 教室 | 目标：1. 把事情的起因、经过、结果写清楚，并且调动多种感官，把自己听到的、看到的、想到的融入文章中。抓住细节，将文章写生动、写具体，故事紧凑、自然2. 抓住动作、神态、语言等细节，运用准确、生动的语言，使人物形象鲜活地展现在读者面前。在文章中适时地"幽上一默"，让读者眼前一亮要求：抓住一条主线，展开描写。在此基础上，抓取最典型的事例进行具体描写，同时兼 |

| 内容模块 | 活动主题 | | 实施场所 | 目标／要求／资源 |
|---|---|---|---|---|
| | 经典阅读 | 仿写与创作 | | |
| 永远爱你 | 龙应台《目送》桑德拉·希斯内罗丝《黑暗里醒来的疲惫的爸爸》 | 父爱、母爱 | 教室 | 顾文章各层次之间层层深入、步步推进的关系，让人物形象变得清晰，文章情感得以升华<br>资源：<br>教师提供各种阅读素材，学生细心体味父母的爱 |
| 往事悠悠情系之 | 史铁生《母亲》余华《麦田里》 | 难忘的一个人（一件事） | 教室 | 目标：<br>1. 读懂文章的主要内容，领悟其思想感情，学习把自己的心理活动写清楚，写出自己矛盾的心理<br>2. 能够进行充分的心理活动描写<br>3. 感悟生活中的真情实感，写出事情的波折<br>要求：<br>1. 读懂文章的主要内容，领悟其思想感情，对于课堂上老师提出的有价值的问题，能够通过思考认真作答<br>2. 用学过的方法描写身边的人物，学习开头用排比句写人物特点的方法，以及举例说明人物特点的方法<br>3. 对自己喜欢的篇章进行个性化的朗读和展示。对自己 |

| 内容模块 | 活动主题 | | 实施场所 | 目标／要求／资源 |
|---|---|---|---|---|
| | 经典阅读 | 仿写与创作 | | |
| 往事悠悠情系之 | 莲子《苦糖》<br>查一路《月光下的蛙鸣》 | 难忘的一个人（一件事） | 教室 | 的练笔进行整理和修改，形成自己的作品集<br>资源：<br>教师提供阅读素材，学生体味生活中的暖心瞬间 |
| 三更有梦书当枕 | 培根《谈读书》<br>杨绛《读书苦乐》<br>陈小波《给女儿的书——关于阅读》<br>冯骥才《夕照透入书房》 | 我与书的故事 | 教室 | 目标：<br>把握文章的主题，语言清晰地表达感受到的文章情感<br>要求：<br>赏析作家表达情感的句子，活学活用。当堂进行作文的精细修改<br>资源：<br>教师提供阅读素材，学生回忆自己的读书故事 |

2. 实施要求

（1）对教师的要求如下。

①课程情意：教育的全部内涵是爱，作为课程的开发者和实施者，教师对课程要具有一定情意，有正确认识，对课程充满信心，有让课程高效实施的美好愿望。

②课程素养：经典阅读与文创课程的开发与实施，对教师的专业发展提出了更高的要求，教师要具有统整能力和一定的文学功底，具有较强的行动研究的意识和能力。

③教学准备：教师针对单元主题和学生的发展需要，积极开发学习资料，选择有代表性的名家名篇，精心设计学习支架，进行有效引领。

④调控管理：在教育实践中，善于引领，随时根据学情调整教学内容、教学时间等，对学生的学习给予有针对性的指导，从而引领学生认识课本外的世

界，徜徉在灿烂文化之中，拥有一双发现美、欣赏美、创造美的眼睛。

⑤指导能力：遵循不同学段学生的身心发展规律和阅读特点，推进分级梯度阅读指导。教师通过自己的阅读观点、深厚的阅读功底、多元的阅读能力和丰富的阅读经验，指点和引导学生梳理明确的阅读目标，养成良好的阅读习惯，积累多元、有效的阅读方法，学会并享受阅读，不断提升综合素养，充分体现阅读指导支持的力量。

（2）对学生的要求如下。

学生在参加校本课程的学习过程中，遵守活动纪律，听清要求及要领，活动中严格遵守操作规程，正确使用各种学习用具，严防安全事故发生。在学习过程中积极参与，主动学习，不无故旷课，有事请假。上课专心听讲，认真做笔记，及时完成每次的仿创作业。能够在开放的情境中通过积极交流、互动、合作，激发思维，进而解决问题，建构认知结构，提升语文素养。

3. 实施策略

阅读就是与文本对话的一个过程，让学生在浩瀚的信息海洋中提取自己所需要的信息，这可以帮助他们更好地认识世界，发展思维，提升理解和审美能力，增强情感体验，是一件非常重要的事。因而，校本课程实施过程中要有明确性的、清晰化的、技术层面的实施指导策略。

（1）主题创作，文化渗透策略：经典阅读与文创校本课程精选包含着丰富的传统文化精髓和文化内涵的文本，将学习内容以单元主题的形式呈现，教学中关注文化意识的渗透和培养，基于单元主题梳理并挖掘出文本中的文化内容，以点带面，可以一字带字理，一篇带一本，一本（首）带一类，帮学生获得文化知识，理解文化内涵。学生在学习活动中感悟传统文化的魅力，领悟传统文化的内涵，养成优秀的品质，坚定文化自信，实现全面发展。

（2）图表梳理，搭建支架策略：以学为中心，设计好具体的学习活动，为学生提供操作性强的学习支架，例如，表格、图示、思维导图等，让方法、技法显性化。教师引导学生从规范的语言文字欣赏中，学习作者思想立意的表达方式、写作方法的运用技巧，帮助学生搭建学习支架，进而帮助学生突破写作难点，顺利穿越"最近发展区"，从中解读写作密码，提高习作能力。

（3）项目推进，落实目标策略：项目化学习是一种探究性学习方式，是学习者在真实的问题情境中，围绕某一知识点，以解决问题为目的开展的一种探究活动。教师利用合适的情境，唤醒学生对自己真实生活的思考，将文本提供的情境与学生的生活情境有效融合起来，让学生从生活中去选材，去表达。例如，"我们的动物朋友"主题中，创设情境"疯狂动物城——我的萌宠秀"，让学生去观察自己的宠物，为它拍摄短视频、做名片等，链接学生的真实生活体验，用项目化的方式推进读写目标的落实。这个情境，既贴近学生的生活，又能让学生明确习作目的，激发学生的创作兴趣。

（4）展示交流，汇报评估策略：在课程实施过程中，搭建了经典诵读展示、经典故事剧场、积累小达人等形式多样的展示平台，使学生能更好地内化知识，开阔视野，同时也增加了课程的趣味性。学生在展示的过程中，不仅夯实了读写能力，还提升了文化创意与即兴表演能力，更加激发了他们参与课程的热情，提升了他们感受美、创造美的能力，培养了健康的审美情趣。

**（六）课程评价**

1. 评价原则

（1）激励性原则：激励性评价是通过外部刺激，激发个体心理动力，使这种心理动力在某一时间里始终维持在一定的水平。教师运用激励的方法，目的就是通过外部刺激来激活学生内在的推动力量，从而更好地发挥自己的水平。

（2）过程性原则：过程评价是与结果评价相对应的一种非常重要的评价形式。过程评价与结构评价相结合，关注学生的个体发展，尊重和体现学生的个体发展，以促进实现自身评价为最终目标。

2. 评价形式

采取多元评价形式，在实践中主要采用自我评价、教师评价相结合的评价方式，根据学生的参与程度及活动进程中的表现给予相应的等级。评价包含过程评价和结果评价。过程评价占60%，结果评价占40%。

3. 评价内容

过程评价包括阅读过程与能力、阅读兴趣与价值导向、阅读方法与习惯、阅读面与阅读量、选择阅读材料的能力、创造运用六方面，通过学生自评、互评、师评。累计11～12个A，过程评价等级为A；累计9～10个A，等级为B；累计7～8个A，等级为C；低于7个A，等级为D。结果评价包括课堂表现、小组合作、读写能力、表达能力、期末检测五方面，分A、B、C、D四个等级。综合评价依据过程评价和结果评价的综合成绩评定为A、B、C、D

四个等级。

4. 评价量表

（1）过程评价如表 3-4 所示。

表 3-4　经典阅读与文创校本课程过程评价表

| 评价维度 | 主要评价因素 | 评价方式与方法 | 评价等级（A、B、C、D） | |
|---|---|---|---|---|
| 阅读过程与能力 | 对阅读材料的综合理解能力，包括提取信息、形成解释、整体感知、比较分析、评价判断、建构生成等 | 以纸笔考查为主，参考日常练习等 | 自评 | |
| | | | 互评 | |
| | | | 师评 | |
| 阅读兴趣与价值导向 | 阅读意愿、阅读类型、阅读倾向等 | 日常阅读记录、问卷访谈、阅读活动等 | 自评 | |
| | | | 互评 | |
| | | | 师评 | |
| 阅读方法与习惯 | 掌握并运用阅读方法、阅读策略等 | 纸笔测试，结合日常练习、日常观察等 | 自评 | |
| | | | 互评 | |
| | | | 师评 | |
| 阅读面与阅读量 | 参加阅读活动的情况、阅读不同类型的书籍、阅读数量等 | 日常阅读记录、问卷访谈、建立阅读档案等 | 自评 | |
| | | | 互评 | |
| | | | 师评 | |
| 选择阅读材料的能力 | 根据目的选用材料、解决实际问题的能力 | 纸笔考查，结合日常练习等 | 自评 | |
| | | | 互评 | |
| | | | 师评 | |
| 创造运用 | 对阅读材料中的情节、人物等表达提出自己的新看法，运用文本表达方法 | 纸笔考查，结合日常练习等 | 自评 | |
| | | | 互评 | |
| | | | 师评 | |

（2）结果评价如表 3-5 所示。

表 3-5　结果评价表

| 结果评价（40%） | 课堂表现 | 小组合作 | 读写能力 | 表达能力 | 期末检测 | 综合评定 |
|---|---|---|---|---|---|---|
| 评价等级 | A. 好<br>B. 较好<br>C. 一般<br>D. 需努力 | A. 好<br>B. 较好<br>C. 一般<br>D. 需努力 | A. 好<br>B. 较好<br>C. 一般<br>D. 需努力 | A. 好<br>B. 较好<br>C. 一般<br>D. 需努力 | A. 优秀<br>B. 良好<br>C. 合格<br>D. 待合格 | A. 优秀<br>B. 良好<br>C. 合格<br>D. 待合格 |

**（七）课程管理**

课程管理图谱见图3-5。

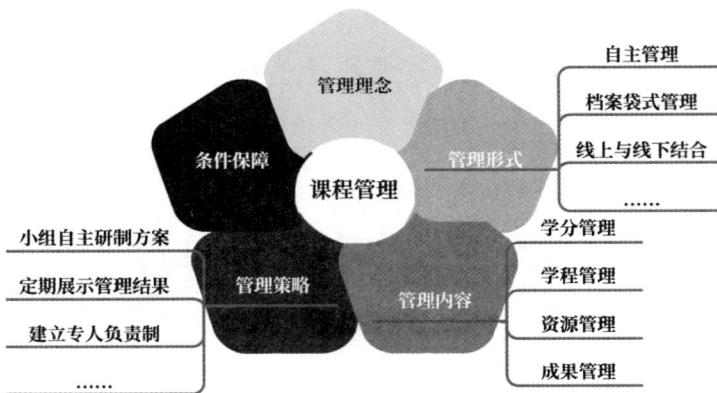

**图3-5　经典阅读与文创校本课程管理图谱**

1. 管理理念

本着"得法于课内，迁移于课外"的管理理念，将阅读教学与写作教学有机融合，形成"单元主题阅读"阅读群。在课程管理过程中，以单元主题统整整个流程，在阅读经典与创意写作的过程中，增加人文积淀，培养人文情怀、审美情趣，并养成乐学善学、热爱表达的好习惯。

2. 管理形式

管理形式有自主管理、档案袋式管理、线上与线下结合等。

3. 管理内容

（1）学分管理：学生的学分满分5分，主要看四个方面：出勤情况、学习过程中的表现、学习的成果、同学和教师的评价。学生达到出勤率的要求并且该课程的考核合格，可获得该课程的学分，将成绩按优、良好、合格、待合格记录归档。

（2）学程管理。

①学生根据自身的发展需要自愿选择学校校本课程。

②学生在收到校本课程上课通知后，应服从学校安排，到指定教室（地点）上课。

③学生认真参加校本课程的学习，不得随意缺课。

④学生积极参与校本课程的建设，有权向任课教师提出合理化建议和要求。

（3）资源管理：学校进一步加强图书馆、实验室、专用教室等设施的建设，合理配置各种教学设备，为课程实施提供必要的物质保障。学校将设立专项基金，用于校本课程的开发与实施、教师的培养、设备的添置、对外交流等方面。

（4）成果管理：通过项目化阅读任务的驱动，学生的自主阅读能力得以提高，阅读的深度和广度得以延展。学生可以向校刊《问渠》投稿，也可以向各级各类报刊投稿，如向学习强国平台推荐学生的作文。

4. 管理策略

小组自主研制方案，定期展示管理结果，建立专人负责制度等。

5. 条件保障

（1）人员保障。教师是课程开发的主要力量，拥有对课程资源的开发、利用，教学内容和教学过程的组织，学生学习质量的评定等权利和责任。学生有权选择课程，有权对课程作出评价并提出建议，学生必须自觉遵守有关规定，认真完成学习任务。学生家长及社区对课程有参与权、知情权、评价权和建议权。

（2）组织保障。学校课程审议委员会形成校本课程开发计划和方案，制定有关的规章制度，检查与督促课程的开发和实施情况。教导处承担校本课程开发的常规工作，包括课程开发的指导、组织、安排、协调、考核、评价，落实各项管理措施。

（3）制度保障。学校将形成相应的管理制度，内容包括课程审议、教学管理、课程评价、学生评价及学分评定等方面。学校人员应严格执行各项管理制度，定期检查制度的执行情况，不断完善制度，以确保校本课程的有效实施。

**四、自然拼读校本课程纲要**

**（一）课程背景与分析**

1. 课程定位

（1）政策要求：《义务教育英语课程标准（2022年版）》指出：英语课程要积极开发和合理利用课程资源，给学生提供贴近学生生活、学习内容健康和丰富的课程资源，拓展学生学习和运用英语的渠道。通过自然拼读校本课程的学习，使英文阅读不仅成为学生形成语言能力的关键基础，也成为学生走向世界、发展思维品质、提升学科核心素养、培养正确的人生观与价值观的重要途径。

（2）学校育人要求：学校以人文教育为特色育人方式，以"小鲲鹏"课程体系为育人载体，以培养具有"家国情怀、智慧创新、责任担当"的时代新人为目标。家国情怀是中华民族奋斗形成的情感积淀，是中华民族传统文化的精髓。自然拼读校本课程在培养家国情怀方面与国家课程相对接，汲取民族文化的精髓，将语音、绘本与国家课程共融推进。

（3）核心素养要求：英语学科核心素养包括发展学生的语言能力、培育文化意识、提升思维品质和提高学习能力，而阅读是提高核心素养的必要途径。要想真正提高学生的英语阅读素养，只依靠教材教学是很难做到的，必须补充适当、适量的英语拓展读物。英文绘本因直观性、故事性强，涉及主题内容广等诸多优点，深受小学生的喜爱，是小学英语教师课内外拓展阅读的首选读物。在教学中，教师可以将英文绘本阅读融入课堂教学，将绘本阅读作为课堂教学的拓展阅读材料。

2. 学情分析

（1）认知基础：自然拼读校本课程的开设，主要以外研社英语教材为参考，结合学情，依据自然拼读规律，加入了英语歌谣、单词与句子扩展、绘本故事拼读，形成了《自然拼读》系列教材，帮助学生"吃透"自然拼读规则，从而运用自然拼读规则，自主学习单词拼读，完成阅读任务。

（2）兴趣特长：学生对英语有浓厚兴趣，乐于用英语进行表达，以韵律儿歌、语音拼读、主题绘本阅读为主要学习内容，激发学生说、唱、演的兴趣，并根据所学语音及手势拼读出单词及句子。

（3）发展需求：学生对单词识记、绘本阅读的兴趣不高，用英语对话交流时缺少自信。自然拼读抓住英语本身的表音规律和学生学习的心理规律，所以学习英语入门快，入门易。但由于课时容量等诸多因素的限制，语音教学只在国家课程三年级下册少量呈现，其拓展和延伸远远满足不了学生的需求。我们为做好小升初衔接，以国家课程为基础，开发了自然拼读校本课程。

3. 资源条件

（1）指导教师：学校拥有全职专业英语教师，他们能够在英语校本课程中承担开发实施和专业指导的任务。学校定期邀请外教辅导员进行授课指导。

（2）场地设施和设备：学校特设英语"小课堂"、天海阅览室、校内图书角、校外研学基地，为课程提供了丰富的学习资源。

（3）学习材料：学校材料有外研社系列英语自然拼读与绘本阅读教材、公众号等视频音频资源。

**（二）课程目标**

1. 本课程的核心育人价值

核心育人价值主要体现在学生的人文情怀和文化理解。自然拼读校本课程通过一系列活动，让学生做到见词能读，听音能写，并在此基础上进行大量的英文原版绘本的阅读，在阅读中积累知识，使英语活动有效开展。自主拼读与绘本阅读是培养学生自主学习能力和阅读能力的最佳手段，具有激发学生的好奇心、培养学生的拼读能力、引导学生之间口语交际、提高学生的英文阅读能力等特点，开启创新世界的大门。

本课程实现各个学科间相互配合，发挥综合育人功能，让学生在综合的育人环境中学习，在项目活动中用学科知识解决问题，从单一学科思维转化为高阶思维。学生在听、说、读、唱、表演中用英语进行表达，形成观察、思维、想象和创造能力；学生在浓郁的英语学习兴趣中，用积极的态度去"说英语，看世界，做自己"。

2. 学习目标

（1）通过学习自然拼读，像拼汉语拼音一样把单词拼读出来，做到见词能读，听音能写，并在此基础上进行大量的英文原版绘本阅读。

（2）通过绘本阅读，能在阅读中积累知识，用英语进行表达，形成观察、思维、想象和创造能力；用积极的态度去"说英语，看世界，做自己"，同时渗透到各个学科的自主阅读。

（3）通过阅读绘本中的故事，了解不同国家的优秀文化成果，感知中西文化的异同，增强文化自信。

**（三）课程设置**

（1）修习方式：选修。

（2）选课对象：三至五年级，三个班，每班 20 名学生。

（3）课时设置：20 课时。

**（四）课程内容**

1. 课程内容选择的基本思路

（1）基于目标落实：课程内容设计紧紧围绕课程目标，通过"定制＋配套"

的资源开发，保障自然拼读"教"与"学"的系统性。自然拼读课程的构建，要以建立英语单词中"音"与"形"之间的关联为基本原理，从而架设从"听、说"到"读、写"的桥梁。

（2）基于儿童立场：拼读教材是针对零起点的学生而设计的拼读工具书，全套教材分五级，共十册。以三年级上册为例，每个单元包含主题歌曲、单词贴画、听写互动练习等，每一册追加绘本阅读，故事内容紧紧围绕本册学习主题，达成强化学习与巩固的目标。

（3）基于游戏活动：《义务教育英语国家课程标准（2022年版）》在语音方面明确提出，要了解简单的拼读规律。但是国家课程针对语音拼读的内容和游戏活动较少，本课程能有效地补充国家课程的不足。围绕课程的育人目标，以拼读教材为依托，深入挖掘自然拼读的丰厚资源，构建文字、声音、动画、音乐于一体的课程板块，运用信息技术制作配套课文动画。

2. 课程内容的框架结构

课程架构如图 3-6 所示。

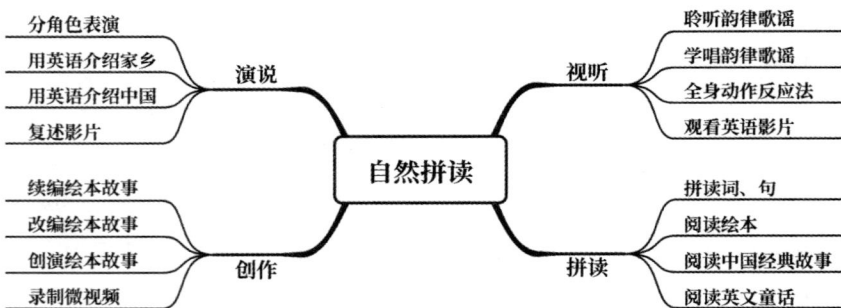

图 3-6 自然拼读校本课程架构

**（五）课程实施**

1. 实施安排

课程实施安排如表 3-6 所示。

## 表 3-6 自然拼读校本课程实施安排

| 年级 | 活动主题 | 课时预设 | 实施场所 | 目标 / 要求 / 资源 |
|---|---|---|---|---|
| 三年级 | 视听：学唱英文韵律儿歌；运用全身动作反应法（TPR）<br>拼读：认读 26 个英文字母，并拼读出相关联的单词、句子<br>演说：绘本（渗透）——丽声拼读故事会第一级、第二级，丽声北极星分级绘本第一级<br>创作：续编新绘本故事，录制微视频"我眼中的校园" | 每周一节，共 16 周 | 英语专用教室 | 1. 学生听音乐学唱 10 首英文韵律歌<br>2. 学生认读 20 个辅音字母，学习 6 个元音字母常用的两种发音<br>3. 学生能够在教师的提示下，快速地拼读符合规则的单词、句子<br>4. 学生能了解故事的寓意，并能集体朗诵英文版故事<br>5. 50％的学生能够独立背诵英文版故事，90％的学生能背诵故事寓意语句（双语）<br>6. 50％的学生能够独立续编新绘本故事，录制微视频"我眼中的校园" |
| 四年级 | 视听：学唱英文韵律儿歌，运用全身动作反应法（TPR）<br>拼读：认读 54 个字母组合，并拼读相关联的单词、句子<br>演说：绘本（渗透）——丽声拼读故事会第三级、丽声北极星分级绘本第二级<br>创作：续编新绘本故事，录制微视频"我如此热爱威海" | 每周一节，共 16 周 | 英语专用教室 | 1. 学生听音乐学唱 8 首英文韵律歌<br>2. 学生学习字母发音规律 15 条<br>3. 学生能够在教师的提示下，快速地拼读符合规则的单词、句子<br>4. 学生能了解故事的寓意，并能集体朗诵英文版故事<br>5. 50％的学生能够独立背诵英文版故事，85％的学生能背诵故事寓意语句（双语）<br>6. 50％的学生能够独立续编新绘本故事，录制微视频"我如此热爱威海" |

| 年级 | 活动主题 | 课时预设 | 实施场所 | 目标／要求／资源 |
|---|---|---|---|---|
| 五年级 | 视听：学唱英文韵律儿歌，运用全身动作反应法（TPR）<br>拼读：认读38个字母组合，并拼读相关联的单词、句子<br>演说：绘本（渗透）——丽声拼读故事会第四级；丽声北极星分级绘本第三级<br>创作：续编新绘本故事；录制微视频"我爱你中国" | 每周一节，共16周 | 英语专用教室 | 1. 学生听音乐学唱8首英文韵律歌<br>2. 学生认读17个特殊发音的字母组合<br>3. 学生能够在教师的提示下，快速地拼读符合规则的单词、句子<br>4. 学生能了解故事的寓意，并能集体朗诵英文版故事<br>5. 50％的学生能够独立背诵英文版故事，85％的学生能背诵故事寓意语句（双语）<br>6. 50％的学生能够独立续编新绘本故事，录制微视频"我爱你中国" |

2. 实施要求

（1）对教师的要求如下。

①教师能力：自然拼读校本课程的开发与实施，对教师的专业发展提出了更高的要求，因此，教师应不断提升研究课程、开发课程的能力，保障自然拼读课程有效地实施。

②课程素养：课程的开发——大单元设计、资源统整，就是让学生自主揣摩单词发音，进而进行大量的绘本阅读，在阅读中感受英语的魅力，激发学习热情。绘本故事的融入让学生学会合作、学会探究，提升他们发现问题、解决问题的英语综合能力。

③教学准备：深入挖掘自然拼读的丰厚资源，构建文字、声音、动画、音乐于一体的课程板块，运用计算机技术制作了与课本相配套的课文动画。多媒体软件把英语的视听、说唱紧密结合，培养学生的语音感知和运用能力，激发

了学生的学习热情，使其互动学习，有效训练听力。

④调控管理：教师课前精心准备，结合学情特点、教材内容，用教师最擅长的方式进行教学，优化设计；教师的语言简洁明了、富有幽默感，他们善用肢体语言，使英语的学习变得轻松活泼；课堂节奏把握得当，张弛有度，有快有慢。

⑤指导能力：教师认真研读国家课程教材，确定自然拼读校本课程的目标定位，通过"年级调研"的方式进行学生英语认知需求的评估。结合课程目标及需求评估，以"歌曲童谣、语音拼读、主题阅读"三大要素进行课程开发，完成自然拼读校本课程学本的创编，保障课程实施。

（2）对学生的要求：学生积极主动地参与课程活动，认真学习发音规律，并准确地拼读出单词、句子，在阅读绘本故事的同时，能够和同伴分角色表演绘本故事。有能力的学生进行绘本续编或者录制微视频，用英语介绍"我眼中的学校、家乡、祖国"。

3. 实施策略

（1）口语专项推进策略如下。

三年级：以"韵律儿歌、语音拼读、主题绘本阅读"为主要学习内容，激发学生说、唱、演的兴趣，并根据所学语音及手势拼读出单词及句子，激发学生的兴趣。

四、五年级：为了提高说英语的积极性，以"课前五分钟口语交流、一分钟快速认读、全身动作反应法（TPR）、经典故事屋"为主要乐学策略，从单音节单词拼读引向多音节单词拼读，总结认读规律，由浅入深地认读英文绘本故事。

（2）绘本阅读策略：为培养学生流利地"用"英语，响应"双减"政策，减负增效，自然拼读校本课程融合师生大阅读，分级推进绘本阅读。师生录制音频，以二维码的方式呈现在校园和学校公众号，帮助学生在阅读中巩固语言知识，更好地理解故事内容，形成英语思维。

（3）主题创作策略：以知识的巩固、语言运用能力的提升为目标，创新英语交际活动体验，营造乐学向上的文化氛围。通过公众号将学生制作的单词卡和思维导图、漂亮的英文书写、绘本续编等成果进行分享展示。

（4）展示交流策略：在英语课程实施的过程中，搭建了经典故事剧场、英语歌曲小百灵、英语趣配音、中英文演讲秀等展示平台，使学生能更好地内化知识，开阔国际视野。

（5）文化渗透策略：从单音节单词拼读引向多音节单词拼读，总结认读规律，由浅入深地认读英文绘本故事。使学生对英语有浓厚的兴趣，产生文化自信，在用英语讲中国经典故事时，学习传承中国红色文化。

（6）项目化学习策略：教师根据课程进度和具体活动安排，按照"策划和入项—实践探究—汇报与评估"三个阶段，组织学生合作学习，开展项目实践；为学生提供适合儿童使用的、适合儿童探究的学习支架，如校园英语嘉年华；集中组织项目论证和评估两个关键环节。

**（六）课程评价**

1. 评价原则

课程评价要依据评价内容、手段及行为，进行多元化评价和发展性评价，从而促进学生修正自己的学习行为，让每一个学生根据自己最佳的学习策略和方法获得最好的学习效果。

（1）激励性原则：在教学活动中，教师运用激励性的语言鼓励学生大胆设计，并对学生的设计想法给予肯定和鼓励。在学生创作过程中，多为学生加油，鼓励他们不畏困难、坚持不懈，并对学生的作品进行激励性评价。

（2）发展性原则：评价充分关注学生的持续发展。教师从发展的视角、以发展的眼光、用发展的观点评价学生，重视学生过去和现在的学习情况，更着眼于学生未来的发展，体现评价的增值性。坚持"宽容、鼓励"的评价原则，让学生更加自信、快乐地成长。

（3）差异性原则：在教学评价时关注学生的个体差异。根据不同学段的教学特点，结合学生的年龄、心理特征、认知水平以及发展潜力，选用不同的评价等级，注重对学生学习过程、认知过程和成长过程的评价，帮助每一个学生在原有基础上实现发展。

（4）过程性原则：评价围绕学业质量标准和核心素养达成的具体要求，采用主体多元的评价方式，全面、客观地了解学生的发展状况；找出教学过程存在的问题，明确改进的方向，及时、有效地反馈评价结果，充分发挥评价诊断功能，促进学生核心素养发展。

2. 评价形式

自然拼读校本课程的评价以学生互评为主，教师和自我评价为辅。评价是调动学生主体性的有效机制，学生之间的互评更是促使学生诸方面能力得到发展的重要环节。

（1）赛事式评价——各类评选。通过英语拼读比赛、口语秀等活动让学生体验获得感。

（2）反馈式评价——语言评价。在活动中，可以通过学生自我评价、学生互评、师生评价等反馈式评价进行语言性评价。

（3）嘉年华评价——成果展示。每一个学生都是一座宝库，他们有着不同的思维与想象力，所呈现的作品也会千差万别。将学生的才艺和作品通过英语嘉年华的方式展出，是对他们的极大鼓舞。

3. 评价内容

（1）视听能力：学生能学唱英文韵律歌，听音能做出相应的动作表演。通过歌曲才艺展示、全身动作反应法（TPR）等进行考查。

（2）拼读能力：学生能根据拼读规则自主拼读单词、句子，见词能读，听音能写，学生能自主拼读绘本故事，并进行简单复述。通过学生的作品、介绍、交流等进行考查。

（3）演说能力：学生在讲故事活动中，能否积极主动地参与探究；主动与他人交流、合作；对待别人的意见正确取舍。通过观察学生在活动中的表现做出相应的判断、考查。

（4）创作能力：学生能根据需求进行思考、设计和创新，用绘画和微视频表达自己的想法等。对这方面主要通过学生的交流、操作进行考查。

4. 评价量表

（1）综合能力评价如表 3-7 所示。

表 3-7 自然拼读课程综合能力评价表

| 内容 | 评价指标描述 | | | 评价方式 | | |
|---|---|---|---|---|---|---|
| | ☆☆☆ | ☆☆ | ☆ | 自评 | 互评 | 师评 |
| 视听 | 采用抖音等视频软件录制学生唱歌谣的视频，以表扬、 | 采用"I say you do 指令语 我来做""Free talk | 按指令做出简单的动作，学唱 5 首英语歌谣 | | | |

| 内容 | 评价指标描述 | | | 评价方式 | | |
|---|---|---|---|---|---|---|
| | ☆☆☆ | ☆☆ | ☆ | 自评 | 互评 | 师评 |
| 视听 | 欣赏为主，教师可对读音不准、韵律感不强的学生进行个别指导 | 口语交际"等活动，检测学生听教师指令语的准确性和反应速度，并通过速读挑战，选出"英语耳朵" | 按指令做出简单的动作，学唱5首英语歌谣 | | | |
| 拼读 | 采用设计思维导图的方法去管理英语词汇，将词汇图形化。整理好的英语单词思维导图有助于联想记忆、对比记忆和系统记忆。采用给每个学生建立一份能力发展小档案的方式，进行"系统阶梯性"过程评价，立足实际，采取"过程＋终结"的评价策略，即每个课时即时评价、每个月阶段评价、每个学期终结评价，授予"英语小达人"荣誉称号 | 采用设计字母卡和单词、句子卡闯关游戏，绘本阅读的方式，检测学生的认读情况，并颁发"英语单词达人""英语速读之王"等荣誉证书 | 采用设计字母卡和单词卡闯关游戏的方式，检测学生的认读情况，并颁发"英语单词达人""英语速读之王"等荣誉证书 | | | |
| 演说 | 采用讲一讲、演一演等方式，在教师的引导下进行"英文绘本我来讲"活 | 采用讲一讲、演一演等方式，在教师的引导下进行"英文绘本我 | 开展"小小签到"英语分享打卡活动，激励学生坚 | | | |

| 内容 | 评价指标描述 | | | 评价方式 | | |
|---|---|---|---|---|---|---|
| | ☆☆☆ | ☆☆ | ☆ | 自评 | 互评 | 师评 |
| 演说 | 动，感受语言的节奏感和韵律美，同时在表演和绘本的阅读中，进一步学习和掌握语音知识。颁发"英语朗读者"荣誉证书，校长合影，表示鼓励 | 来讲"活动，感受语言的节奏感和韵律美，同时在表演和绘本的阅读中，进一步学习和掌握语音知识。颁发"英语朗读者"荣誉证书，校长合影，表示鼓励 | 持阅读，使量的积累促成质的变化。奖励"英语阅读星"卡 | | | |
| 创作 | 采用每学期一次的英语嘉年华主题活动"一分钟快速读英语""笔尖上的精彩"英语书写赛、"童眼看世界——我是小小外交官"绘本创作、"音乐之声"英语情景剧等，为爱好英语的学生搭建专属舞台，使其自信快乐地成长。颁发"小鲸鱼"奖章 | | | | | |

（2）学生综合能力评价如表 3-8 所示。

学生综合能力评价表是学生在课程后对自己、团队在活动中的学习状态和学习效果所进行的评价，主要从作品的完成效果、团队探究的开展情况等方面进行评价。

表 3-8　自然拼读课程学生综合能力评价表

| 评价内容 | 指标描述 | | | 评价方式与结果 | |
|---|---|---|---|---|---|
| | ☆☆☆ | ☆☆ | ☆ | 自评 | 互评 |
| 任务达成 | 达成 | 一般 | 未完成 | | |
| 参与热情 | 非常热情 | 一般 | 抵触 | | |
| 团队合作 | 主导合作 | 参与合作 | 独自一人 | | |
| 创新意识 | 有意识 | 一般 | 无意识 | | |
| 感受与启发 | | | | | |
| 教师评语 | | | | | |

**（七）课程管理**

自然拼读校本课程的建设不能一蹴而就，很多方面需要进行深入的思考和进一步完善，使之实施更加系统、规范。

1. 课程资源方面

进一步提炼自然拼读校本课程的核心内涵，明确课程目标，突出课程主题，优化和完善教学资源，提升课程设计的总体水平。

2. 课程教学方面

进一步探究自主理念下"知行合一"的内涵和途径，探索"自然拼读与国家课程整合"的项目化学习模式的深度实施。小学生对英语有一定的兴趣，但是这种自发的兴趣多属于浅层兴趣，只是停留在"我喜欢""好玩"的水平上。如何将学生对英语自然拼读课程的兴致导向内化，将表面的热情转化为主动深度学习，使之成为积极主动的参加者，还需要教师的研究和学校的系统开发。

3. 探索课程实施管理的有效策略

统筹调动学校、年级、班级、学生小组等各方力量，实现自然拼读校本课程组织形式的层次化、多样化和个性化。

# 第四节 课程实施与评价

## 一、课堂教学模式

借鉴后"茶馆式"教学理论，以《义务教育语文课程标准（2022 年版）》《义务教育英语课程标准（2022 年版）》为基准，以大单元教学为载体，以"创造性解决问题为核心的探究教学策略"研究为重点，按照"查—导—学—研"四步走课堂教学模式（图 3-7），按照"教研组赛课，骨干教师引领—全体教师研究课，教研组听评议—随机听评常态课，检查推进效果"的落实策略，提高教师的教学研究力，提升学生解决问题的能力及思辨能力。

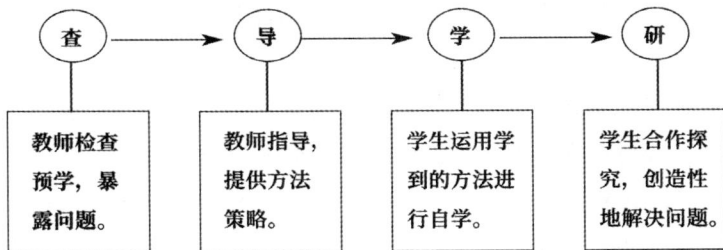

图 3-7 课堂教学模式

## 二、一线串珠明线索——语文特色课程整本书阅读推进课课例《西游记》

### （一）背景和问题

1. 背景与主题

《义务教育语文课程标准（2022 年版）》强调：要重视培养学生广泛的阅读兴趣，扩大阅读面，增加阅读量，提高阅读品位。课外阅读是学生综合素质提高的有效途径。在学生的阅读指导中运用情境教学，能够有效地激发、强化其情感体验，使其有更加丰富的心理体验。

我校作为威海市环翠区基础教育国家级优秀教学成果推广实验校，对情境教育视域下的单元主题阅读教学开展了研究，进行了充分的实践尝试。单元主题阅读是在学习以单元主题编制的教材内容的基础上，开展课内阅读和课外阅读学习活动，将课内习得的阅读方法迁移到课外应用的一种阅读教学模式。为了探寻提高学生整本书阅读能力和阅读质量的有效路径，我们开展了《西游记》推进课的循证教学活动。

2. 基于实证的问题

反观我们的名著导读课，常常存在这样的问题：教师设定的目标贪大图全，教学内容纷乱杂碎，一篇本来气脉贯通的文章，被分解得支离破碎。学生学起来索然无味，教学效果甚微。

**（二）构思与实践**

1. 教学构思

五年级下册第二单元的"快乐读书吧"中推荐学生阅读《西游记》这本书，由于本单元的文章都选自或改编自经典名著，所以我们利用主题性大单元情境课程，将教育与学生活动结合起来，确立了"读经典名著　品百味人生"的主题，让学生去参与。从教学到教育，从课堂到课外，在主题阅读的导向下，学生的阅读在深度与密度上得以拓展。

在单元学习中，学生通过学习单篇课文，习得了猜读、跳读等方法，能够大概读懂故事情节，为阅读《西游记》原著做了铺垫。

然而《西游记》这本书，往浅了读，我们能发现诸多人物、诸多故事、诸多变幻、诸多艰难；往深了读，能品出丰富的儒释道文化、复杂多变的世态人情。那么一节课的40分钟内，在完成对前三十回的回顾、提炼阅读方法之后，教师如何再将阅读任务推进下去，使学生能更全面地了解后七十回，选择"游览线路"（即"阅读线索"）就显得尤为重要。

那么什么样的阅读线索适合学生呢？

我们常说《西游记》是一本讲唐僧师徒经历八十一难取得真经的故事，然而回想一下学生的阅读经历，似乎并不痛苦，反而时常被书中人物、情节深深吸引，开怀大笑。不难发现，悟空洒脱不羁、乐观自信的态度，八戒憨态可笑、窘况频出的形象，让我们读起来酣畅淋漓、忍俊不禁，即使一路上有魑魅魍魉，要历经百般艰辛，这也都消解在师傅的坚定、悟空的乐观、八戒的糊涂、沙僧的坚韧中了。这样的线索几乎埋在每一次的"打怪升级"中。

所以，"品味取经路和人生路中的苦与乐"就成为本课线索，学生在理解降妖除魔故事情节的理解基础上，学会品味苦与乐，思考故事中、生活中化苦为乐、苦中作乐的方法。

2. 教学实践

（1）兄弟逗趣，品味快乐。

①情境目标：通过分角色朗读、观看电视剧片段等方法，引导学生入情入境地体会角色的性格特点，体会在塑造人物时文字与表演的异同，在朗读与观赏中感受快乐。

②情境创设：教师铺垫故事背景，让学生仿佛置身平顶山，从而感受到八戒发现悟空假扮妖怪母亲时的紧张与兴奋。接着分析人物处境，从"掬起猴尾巴子""遭瘟的""可割将下来整治整治我下酒"等描述中，你感受到人物什么样的情绪？为什么会这样想？在交流的基础上，引导学生化身三个人物，以不同语气来表现这段情境。而后观看电视剧片段，感受表演带给人的乐趣，并追问，金角大王、悟空、八戒带给你的快乐一样吗？为什么会产生这样的效果？

③情境评析：在这一环节中，教师通过背景铺垫将学生带入故事中，还原八戒被妖怪吊绑后发现悟空故意露出"破绽"的场面。学生通过分角色朗读，扮演角色，仿佛进入真实情境。由于角色转换而产生的新异感，能够激发起学生的学习热情，学生在角色意识的驱动下，尽情地投入，全面活动起来，忘我地由"扮演角色"到"进入角色"，由教学的"被动角色"变为"主动角色"。特别是在观看电视剧片段后，学生更真切地体会到在塑造人物时文字与表演的异同，懂得通过文字能想象画面，画面又能补充、丰富文字的关系。

（2）信任危机，内心痛苦。

①情境目标：借助问题情境、唐僧的三次态度转变，体会悟空内心的纠结与痛苦，进行个性化表达。

②情境创设：教师出示本回回目，设置问题："这是我们熟知的哪个故事？白骨精为什么要三变？每一次的目的是什么？"学生根据教师的问题进行梳理得知，白骨精分别用美人计、苦肉计、离间计引起师徒间的矛盾，逼走孙悟空，以便自己捉拿唐僧。教师适时点拨并引导学生思考，"苦"不仅仅指劳其筋骨，"苦"也包括心灵的苦涩。学生继而默读故事片段，圈画出令自己揪心的情节并交流。最后，结合此前悟空逍遥自在的形象，谈谈"为什么他不一走了之"，将阅读引向深层。

③情境评析：这是一个由"乐"转"苦"的环节，三打白骨精虽然是学生

熟悉的故事，但是唯有在问题情境的创设下，学生才会设身处地地走进人物的内心。通过"三变"与"三打"的对比，学生体会到师徒间的矛盾逐渐升级；通过人物语言的对比，学生体会到唐僧的善恶不分与孙悟空的情深义重；通过孙悟空前后性格的对比，学生又体会到自觉担负起取经任务的他被师傅误解、驱逐的苦涩。至此，学生对于"苦"的理解更加多元与深刻。

（3）万般滋味，皆是生活。

①情境目标：结合《西游记》动画片、观影经历和自己的生活体验，在交流与分享中认识到人生有百种滋味，"苦"与"乐"相依相伴，要学会接纳与转变；认识到自己就像一只修行的小猴子，需要不断地磨砺。

②情境创设：教师出示后七十回中部分妖怪形象，提问学生："你知道这些妖怪的背景、关系吗？"学生借助回目，查阅资料，调查了解，体会到取经路上的种种艰辛。教师在此基础上追问："妖怪越来越多，取经之路越来越困难，师徒四人反而越来越坚定了，这是为什么？"学生由浅入深地进行交流，从而懂得取经是他们的共同理想信念，唯有品尝过西行之路的艰苦，才能感受到达西天的喜悦。教师继续提问："那么你的生活中有没有类似的苦乐交织的经历？"学生结合实例进行交流，将经典映照进生活。

③情境评析：此环节教师借助妖怪的关系网、背景图激发学生的探究欲望，学生可以用课堂上学过的"看回目"等方法，将故事情节、主要人物进行前后勾连。这一方面推进了学生的阅读进程，为下一步的深入阅读做了铺垫；另一方面使学生通过自主探究，对唐僧师徒所经历的艰辛有更深刻的体验。之后的结合生活自主交流环节，既是对本节课重点方法的回顾过程，又是将书籍延伸至生活的过程。学生在分享中明白，人生百态，人间百味，唯有肩负起责任，不断修行，才能取得真经。

3. 反思与总结

在整节课中，教师创设了各种情境，抓住了"苦"与"乐"的情感体验线索，引导学生进行整体感悟，注意阅读对象的整体之美。学生在情境中自我实现，感受到仿真的情境其实就是社会的缩影，感悟到学习与社会、知识与生活、文本与个人都是密切相关的。

另外，将语文核心素养有效地融入整本书阅读教学之中，能激发学生的阅读兴趣，提升审美鉴赏与创造能力，培养学生的思维品质，传承文化经典，从而更有利于学生语文核心素养的涵养。正如温儒敏所说："读经典是'磨性子'，也是思想爬坡，虽然有些难和累，但每上一个高度，都能有所收获。"①而教师就是帮助学生提升高度的人。

课后，教师为学生提供了一张评价量表（表3-9），引导学生顺着线索做好后续阅读。对于阅读水平较高的学生，教师可为其提供其他阅读线索，如神仙的背景与本领、取经路上的风土人情、主要人物的性格特点等，学生围绕这些线索，在精心设计任务与活动的基础上，进行较长时间的开放性探究。这样使学生的阅读从零碎走向融通，从浅表走向深层。通过基于项目化学习的整本书阅读，拓宽学生的阅读视野，提升学生的阅读能力，发展学生的阅读素养。

表3-9　《西游记》后七十回阅读评价量表

| 项目 | ☆ | ☆☆ | ☆☆☆ |
|------|-----|------|-------|
| 取经之苦 | 能发现取经之路上的恶劣环境 | 能从人物的不幸遭遇或一次次挫折与失败中品味不易与艰辛 | 能从故事迁移至生活，体会出成就一番事业不会一帆风顺，总会经历艰难险阻 |
| 取经之乐 | 能从人物的语言、姿态、经历中发现有趣的细节描写 | 能体会出降服妖魔后师徒间信任增加、受害百姓重归正常生活的幸福感 | 能从14年的漫长取经之路中体会到即便荆棘满布、妖魔阻拦，但师徒四人仍乐观应对，修炼心性 |
| 整体感知 | 对人物、故事情节有清晰的认识 | 对人性、故事情节体现出的世态有初步的认识 | 能简单结合唐僧取经的历史背景，品味出奇幻故事背后的人间智慧 |

### 三、课程建设路径

课程建设路径如图3-8所示。

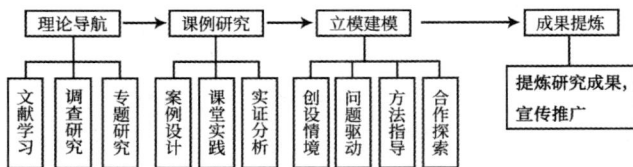

图3-8　小文人课程建设路径

---

① 赵晓兰. 温儒敏：读经典就是思想爬坡 [EB/OL].[ 2015-02-11].http://www.banyuetan.org/chcontent/gd/sdrw/2015210/125415.shtml?from=timeline&isappinstalled=0.

在充分的文献学习和调查研究基础上，通过专题研讨，确立了小文人课程内容；在具体的课例研究中查证有效的实施措施，由学科名师工作室的骨干教师带动，确定"四步走"的课堂教学模式，辐射学科教师开展实践研究，进而提炼有效成果，予以宣传推广。

（1）文献学习：学习与课程规划构建相关的文献资料，获得教育智慧和理论支撑。

（2）调查研究：调查了解学生、教师、家长及社会对课程的价值需求与认可度。

（3）专题研讨：组织骨干教师、教研组长、学科教师等展开不同层面的研讨活动，探讨课程确立及实施的有效策略，邀请专家予以指导。

（4）案例设计：由名师工作室等研究团队引领典型案例的设计。

（5）课堂实践：组织骨干教师围绕典型案例设计开展循证教学活动。

（6）实证分析：结合具体教学及产生的相关数据进行数据分析，对前期研究成果予以论证。

（7）创设情境：课堂教学时创设主题情境，引领学生步入学习时空。

（8）问题驱动：引导暴露问题，激发学生学习的兴趣和解决问题的欲望。

（9）方法指导：教师进行方法指导，协助学生尝试解决问题。

（10）合作探索：学生借助学会的方法，合作互助，进行拓展训练。

（11）提炼推广：提炼有效的教学经验，通过撰写案例、论文或参与研讨交流的方式将成果辐射推广，获得更大的运用空间。

**四、红色经典润童年　伟人故事励成长——年度主题阅读跨学科项目化学习案例**

**（一）设计理念**

《义务教育语文课程标准（2022年版）》强调要重视培养学生广泛的阅读兴趣，扩大阅读面，增加阅读量，提高阅读品味。通过年度主题阅读项目化学习，激发学生的阅读兴趣，不断提升阅读量，是非常有效的途径。我校开启了年度人物主题阅读，进行了"探寻毛泽东的青少年时代"跨学科项目化学习的研究。学生在诵读诗词、读伟人成长书籍、讲伟人故事、探究二万五千里长征路线图、传唱红色歌曲、剪绘红色历史印记、探访胶东红色印记等活动中，走近伟人，感知党的发展历程，激发强烈的爱国情感。本节课将在前期学习研究的基础上，重点与学生分享交流读整本书《恰同学少年》的方法，"四步走"激励学生广泛深入地阅读，引导他们将学会的方法运用到课堂学习和课外阅读中，并在汲取伟人精神力量的同时，立下远大志向，奋斗不止。

**（二）学情分析**

参与项目化学习研究一学期的五年级学生已对《恰同学少年》一书有了一定的阅读基础，思维能力和理解能力随着阅读的深入和年龄的增长有很大的提高。借开学第一课的关键节点，提炼阅读方法，鼓励他们学习伟人品质，从小立志，勤奋学习，报效祖国。

**（三）学习目标**

（1）通过假期热点事件的分享交流和了解伟人从小立志救国的故事，明白自身的责任，树立远大志向。

（2）以假期阅读的《恰同学少年》为例，交流阅读整本书的方法与感悟，学习伟人的精神品质，继续开展项目化学习研究，立志成长为优秀接班人。

（3）走进本册教材，系统感知单元主题及结构特点，对教材有整体的了解和把握。

**（四）评价任务设计**

（1）可量化目标的评价，如书写、理解人物特点等，采取课上指名回答的方式。

（2）非量化目标的评价，如倾听、思考、概括、参与度等，采取师评、自评、互评等评价方式。

项目化案例评价设计见表3-10。

表3-10　项目化学习案例评价设计

| 学习目标 | 评价设计 |
|---|---|
| 1. 通过对假期热点事件的分享交流和了解伟人从小立志救国的故事，明白自身的责任，树立远大志向 | 不可量化的评价：在学生交流讨论过程中，重点关注学生的学习态度和倾听习惯，激励学生从小立志 |
| 2. 以假期阅读的《恰同学少年》为例，交流阅读整本书的方法与感 | 可量化的评价：<br>1. 学生填写表格时，对写字姿势是否端正、书写质量的高低进行跟踪评价 |

| 学习目标 | 评价设计 |
|---|---|
| 悟，学习伟人的精神品质，继续开展项目化学习研究，立志成长为优秀接班人 | 2. 对学生的站姿、吐字音量等进行评价<br>不可量化的评价：<br>1. 引导学生思考、讨论、交流读整本书的方法与收获<br>2. 通过对精彩片段的欣赏感知人物形象，提炼人物精神品质<br>3. 通过辨析讨论，引导学生感知阅读是要有个性见解的 |
| 3. 走进本册教材，系统感知单元主题及结构特点，对教材有整体的了解和把握 | 不可量化的评价：通过快速浏览整本书，感受五年级课本与四年级课本的异同，进而关注单元主题，对教材有系统的把握<br>可量化的评价：通过师生对话、学生对话，引导学生调动思维，交流单元主题，对"爱国情怀"单元有所关注，立志求学 |

**（五）教学准备**

教师准备课件、东京奥运会和《恰同学少年》电视剧视频、语文课本。

**（六）教学过程**

1. 热点事件切入，激扬爱国情感

（1）追热点。

教师：同学们，看着大家平安健康地返回了校园，老师特别高兴！这个假期，颇有些不平静，有些热点事件始终牵动着我们的心，哪一件是你感触最深的？我们来交流一下。

预设1——东京奥运会。

学生交流东京奥运会上最打动自己的人和事。

教师（出示东京奥运会短视频）：毫无疑问，东京奥运会将会成为近年来最为特殊的一届。从5年的备战周期，到疫情防控下的诸多新规诞生，无不证明着这一点。但是，奥运健儿们心怀梦想，奋勇向前，克服重重困难，最终获得了38金、32银、18铜共88枚奖牌，发扬了中国体育的光荣传统，载誉而归。

预设2——郑州特大暴雨。

学生交流河南郑州特大暴雨中打动自己的人和事。

教师：今年夏天，郑州遭遇了百年不遇的特大暴雨。灾难面前，上演了太多普通人救助普通人的故事，中国人骨子里的温良是此时最有力量的支撑！来看几张照片，这是当时正在救援的消防战士，暴雨中最美的逆行者。他们夜以继日地奋战在抗洪第一线，累了就席地而睡，脚都被泡得变了样，却依然不退缩，直至抗洪任务的全面胜利。

……

这些人和这些事，再次告诉我们：无论何时，无论何事，只要我们心中有国家，肩上有担当，困难总会被克服，胜利一定会属于我们！

（2）立远志。

教师：有这样一位少年，17岁时就写下了"孩儿立志出乡关，学不成名誓不还"的诗句。他背起行囊，拜别父母，从此走上了挽救国家危亡之路，你们知道他是谁吗？

教师总结：同学们，正是因为毛主席心系国家，从小立志，才能力挽狂澜，拯救国家于危亡。同学们生逢盛世，正值青春年少，更应从小立志，报效祖国。

设计意图：纵观古今凡有大成者必从小立志，高年级的学生当志存高远，这志向一定应与"家国情怀，责任担当"有关。为了达成这一目标，设计了两个小环节"交流假期热点事件""学习伟人励志故事，激发爱国情感"，层层推进，让学生明白自身的责任，任重道远，萌发家国情怀的种子。

2. 学习阅读方法，感受伟人魅力

教师：同学们，有了远大的志向，就应该像毛主席一样勤奋读书，去实现它！

（1）分享阅读收获。

教师：我们的年度主题人物阅读活动还在持续，"探寻毛泽东的青少年时代"项目化学习的研究还在进行，相信暑假里你一定又读了不少这方面的书，尝试了一些研究活动，在小组内分享一下你的收获。

教师巡视各组，选择有特点或代表性的内容进行展示。

预设集体交流：背诵新积累的毛泽东诗词，讲毛泽东的故事，交流毛泽东的亲人、好友、老师关系图和他们之间的趣闻轶事，梳理毛泽东青少年时期大事记等。

（2）思考汇聚光芒。

教师：假期我们继续阅读了《恰同学少年》这本书，下面大家就一起来交流一下阅读收获，研讨阅读的方法，学习伟人的精神品质，激励自己朝着目标奋勇前进。

①抓住故事情节，品读人物形象。

教师：通过暑期的深入阅读，你对青年时期的毛泽东有了哪些深入了解？是从哪个故事情节中感受到的？

预设1：我感受到了毛泽东的豪迈，我在阅读第十二章第二部分毛泽东与李隆郅的谈话时，发现毛泽东在与人交流时不拘小节，说话滔滔不绝，做事雷厉风行；在和蔡和森露宿山野时，毛泽东说："天当房，地当床，清风伴我好乘凉。好得很嘛！"还有游湘江时，毛泽东说再过50年还能随便游泳，并说出了"自信人生二百年，会当水击三千里"的豪言，他从不被困难所折服，非常潇洒。

教师：有胸怀，有担当，能容天地万物。

预设2：我感受到了毛泽东的才华横溢，书中出示很多他的金句，如"莽莽乾坤，纵横八荒，谁堪与我青年匹敌？"读着这样的句子我也是热血沸腾。

……

教师：是啊，同学们，老师在读这些文字的时候，也常有和同学们一样的感受。我也想把自己最喜欢的一段与大家分享。

教师（出示《到中流击水》章节内容）：老师最喜欢的是毛泽东和蔡和森一众人要成立读书会，想建立一个正式的、有组织、有纪律的青年团体。讨论之余他们来到了橘子洲头——

> 猎猎晚风中，他们拥上洲头临江的高处，放眼望去，湘江浩荡，滚滚向前，天边，夕阳残照，晚霞满天，映照得一江春水，波光粼粼，苍翠的岳麓，大自然的壮观之美，震人心魄！迎着猎猎江风，方才的紧张与沉闷仿佛随风而去，毛泽东纵身跳上了一块突起的岩石展开双臂，仰天一声长啸："啊！江山如画，一时多少豪杰！"
>
> 子升笑道："怎么？毛大诗人，发思古之幽情啊！"
>
> "思什么古嘛？难道只有古代才有豪杰？当年万户侯，皆已成粪土，我同学少年，才风华正茂，何须古人开我胸怀？哎，你们也来，都上来，上来看看，

来呀!"

先指名朗读,交流朗读心情感受;学生再以小组为单位,合作分角色朗读这段文字。

教师:此时,我们就是这样一群热血沸腾的少年,一起读读这部分内容。

集体朗读。

教师(播放音乐):这段文字再现了毛泽东《沁园春·长沙》一词的创作情景和创作过程,带着这份豪迈,我们一起背诵一下《沁园春·长沙》。

集体背诵。

教师总结:执着、有思想、有追求,这是毛泽东;豪情满怀,壮志凌云,这也是毛泽东。我们想要分析人物的性格,就要学会抓住故事情节,品味语言,研读人物形象。

②聚焦时代背景,关注人物群组。

教师:这本书中涉及的人物众多,有家长群体、教师群体、学生群体、警察群体、官员群体……作者以毛泽东求学经历为主要事件,将这些复杂的人和事关联起来,构成一个有机的整体。书中还有哪些人给你留下了深刻印象,请你运用刚刚我们研读人物形象的方法,选择三个人物,用几个四字词写写他们的特点,进行评价。

教师巡视,选取两份表格进行交流。

这里有三段人物描写的文字,请你猜猜,他们是谁?

1. 如果有两个女生,悄悄去参加了一场只准男生参加的考试,而且考了第一名,然后她们再去告诉那些老封建考官,你们录取的头名状元,乃巾帼英雄A是也,那时候你会是一种什么感觉?

2. 一片静默中,B走上讲台,拿起粉笔,刷刷地在黑板上写了两行苍劲有力的大字:自闭桃源称太古,欲栽大木柱长天。

接着,B用极为平和却坚定的语调说:"吾某平生,无为官之念,无发财之想,悄然遁世,不问炎凉,愿于诸君之中,得一二良材,栽得参天之大木,为我百年积弱之中华撑起一片自强自立的天空,则吾愿足矣。"

3. "山川在我脚下!大地在我怀中!我就是这原野山川之主,我就是这天地万物之精灵!"F大喊着,一手抓住斯咏的手,另一手握住了蔡和森,"来呀,一起来呀,跟我一起喊,风——雨——雷——电——"

109

教师：同学们阅读得特别细致，那谁查阅过这本书讲述内容的时代背景？

学生交流。

教师：结合资料，你从这些人物身上读懂了什么？

学生：有理想信念、有奉献牺牲精神。

教师总结：时势造英雄，英雄也造时势。有毛泽东、萧子升等为代表的一批自觉自省、意气风发的优秀青年和以孔昭绶、方维夏为代表的一群真正传道授业解惑、宽容又严格的老师，才在这样特定的历史条件下，创造了奇迹般的教育成果。这是老师想跟大家分享的第二个读书方法——聚焦时代背景，关注人物群组。

③培养思辨能力，获得个性体验。

教师：读了这本书，你最大的收获是什么？

教师：书中，作者没有把毛泽东塑造成一个完美无缺的人，他有幼稚、冲动、懵懂、浮躁的一面，有学习不认真，偏科，成绩不好的一面，也有普通人的情感，你们觉得这样好不好？

学生交流。

教师：毛泽东身上有许多优秀的品质，但处于青少年时期的他也是血气方刚的。在阅读中，我们要以伟人的优秀品质和奋斗精神激励自己；生活中，也要学习伟人，不断自律自省，追求进步。这是本节课老师想跟大家分享的第三个读书方法——培养思维能力，获得个性体验。

教师播放电视剧片段——青年毛泽东与同学们在一起背诵梁启超的《少年中国说》。

教师：看，这群少年款款而来，他们怀揣着理想，肩负着使命，充满了力量！让我们也加入其中，在开学之初立下远大的志向，朝着目标奋勇前进！

设计意图：阅读是学生个体化的行为，要珍视学生独特的感受、体验和理解。本环节通过方法指导，让学生在阅读整本书时学会品读人物形象、自主查找资料、进行独立思考，从伟人身上汲取精神力量，再把学到的阅读方法进行迁移运用，在品读人物群组形象的过程中，继续受到熏陶和感染。

3. 走进语文课本，激发学习兴趣

教师：同学们，刚刚学到的阅读方法可以用到今后的课内外阅读中去。请大家打开五年级上册的语文课本，快速翻翻这本书，看看目录，它与四年级的课本有什么异同？你发现了什么？

相同：也有八个单元，按主题划分；不同：主题不同，课文更长、更有深度了……

（1）借学生交流内容，顺势出示八个单元主题。了解了单元主题，才能更好地把握单元重点，掌握核心知识。

（2）聚焦第四单元。细心的学生发现了《少年中国说》就在本册教材的第四单元，这个单元的主题是爱国情怀。请学生来猜猜编者的意图。

教师：同学们，现在我们已经是小学最高年级的学生了，要奋斗的目标和肩负的使命与责任也越来越清晰了。无论何时何地，我们都应以前辈们为榜样，热爱祖国，心系人民，作出自己应有的努力和贡献！

设计意图：将暑期整本书阅读分享内容与新学期的学习内容有效勾连，是开启开学第一课的关键。在感知语文教材的过程中，让学生对课本有了系统的架构，再借助重点单元激发了爱国情感，与之前的学习贯通一致，强化了学生的感受。

4. 课外迁移运用，立志读书成长

（1）学法迁移。

教师：同学们，通过这节课的学习，你有哪些收获？

预设交流：学到了阅读方法、感悟到了伟人的精神、立下了新学期的目标等。

教师：这节课我们再次走进了《恰同学少年》一书，去感受了伟人青年时期的风采，并走进了课本中的爱国情怀单元，整体感知了教材，相信同学们会带着自己的思考科学规划自己的新学期，运用这节课学到的阅读方法开启九月整本书《青年毛泽东》的阅读之旅。

（2）读书立志。

教师（播放张杰演唱的《少年中国说》）：同学们应该从小立志，好好学习，博览群书，将来为我们的国家作贡献。

设计意图：学生通过本节课的学习明白了要从小立志，实现志向的一个途径就是阅读。强调阅读有方法，更要有思考。借中国共产党成立100周年的契机，引领学生阅读红色经典，学习伟人精神，从小立志读书，奋发图强，将来更好地为祖国作贡献。

5. 作业设计

A（创新层）：通过反复阅读，仿照书中一个经典故事情节，写写自己和同学之间生活学习的片段。

B（普适层）：规划新学期，写出自己的语文学习计划。

C（巩固层）：摘录书中描写毛泽东语言、动作、神态的句子各一个，并写写自己的体会与感悟。

特色作业：开展"毛泽东暑假生活的研究"项目化学习，深入研读《恰同学少年》《青年毛泽东》，十月汇报交流。

6. 板书设计

红色经典润童年　　伟人故事励成长

——《恰同学少年》　阅读分享交流

才华横溢　　　　　研读人物

豪气万丈　　　　　聚焦背景

自律自省　　　　　辨析思考

7. 学习评价标准

学习评价标准见表3-11。

表 3-11　学习评价标准

| 学习板块 | 一级评价标准 | 二级评价标准 | 三级评价标准 |
|---|---|---|---|
| 热点事件切入<br>激扬爱国情感 | 积极参与话题讨论 | 表达意思明确 | 表达流畅，有自己独特的见解 |
| 学习阅读方法<br>感受伟人魅力 | 了解本课的阅读方法 | 能运用"抓故事情节，研读伟人形象"的方法，品读书中其他人物 | 能运用本课所学的阅读方法进行《青年毛泽东》一书的阅读 |
| 走进语文课本<br>激发学习兴趣 | 能够找到教材之间的相同点 | 能发现教材之间的不同点和第四单元的主题 | 对教材的编排及今后的学习有深入思考 |
| 课外迁移运用<br>立志读书成长 | 积极参与交流，有所获 | 能掌握本课所学的阅读方法 | 能表述清楚学到的方法和感悟到的伟人精神，对新学期有目标、有打算 |

| 学习板块 | 一级评价标准 | 二级评价标准 | 三级评价标准 |
|---|---|---|---|
| 特色评价 | 积极参与"探寻毛泽东的青少年时代"项目化学习研究，成绩突出，研究成果显著，可获得一枚书签 | | |
| 终极评价 | 在日常语文学习活动中，获得三枚书签的学生可兑换一张校长签字喜报 | | |

## 五、课程评价

### （一）评价属性

依据学期教学目标设计学期评价属性表（表 3-12）。

### 表 3-12 评价属性表

| 评价对象 | 一至五年级全体学生 |
|---|---|
| 评价类型 | 形成性评价、终结性评价 |
| 评价维度 | 过程与能力、方法与习惯、兴趣与价值取向、积累与创造运用 |
| 评价内容 | 识字与写字、阅读与鉴赏、表达与交流、梳理与探索 |
| 评价主体 | 学生自评、学生互评、教师评价 |
| 评价方法 | 表现性评价、纸笔测试法 |
| 结果分析 | 总体分析 |
| 结果表达 | 等级 |

### （二）评价框架

依据课程标准，语文课程从过程与能力、方法与习惯、兴趣与价值导向、积累与创造运用等几个维度设计评价因素，围绕识字与写字、阅读与鉴赏、表达与交流、梳理与探索等内容构成评价框架（表 3-13）。而英语学科测评框架见表 3-14。

### 表 3-13 语文课程评价框架

| 学科 | 评价内容 | 主要评价因素 | 评价方式 | 评价结果呈现 | 评价主体 |
|---|---|---|---|---|---|
| 语文 | 过程与能力 | 有独立识写汉字的能力、对阅读材料的综合理解能力（包括提取信息、形成解释、整体感知、比较分析、 | 以纸笔考查为主，参考日常练习等 | 等级，结合客观描述 | 以教师评价为主，结合自我 |

续表

| 学科 | 评价内容 | 主要评价因素 | 评价方式 | 评价结果呈现 | 评价主体 |
|---|---|---|---|---|---|
| 语文 | 过程与能力 | 评价判断、建构生成等）及创作运用能力 | 以纸笔考查为主，参考日常练习等 | 等级，结合客观描述 | 评价、同伴互评 |
| | 兴趣与价值导向 | 态度端正，喜欢书写练习，懂得汉字学习和规范书写的意义及作用；有阅读意愿、读写兴趣等，热爱并珍视中华优秀传统文化 | 日常阅读记录、问卷访谈、阅读活动等 | 以客观描述为主 | 以自我评价为主 |
| | 方法与习惯 | 有良好的执笔习惯、坐姿以及书写时的卫生习惯等，掌握并运用阅读方法、读写策略等 | 纸笔测试，结合日常练习、日常观察等 | 等级与客观描述相结合 | 教师评价、自我评价与同伴互评相结合 |
| | 积累与创造运用 | 善于观察，掌握基本书写技巧，书写正确、美观，对阅读文本中的情节、人物等提出自己的新看法，运用文本表达方法 | 纸笔考查，结合日常练习等 | 量化等级，综合客观描述 | 教师评价、自我评价与同伴互评相结合 |

### 表3-14　英语学科测评框架

| 学科 | 测评内容 | 测评方式（关注全程） | | 测评工具（实证支持） |
|---|---|---|---|---|
| 英语 | 以"语言能力"为核心，注重过程评价，并将单纯的纸笔测验改进为围绕真实情境和真实问题进 | 过程评价占比40% | 遵守学习规则（10%）、积极参与课堂讨论等活动（10%）、学科知识习得扎实（20%） | 助学单、量规、AI智课、作业、命题 |
| | | 结果评价占比50% | 主要指向日常作业（10%）、单元练习题（10%）、专项练习（10%）、期末检测（20%） | 问卷、助学单、量规、AI智课、作业、命题 |

114

续表

| 学科 | 测评内容 | | 测评方式（关注全程） | 测评工具（实证支持） |
|------|---------|---|--------------------|--------------------|
| 英语 | 行语言理解和表达沟通 | 增值评价占比 10% | 主要指向参与项目化学习成果，或与上一学期相比有明显进步 | 助学单、作业、量规、AI 智课、命题 |

**（三）教师评价**

（1）跟进课堂，加强管理。日常教学中，关注教师的课堂授课效果，通过巡视和推门听课的方式，将教师课堂管理和授课技能分为三个等级进行考评，填入教师课堂教学汇总表。

（2）汇总成绩，落实到人。将各班级提交的阅读记录单、读书小报、项目化学习资料、情境作文、朗读音频、书写比赛等成绩进行评比，纳入教师学期末的考核，并在语文教研会上进行成绩分析，交流方法、剖析不足。

（3）分享交流，研讨共进。每学期举行一次阅读课程和一次写字课程的研讨观摩活动，组织教师进行授课，其他教师共研交流，问诊课堂，提升技能。

**（四）学生评价**

对学生采用形成性激励评价方式，注重学生主体参与实践的过程及在这一过程中所表现出来的积极性、合作性、阅读能力和创新意识。过程评价与结果评价相结合，关注学生的个体发展，尊重和体现学生的个体发展，以促进实现自身评价为最终目标。在实践中，主要采用自我评价、教师评价相结合的评价方式，根据学生的参与程度及活动进程中的表现给予相应的等级，等级分别是A、B、C、D。

评价包含过程评价和结果评价。过程评价占 60%，结果评价占 40%。

语文课程过程评价包括过程与能力、兴趣与价值导向、方法与习惯、积累与创造运用四方面（表 3-15）。通过学生自评、互评、师评，累计 11～12 个 A，过程评价等级为 A，累计 9～10 个 A，等级为 B，累计 7～8 个 A，等级为 C，低于 7 个 A，等级为 D。英语课程过程评价包括课堂表现、听说方面、读写方面等，且分为 A、B、C 等级（表 3-16）。

### 表 3-15 语文课程质量评价

| 学科 | 评价维度 | 主要评价因素 | 评价方式与方法 | 评价等级（A、B、C、D） | |
|---|---|---|---|---|---|
| 语文 | 过程与能力 | 有独立识字的能力、对阅读材料的综合理解能力（包括提取信息、形成解释、整体感知、比较分析、评价判断、建构生成等）及创作运用能力 | 以纸笔考查为主，参考日常练习等 | 自评 | |
| | | | | 互评 | |
| | | | | 师评 | |
| | 兴趣与价值导向 | 态度端正，懂得规范书写的意义和作用，有读写意愿、阅读与表达兴趣等，珍视中华优秀传统文化，愿做传递者和接班人 | 日常阅读记录、问卷访谈、阅读活动等 | 自评 | |
| | | | | 互评 | |
| | | | | 师评 | |
| | 方法与习惯 | 善于观察，掌握基本书写技巧，运用读写方法、读写策略等，执笔、坐姿习惯以及书写时的卫生习惯良好 | 纸笔测试，结合日常练习、日常观察等 | 自评 | |
| | | | | 互评 | |
| | | | | 师评 | |
| | 积累与创造运用 | 能对阅读材料中的情节、人物等表达提出自己的新看法，并运用文本表达方法进行创作 | 纸笔考查，结合日常练习等 | 自评 | |
| | | | | 互评 | |
| | | | | 师评 | |

### 表 3-16 英语课程质量评价

| 评级内容 | | 评价等级 | | | | |
|---|---|---|---|---|---|---|
| | | 过程评价 | | | 综合评价 | |
| | | A | B | C | 生评 | 师评 |
| 基础性评价 | 课堂表现 | | | | | |
| | 听说方面 | | | | | |
| | 读写方面 | | | | | |
| 特色性评价 | 动手制作方面 | | | | | |
| | 表演视听方面 | | | | | |
| | 思考练笔方面 | | | | | |
| | 成长笔录 | | | | | |
| 终结性评价 | 口语表达 | | | | | |
| | 语言知识和技能综合测试（书写字母和单词、绘本阅读） | | | | | |

116

　　语文课程结果评价包括课堂表现、小组合作、读写能力、表达能力、期末检测五方面，分 A、B、C、D 四个等级（表 3-17）。英语课程结果评价包括口语表达测试和语言知识和技能测试，分为 A、B、C 等级（表 3-18）。

　　综合评价依据过程评价和结果评价的综合成绩评定。

**表 3-17　语文课程结果评价标准**

| 结果评（40%） | 课堂表现 | 小组合作 | 读写能力 | 表达能力 | 期末检测 | 综合评定 |
|---|---|---|---|---|---|---|
| 评价等级 | A. 好<br>B. 较好<br>C. 一般<br>D. 需努力 | A. 好<br>B. 较好<br>C. 一般<br>D. 需努力 | A. 好<br>B. 较好<br>C. 一般<br>D. 需努力 | A. 好<br>B. 较好<br>C. 一般<br>D. 需努力 | A. 优秀<br>B. 良好<br>C. 合格<br>D. 待合格 | A. 优秀<br>B. 良好<br>C. 合格<br>D. 待合格 |
| 师评 | | | | | | |
| 总评 | | | | | | |

**表 3-18　英语课程结果评价标准**

| 形式 | 评价内容 | 评价标准及等级 |
|---|---|---|
| 结果评价 | 口语表达测试：成长记录袋介绍，语言才艺展示 | A：展示时语音语调标准，朗读自然流畅，整体有 2 处以内错误<br>B：展示时语音语调较标准，朗读较流畅，整体有 3～5 处错误<br>C：展示时语音语调不标准，朗读不流畅，整体有 5～8 处错误 |
| | 语言知识和技能测试 | A：能听懂有关熟悉话题的语段和简短的故事，能与教师或同学就熟悉的话题（如学校、家庭生活等）交换信息<br>B：能在所设日常交际情境中听懂对话和小故事，能用简单的语言描述自己或他人的经历，能表达简单的观点<br>C：能听懂有关熟悉话题的陈述并参与讨论，能就日常生活的相关话题与他人交换信息并陈述自己的意见，能读懂相应水平的图书、报纸、杂志，克服生词障碍，理解大意，进一步加深对文化差异的理解与认识 |

# 第四章　小博士课程，格物致知

《大学》中说"致知在格物。物格而后知至"①。"格物"即为认识事物、探究事物的原理。基于学生的差异性、独特性是小博士课程开发的根本出发点。培养学生的想象力，激发学生的创造性，是小博士课程内在的、本质的、终极的追求。从理念层面看，小博士课程是思维与素养的学习；从实践层面看，它研究的是一种跨学科的学习；从本质层面看，它凸显的是思维与探索。小博士课程的核心特征是思维、探究与创造的统一。秉承培养创新意识、创新思维、创新技能的教育理念，回归教育之本，以尊重、呵护儿童身心发展，通过项目化学习的教学方式将创新理念与创客教育相融合，为学生提供有创造性而有意义的学习经历。

儿童的学习不仅是知识的学习，更是对思想方法的理解应用，是对创意设计的参与体验。儿童的学习不仅是对问题的解答，更是在系统思维下创新精神的形成过程。小博士课程致力于设计儿童主动参与的创造性学习活动，引导学生在真实情境中综合运用知识、技能、方法解决问题，发展学生的批判性思维，提高实践创新素养。小博士课程倡导基于创造性解决问题的情感体验，倡导以实践探究为主的多样化学习方式，重视理解，关注关联建构，引导学生主动参与、动手动脑、积极体验、多元反思、应用和迁移，促进学生自主学习和合作学习。

小博士课程属于思维与探索领域，旨在通过数学、科学、信息科技、综合实践等学科（以下简称数理学科）课程的学习，培养学生的核心素养，逐渐形

---

① 陈晓芬，徐儒宗.论语·大学·中庸[M].2版.北京：中华书局，2015：250.

成适应学生个体终身发展和社会发展所需要的正确价值观、必备品格以及关键能力。

　　小博士课程的教育目标是让学生学会用数学的眼光和从科学的视角观察世界的本质、规律和相互关系，用科学的思维分析事物、解释自然现象、解决实际问题，用严谨的语言、凭借证据表达观点和创意。

　　小博士课程立足每个学生的内在生长和创新发展而设计，它考虑到学生的个性特点，遵从生命成长的规律，呵护孩子的天性，注重学生的认知生长与潜能开发、思维发散与创新能力，注重思维品质形成、合作交流、创新性地解决问题，以创意和智造点亮他们的未来。

# 第一节 课程价值观与课程理念

## 一、课程价值观

《义务教育数学课程标准（2022年版）》指出：数学在形成人的理性思维、科学精神和促进个人智力发展中发挥着不可替代的作用。数学素养是现代社会每一个公民应当具备的基本素养。《义务教育科学课程标准（2022年版）》指出：学生在学习科学课程过程中，逐步形成的适应个人终身发展和社会发展所需要的正确价值观、必备品格和关键能力，是科学课程育人价值的集中体现。科学课程的本质属性体现在科学观念这一核心素养，这一素养是其他素养的基础；而适应现代社会发展的核心思维方式是科学思维，这一素养可以迁移到其他领域，其中，作为高阶思维的批判性思维和创造性思维又是重中之重，没有高阶思维的充分发展，遑论科技创新人才的培养。核心素养的形成需要经历长期的训练，培养小学生的数学、科学素养是小学数学、科学课程的主要任务。信息时代向我们揭示了两个事实：一是知识是学不完的，每天都有大量的新知识产生，而且固守旧知识并不能满足当下生存与发展的需要；二是相对于知识积累，更重要的是培养学生学会学习和解决问题的思维和行动能力，这可以让学生坦然、自信地面对各种未知、不确定的问题。近十几年现代科技迅猛发展，科学教育研究成果涌现，尤其是考察近些年发达国家科学课程改革的推进情况，反观我国小学科学课，其无论是课程目标的设置、主题的选择，还是具体的实施方面都存在着诸多不足，主要表现在课程实施未面向全体，内容设置上未对数学思维、科学实践、人工智能教育足够重视，课程内容与形式缺乏多样性这三个方面。

正是基于以上学科价值取向，以"思维、探究与创造"作为小博士课程的实践主线，不断优化小博士课程结构，丰富课程内容，深化课程教学和评价改革，全面提升学校学生的数学思维、探究实践能力和信息科技素养。

## 二、课程理念

聚焦新一轮课程改革的核心理念，培养有理想、有本领、有担当的时代新人。我们立足"人文教育"的教育哲学与学校的课程理念，深入各学科课程标准，探索小博士课程的课程理念，发展每一个学生的核心素养。

《义务教育数学课程标准（2022 年版）》指出，数学课程要培养学生的"三会"核心素养：即会用数学的眼光观察现实世界；会用数学的思维思考现实世界；会用数学的语言表达现实世界。小学阶段的数学教学聚焦培养数感、量感、符号意识、推理意识、数据意识、模型意识、应用意识、创新意识等素养。

《义务教育科学课程标准（2022 年版）》指出，科学课程要培养学生核心素养，主要是指学生在学习科学课程过程中，逐步形成的适应个人终身发展和社会发展所需要的正确价值观、必备品格和关键能力，包括科学观念、科学思维、探究实践、态度责任等方面。

依据《中小学综合实践活动课程指导纲要》，综合实践活动是学科课程和知识类综合课程的一种补充形态，是一门活动类综合课程。综合实践活动的课程理念体现在突出学生主体、面向学生生活、注重学生实践、强调活动综合。综合实践活动与各学科领域并不分隔或对立。它与各学科领域存在着较为密切的联系：各学科领域的知识与技能，都可以在综合实践活动中延伸、综合、重组与提升；综合实践活动中发现的问题、所获得的知识与技能，同样可以在各学科领域的教学中拓展和加深。

依据《义务教育信息科技课程标准（2022 年版）》，信息科技课程反映数字时代正确的育人方向，构建以数据、算法、网络、信息处理、信息安全、人工智能为课程逻辑主线的课程结构，按照小学生的认知发展规律，统筹设置各学段学习内容，提升学生知识迁移能力和学科思维水平，体现"科"与"技"并重。

基于义务教育课程标准，进一步深化课程改革，推动育人方式的变革，培养学生适应未来发展的正确价值观、必备品格和关键能力，促进学生内在的生长，我们提出以思维与探索为核心的小博士课程理念，着力发展学生核心素养，努力为学生营造一个宽松、自由的"创想"乐园。

# 第二节　课程目标

## 一、课程总目标

通过小博士课程学习，学生学会用数理的眼光观察世界的本质、规律和相互关系，会用科学的思维分析事物、解释自然现象、解决实际问题，会用严谨的语言、根据证据表达观点和创意。以下是小博士课程的总目标：

（1）学生在课程学习中能够获得适应未来发展所必需的数学、科学、信息科技、综合实践等学科的基础知识、基本技能、基本思想和基本活动经验。

（2）学生能够体会同一学科知识间、小博士课程内学科知识间、小博士课程与"小鲲鹏"课程五个领域其他课程间、小博士课程与现实生活间的关联，在真实情境中，发现问题、提出问题，综合运用多学科的知识与方法分析问题和解决问题。

（3）学生能够对小博士课程的学习具有好奇心和求知欲，了解本课程的价值，养成良好的数理学习习惯，提高学习兴趣，形成勇于探索、质疑问难、积极实践和自我反思的科学精神。

## 二、分级目标

将小学五年的学习时间分为三个学段：一、二年级为第一学段，三、四年级为第二学段，五年级为第三学段。依据三个学段学生学习的心理特征、认知规律及能力发展，描述在三个学段本课程目标的要求，并将数学、科学、信息科技、综合实践等学科核心素养体现在各学段的具体目标中。

### （一）第一学段（一至二年级）目标

（1）能在教师的指导下，经历简单的知识学习过程，形成初步的学科核心素养。

（2）能在教师的指导下，从日常生活中提出简单的问题，尝试运用简单的数学知识和方法、科学原理、数字设备解决问题。

（3）对周围的事物有好奇心，能够参与简单的学习活动，了解数理知识可以描述生活中的一些现象，感受数理学科与生活有密切的联系。在活动中愿意倾听他人的意见，并尝试对其他同学的想法提出建议。

**（二）第二学段（三至四年级）目标**

（1）经历知识的学习过程，形成学科核心素养。

（2）尝试从实际生活中发现问题和提出问题，综合运用数理学科知识探索分析问题和解决问题的方法，经历独立思考以及与他人合作解决问题的过程。

（3）对学习有好奇心和求知欲，愿意了解日常生活中与数学、科学、信息科技、综合实践活动相关的信息，积极参与相关学习活动，在学习活动中能提出自己的想法，对他人的想法敢于质疑和反思。

**（三）第三学段（五年级）目标**

（1）经历知识的探索过程，形成学科核心素养。

（2）尝试在真实情境、数字世界中发现和提出问题，综合运用数理学科知识、方法来分析与解决问题，能够通过独立思考、与他人合作等方式解决问题。

（3）对学习有好奇心和求知欲，主动参与相关学科的学习活动，养成独立思考、勤奋认真、合作交流、反思质疑的好习惯。

# 第三节　课程结构与课程设置

## 一、学科课程结构

小博士课程结构如图 4-1 所示。

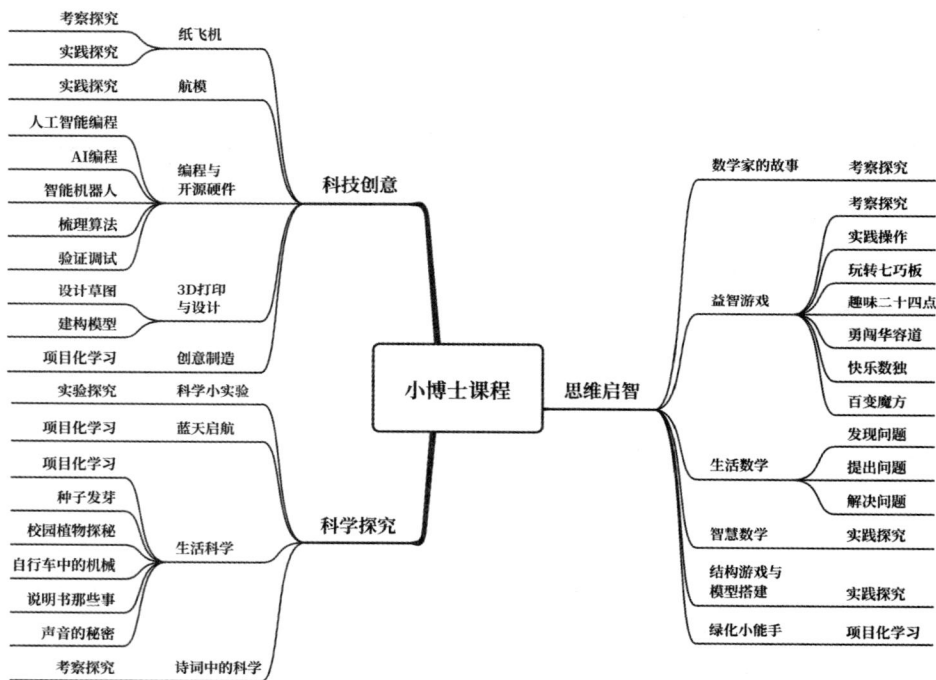

图 4-1　小博士课程结构

　　小博士课程指向思维与探索领域，依据学科特色分为思维启智、科技创意、科学探究三类课程。国家课程包括数学、科学、信息科技以及综合实践活动。校本课程包括生活数学、益智游戏、科学小实验、创意制造、人工智能编程等。在小博士课程的学习中，学生通过实验、实践操作、建构模型、验证调试、项目化学习等探究方式，提升逻辑思维能力、实践创新能力，真正释放每一个生命体的学习力。

## 二、学科课程设置

深度挖掘学校课程资源，与学科知识内容深度融合，全面系统地规划与设计小博士课程，引导学生对自然、社会和自我三个领域内在联系的整体认识与体验，密切学生与实际生活的联系，发展学生的实践创新素养。小博士课程设置见表4-1。

表 4-1　小博士课程设置表

| 课程群 | 课程内容 | | 面向年级 |
|---|---|---|---|
| 思维启智 | 益智游戏 | 玩转七巧板 | 一年级 |
| | | 快乐数独 | 二年级 |
| | | 趣味二十四点 | 三年级 |
| | | 勇闯华容道 | 四年级 |
| | | 百变魔方 | 五年级 |
| | 数学家的故事 | | 一至五年级 |
| | 生活数学 | | 一至五年级 |
| | 结构游戏与模型搭建 | | 一、二年级 |
| | 智慧数学 | | 三至五年级 |
| 科学探究 | 生活科学 | 种子发芽 | 一年级 |
| | | 校园植物探秘 | 二年级 |
| | | 声音的秘密 | 三年级 |
| | | 自行车中的机械 | 四年级 |
| | | 说明书那些事 | 五年级 |
| | 科学小实验 | | 一至五年级 |
| | 诗词中的科学 | | 一至五年级 |
| | 蓝天启航 | | 三至五年级 |
| 科技创意 | 纸飞机 | | 一、二年级 |
| | 航模 | | 三至五年级 |
| | 创意制造 | | 一至五年级 |
| | 3D 设计与打印 | | 三至五年级 |
| | 编程与开源硬件 | 人工智能编程 | 三至五年级 |
| | | AI 编程 | |
| | | 智能机器人 | |

### 三、青岛版五四制小学数学四年级上册课程纲要

#### （一）与本学期相联系的国家课程标准陈述

1. 数与代数

（1）数的认识：结合具体情境，理解小数的意义，能比较小数的大小。

（2）数的运算如下。

①探索并理解运算律（加法交换律和结合律、乘法交换律和结合律、乘法对加法的分配律），能用字母表示运算律。

②能进行整数四则混合运算（以两步为主，不超过三步），正确运用小括号和中括号。能说出运算律的含义，并能用字母表示；能运用运算律进行简便运算，解决相关的简单实际问题，形成运算能力。

③在实际情境中，运用数和数的运算解决问题；在解决实际问题的过程中，能结合具体情境，选择合适的单位进行简单估算，体会估算在生活中的作用。

④能借助计算器进行运算，解决简单的实际问题，探索简单的规律。

（3）式与方程如下。

①借助现实情境了解代数式，进一步理解用字母表示数的意义。

②能分析具体问题中的简单数量关系，并用代数式表示；能根据特定的问题查阅资料，找到所需的公式。

③能根据现实情境理解方程的意义，能针对具体问题列出方程；理解方程解的意义，经历估计方程解的过程。

2. 图形与几何

（1）认识三角形和四边形，会根据图形特征对三角形和四边形进行分类。

（2）探索并说明三角形任意两边之和大于第三边的道理；通过对图形的操作，感知三角形内角和是180°，能根据已知两个角的度数求出第三个角的度数。

（3）会根据角的特征对三角形分类，认识直角三角形、锐角三角形和钝角三角形；能根据边的相等关系，认识等腰三角形和等边三角形。

（4）能根据具体事物、照片或直观图辨认从不同角度观察到的简单物体。

3. 统计与概率

能描述平均数的含义，知道平均数的统计意义；能用平均数解决有关的简单实际问题，形成初步的数据意识和应用意识。

4. 综合与实践

（1）学生在实际情境和真实问题中，运用数学和其他学科的知识与方法。

（2）经历发现问题、提出问题、分析问题、解决问题的过程。

（3）感悟数学知识之间、数学与其他学科知识之间、数学与科学技术和社会生活之间的联系。

（4）积累活动经验，感悟思想方法，形成和发展模型意识、创新意识，提高解决实际问题的能力，形成和发展核心素养。

**（二）教材分析与学情分析**

教材分析与学情分析见表 4-2。

表 4-2　教材分析与学情分析

| 课程板块 | | | 教材分析 | 学情分析 |
|---|---|---|---|---|
| 数与代数 | 数的认识 | 小数 | 第五单元：小数的意义和性质 | 主要教学内容：探索小数的意义、小数大小比较和小数的性质、小数点位置移动引起小数大小变化、名数的改写、小数的近似数等。本单元的重点是理解小数的意义和性质，难点是名数的改写和用"四舍五入法"求小数的近似数。这部分内容是学生系统学习小数知识的开始，是学习小数四则混合运算的基础 | 学生在三年级对小数和分数有了初步的认识，生活中对小数具有一定的认知，但对小数的具体意义理解得不够深入，需要借助具体的生活情境，通过数形结合的形式，降低理解的难度，沟通知识间的联系 |
| | 数的运算 | 运算律 | 第三单元：运算律 | 主要教学内容：熟练学习并内化加法结合律、加法交换律、乘法结合律、乘法交换律、乘法分配律。单 | 学生对四则混合运算顺序有了良好的学习基础，在一年级，学生就在加法的计算和验算中接触过 |

| 课程板块 | | | 教材分析 | 学情分析 |
|---|---|---|---|---|
| 数与代数 | 数的运算 | 运算律 | 第三单元：运算律 | 元教学重点：探索并理解加法与乘法运算律。教学难点：掌握并深入内化乘法分配律的理解和应用。这部分知识的学习需要创设生活常见的情境，有助于深入理解算理，优化运算的技巧与方法，实现计算能力与质量的提高 | 加法交换律，二年级学习乘法竖式计算及验算，是乘法交换律的学习基础，三年级学习两三位数乘两三位数的乘法竖式计算，是乘法分配律的学习基础 |
| | | 小数加减乘除及混合运算 | 第七单元：小数加减法 | 主要教学内容：小数加减法的计算及验算、混合运算及简便计算。单元教学重点：理解小数加减法的意义，熟练掌握小数加减的算理、算法并能够解决实际问题。本单元的教学难点是观察数的特点并根据问题情境与实际情况，灵活选择进行小数加减混合运算的方法。这部分知识在生产和生活中有着广泛的应用，教学中要充分利用具体情境开展教学 | 学生在整数加减混合运算、小数的意义和性质、简单的小数加减法计算方面，有一定的学习基础，对以上方面的内容能够较好地掌握 |

| 课程板块 | | | 教材分析 | 学情分析 |
|---|---|---|---|---|
| 数与代数 | 数的运算 | 小数加减乘除及混合运算 | 第八单元：小数乘法 | 主要教学内容：学习小数乘法的算理，能够根据实际情境，学习小数四则混合运算并优化计算方法，实现简便计算。对于小数乘法的计算方法有足够的了解，并能够准确笔算，将整数的运算律准确、灵活地迁移到小数乘法的简便计算当中是教学重点，难点是理解小数乘法的算理 | 学生需要在小组交流中、集体交流中经历与他人交流算法的过程，并能表达自己的想法，以加深对算理、算法的理解 |
| | | | 第十单元：小数除法 | 主要教学内容：小数除法计算和小数四则混合运算；用自己的语言描述循环小数、有限小数、无限小数之间的区别，学会准确判断与运用。单元教学重点：能够在实际情境中理解小数除法的算理，熟练掌握计算方法和带有中括号的小数四则混合运算，灵活应用解决实际问题。单元教学难点：理解小数除法的算理，会求具体情境 | |

| 课程板块 | | | | 教材分析 | 学情分析 |
|---|---|---|---|---|---|
| 数与代数 | 数的运算 | 小数加减乘除及混合运算 | 第十单元：小数除法 | 中的商的近似值。以上知识的学习掌握对今后学习及解决实际问题发挥着非常重要的作用 | 学生需要在小组交流中、集体交流中经历与他人交流算法的过程，并能表达自己的想法，以加深对算理、算法的理解 |
| | | 计算器 | 第一单元：计算器 | 主要教学内容：认识计算器，掌握计算器的具体操作步骤，明确计算器中的每个按键的功能与作用，学生能够进行大数的计算，根据运算顺序，准确进行含有两级运算的混合运算，从而实现自主学习、自主探索简单的数学规律。本单元的教学重点是学生能够明确计算器的操作步骤与使用方法，教学难点是学生能够自主操作计算器并积极、主动地探索数学规律 | 学生在三年级已经学习了整数四则混合运算，知道基本的运算顺序。学生在生活中对计算器有所接触，也是学习计算器的重要基础。这部分内容是学生第一次系统地学习计算器的知识 |
| | | 式与方程 | 第二单元：用字母表示数 | 主要教学内容：用字母表示数和数量关系，求含有字母式子的值。教学重点：理解用字母表示数的意义，掌 | 整数四则运算、常见的数量关系以及几何图形的计算公式，是这部分知识的依据。 |

| 课程板块 | | | 教材分析 | 学情分析 |
|---|---|---|---|---|
| 数与代数 | 式与方程 | 计算器 | 第二单元：用字母表示数 | 握用字母表示数和数量关系的方法。教学难点：理解用字母表示数的意义。以上知识将成为更好地学习并掌握代数领域知识的有效依据 | 这部分知识对学生来讲比较抽象，需要用学生熟悉的情境，引导学生在真实、有效、合理的问题情境中理解用字母表示数的意义和方法 |
| 图形与几何 | 图形的认识 | 图形 | 第四单元：认识多边形 | 主要教学内容：了解三角形的稳定性，认识三角形，能够明确三角形的分类标准并进行分类，通过操作、实践等环节，了解三角形的三边关系，通过动手实践操作、利用量角器测量等方式，感受三角形的内角和。本单元的教学重点是通过多种操作活动，认识多边形的特征。教学难点是认识多边形的高及画高。课标中要求通过观察和操作完成以上学习内容，因此教学中要选择现实的物品作为素材创设真实情境，科学设计多种观察、操作、体验的活动 | 学生学习了长方形、正方形和角的特征，日常生活中也经常接触这些图形，有了初步的感知经验，但需要实现由具体到抽象、由表及里的有效认识的提升 |

| 课程板块 | | | 教材分析 | 学情分析 |
|---|---|---|---|---|
| 图形与几何 | 图形的认识 | 图形 | 第六单元：观察物体 | 主要教学内容：辨认从不同方向看到的一组正方体（3个/4个），这也是本节课的教学重点。教学难点是通过观察和操作进行简单的推理，进行合理的想象 | 学生在二年级已经对从前面、上面和侧面看到简单实物的形状有了较好的学习基础。学生动手操作能力强，需要给学生提供大量立体图形进行观察和拼搭活动，发展空间观念 |
| 统计与概率 | 简单数据统计过程 | 平均数 | 第九单元：平均数 | 主要教学内容：理解平均数的意义，求平均数和复式分段统计表。教学重点：在具体问题情境中认识平均数这一概念，学会求平均数来解决问题的方法，通过绘制，了解单式分段统计表和复式分段统计表。教学难点是理解平均数的意义。这部分知识是学习选择统计量描述数据特征的基础，需要选取趣味性和现实性很强的素材，帮助学生理解 | 学生学习了简单的条形统计图、单式统计表。但对于平均数这一新的统计量，学生很陌生 |

续表

| 课程板块 | | | 教材分析 | | 学情分析 |
|---|---|---|---|---|---|
| 综合与实践 | | | 图形的密码 | 主要教学内容：研习图形的密码，发展学生的空间观念与审美意识，感受图形之美。本活动综合应用了多边形单元知识，又是今后学习多边形面积的基础 | 在前期学习经验的基础上，学生已经认识生活中的长方形、正方形、三角形等多种常见的基础图形，因此对在生活中实际运用图形密码有一定的感性积累 |

**（三）课程目标**

（1）在具体的生活情境中，通过观察、操作、小组交流等活动，理解小数的意义、用字母表示数的意义、小数加减乘除及四则运算的意义，掌握运算律、小数加减乘除及四则运算的算理和算法，并灵活解决相关的实际问题，提升运算能力和解决问题的能力。

（2）通过观察、操作、小组交流等活动，结合实际情境认识平面图形，会从不同方向辨认立体图形，发展空间观念。

（3）结合具体的生活实例，通过经历认识平均数、用分段统计表整理数据并作出简单的判断和预测，体会统计的实际意义，发展数据分析观念。

（4）结合本册各单元知识点，通过小组经历数学实践活动方案的设计、发现和提出问题、分析和解决问题、活动评价与反思等，获得数学活动经验，提高研究和解决问题的综合能力。

**（四）学习主题与活动安排**

学习主题与活动安排见表 4-3。

**表 4-3　学习主题与活动安排**

| 学习主题 | 主要内容 | 实施要求 | 周次 | 课时 |
|---|---|---|---|---|
| 开学<br>第一课 | 熟悉本册教材的知识体系 | 1. 以知识板块梳理教材中的知识点，沟通与以往知识间的联系<br>2. 开展趣味数学体验活动，获得积极的数学活动经验 | 第一周 | 1 |
| 计算器 | 1. 认识计算器，掌握计算器的操作步骤<br>2. 用计算器进行大数的计算<br>3. 用计算器探索计算规律 | 1. 教学情境素材要与现实生活紧密联系<br>2. 将计算与解决问题结合起来<br>3. 运用学生已有的经验，帮助学生系统认识计算器，提高操作水平<br>4. 生活中计算器的种类较多，适当拓展认识范围，提高操作要求<br>5. 给学生自主学习的时间和空间 | 第一周 | 2 |
| 用字母表示数 | 1. 用字母表示数的意义<br>2. 求代数式的值<br>3. 用字母表示数量关系<br>4. 用字母表示公式<br>5. 单元检测（含计算器） | 1. 要选取现实性强且具有教育意义的素材，让学生在真实的情境中学习<br>2. 按照"解决问题—发现联系—举例验证—揭示规律—拓展应用"的思路，引导学生经历由具体到抽象的过程 | 第二周 | 5 |
| 运算律 | 1. 加法结合律、交换律<br>2. 乘法结合律、交换律<br>3. 乘法分配律<br>4. 减法的性质、除法运算规律 | 1. 通过解决实际问题，经历"发现关系—揭示规律—字母表达—应用巩固"的过程<br>2. 经历"猜想—举例—验证"的过程<br>3. 充分利用已有的知识和经验，沟通新旧知识间的内在联系<br>4. 引导学生在独立思考、在合作探究的过程中充分运用猜想、验 | 第三、四周 | 9 |

续表

| 学习主题 | 主要内容 | 实施要求 | 周次 | 课时 |
|---|---|---|---|---|
| 运算律 | 5. 单元检测 | 证、比较、归纳等方法，分析和概括运算律<br>5. 借助具体计算，探索有关减法、除法计算中的其他规律 | 第三、四周 | 9 |
| 认识多边形 | 1. 三角形的特性、认识三角形<br>2. 三角形的分类<br>3. 三角形三边的关系<br>4. 三角形的内角和<br>5. 平行四边形和梯形的认识<br>6. 单元检测 | 1. 结合具体的生活情境，创设学生喜欢的现实情境<br>2. 针对学生的认知特点和解决问题的需要，优化单元知识结构<br>3. 利用问题情境，组织操作活动，如探索三角形的特性、分类、三边关系，调动学生自主探索的积极性 | 第五、六周 | 9 |
| 实践活动：图形的密码 | 平面图形密码的含义及简单的密码设计 | 1. 选取贴近学生生活的素材<br>2. 引导学生经历"制订方案—实践探究—展示交流—回顾反思"的实践过程<br>3. 基于生活经验，观察与比较，感受奇妙的密码<br>4. 积极参与动手操作，并主动参与创新设计，体验密码的价值 | 第七周 | 1 |
| 小数的意义和性质 | 1. 小数的意义<br>2. 小数的大小比较<br>3. 小数的性质、化简、改写<br>4. 小数点移动引起小数大小变化的规律及应用<br>5. 小数的名数的改写 | 1. 选取具有现实性和科学性的素材，引导学生提出有价值的数学问题<br>2. 充分发挥小组合作学习的作用<br>3. 用好直观"模型图"，数形结合，加深对小数的理解 | 第七、八、九周 | 12 |

| 学习主题 | 主要内容 | 实施要求 | 周次 | 课时 |
|---|---|---|---|---|
| 小数的意义和性质 | 6. 用"四舍五入法"求小数的近似数<br>7. 把较大的数改写成以"万"或"亿"为单位的数<br>8. 单元检测 | 4. 以两三位小数的意义为教学重点，逐步深化对小数的认识 | 第七、八、九周 | 12 |
| 观察物体 | 能从不同方向辨认一组立体图形 | 1. 教师做好学具准备，还可以指导学生自制学具<br>2. 让学生都真正地、实实在在地进行观察和操作，让学生充分地进行活动和交流<br>3. 引导学生主动将所学知识与自己的生活联系起来，在应用中巩固 | 第十周 | 1 |
| 小数加减法 | 1. 小数加减法计算及验算<br>2. 小数加减混合运算 | 1. 选取具有时代性和科学性的素材创设情境，激发学生的学习兴趣<br>2. 引导学生积极运用已有知识、经验，自主探究新知识<br>3. 算理、算法的学习要融入解决问题的过程中 | 第十一、十二周 | 5 |
| 重叠问题 | 1. 利用集合思想解决简单的实际问题<br>2. 单元检测（含观察物体、小数加减法） | 1. 选取学生熟悉的生活情境<br>2. 引导学生体验重叠问题建模的过程<br>3. 引导学生经历思考和探索的过程，重视集合思想的培养 | 第十二周 | 2 |
| 小数乘法 | 1. 小数乘整数<br>2. 小数乘小数<br>3. 小数混合运算及简算<br>4. 单元检测 | 1. 创设具体的生活情境，引导学生经历自主探究知识的过程<br>2. 引导学生运用转化思想学习新知识<br>3. 在解决问题的过程中，组织小组交流 | 第十三、十四周 | 8 |

| 学习主题 | 主要内容 | 实施要求 | 周次 | 课时 |
|---|---|---|---|---|
| 平均数 | 1. 认识平均数<br>2. 求平均数<br>3. 分段统计表和复式分段统计表 | 1. 结合学校实际情况选取现实性和趣味性强的素材创设情境，如足球赛、朗诵比赛、运动会等<br>2. 引导学生经历"计算总分—不合理—用平均数比"的探索过程<br>3. 注重统计方法和策略的多样化 | 第十五周 | 4 |
| 实践活动：消费知多少 | 利用统计知识了解消费情况，学会合理消费 | 1. 引导学生经历统计的全过程："确定课题—制订方案—调查访问—收集数据—整理数据—分析数据—作出判断"，帮助学生积累活动经验<br>2. 开展调查活动，收集真实、有效的数据，进行分析交流 | 第十六周 | 1 |
| 小数除法 | 1. 除数是整数的小数除法<br>2. 除数是小数的小数除法<br>3. 有限小数、无限小数（循环小数）<br>4. 小数四则混合运算 | 1. 创设现实有趣的情境，提出有价值的数学问题<br>2. 引导学生运用已有知识、经验学习新知识<br>3. 引导学生独立思考、合作交流<br>4. 倡导解决问题策略的多样化 | 第十六、十七、十八周 | 10 |
| 总复习 | 1. 数与代数部分<br>2. 图形与几何部分<br>3. 统计与概率部分<br>4. 运算能力和解决问题能力专项检测<br>5. 综合检测 | 1. 充分利用情境图，按知识板块进行回顾梳理<br>2. 采取小组互助学习的方式分层教学<br>3. 加强知识和方法两个层面的有针对性的指导<br>4. 分类练习，一题多变，充分挖掘习题的育人价值 | 第十八、十九、二十周 | 10 |

### （五）课程评价

1. 评价属性

依据学期教学目标设计学期评价属性表（表4-4）。

**表4-4　学期评价属性表**

| 评价对象 | 一至五年级全体学生 |
|---|---|
| 评价类型 | 形成性评价、终结性评价 |
| 评价维度 | 学习兴趣、学习习惯（方法）、学业成果 |
| 评价内容 | 数与代数、图形与几何、统计与概率、综合与实践 |
| 评价主体 | 学生自评、学生互评、教师评价 |
| 评价方法 | 表现性评价、纸币测试法 |
| 结果分析 | 总体分析 |
| 结果表达 | 等级 |

2. 评价框架

依据课程标准对四大知识板块的学习要求，从学习兴趣、学习习惯和学业成果三个维度，设计具体的评价内容和观测点，构成评价框架（表4-5）。

**表4-5　评价框架**

| 评价维度 | 评价内容 | 观测点 | 评价方式 |
|---|---|---|---|
| 学习兴趣 | 活动兴趣 | 1. 对探究的知识有好奇心，有探究的欲望<br>2. 在课堂学习中乐于思考、动手实践 | 日常观察<br>过程记录<br>表现性任务 |
| | 阅读兴趣 | 1. 积极阅读教材，自主读懂教材拓展内容<br>2. 查找相关资料，帮助自己深入理解 | |
| | 探究兴趣 | 1. 积极寻找各种方法，探究解决问题的策略<br>2. 乐于和他人合作完成探究任务 | |
| 学习习惯 | 听说习惯 | 1. 课堂学习中，听清老师的要求，认真倾听他人的表达<br>2. 用数学语言表达思考或探究的结果 | 日常观察<br>作业<br>检测分析<br>过程记录 |
| | 操作习惯 | 1. 按要求取用、摆放数学学具<br>2. 按操作步骤使用学具进行具体操作 | |
| | 练习习惯 | 1. 按时完成练习<br>2. 运用工具规范运算、书写和作图<br>3. 练习后自觉检验、改错 | |

续表

| 评价维度 | 评价内容 | 观测点 | 评价方式 |
|---|---|---|---|
| 学业成果 | 计算掌握 | 1. 熟练运用运算律进行简便计算和解决问题<br>2. 熟练进行小数加减乘除及混合运算并解决实际问题 | 课堂记录<br>作业<br>检测分析<br>表现性任务 |
| | 概念理解 | 1. 数形结合，理解小数的意义<br>2. 将生活实际问题抽象，理解用字母表示数的意义<br>3. 解决具体的问题，理解小数运算的意义<br>4. 认识理解平均数的意义 | |
| | 简单应用 | 1. 灵活选择合适的运算方法，正确计算<br>2. 运用所学知识解决生活中的实际问题 | |

3. 评价实施

评价贯穿整个学期学习的全过程中。

评价学生的学习兴趣，主要运用有效的日常观察方法，以月为单位，自评与互评轮次进行。

评价学生的学习习惯，主要运用随堂即评的方法，以月为单位，对作业采用学生自评和一次教师评价，轮次进行。

对学业成果的评价，主要采用作业分析、检测分析（含课堂小测、单元检测、专项检测、综合检测等）的方式，由教师在课时、单元、学期学习结束前完成评价。

对评价结果的表达，学生层面采取积分制，每个观测点为1分，每个维度累积5分及5分以上为A等，3～4分为B等，1～2分为C等，三个维度综合评价，3个A或2个A、1个B为A等，2个C、1个B或3个C为C等，其余为B等；教师层面对评价结果进行分析，思考评价中的不足之处和评价对个别学生影响较小的原因，进一步改进评价办法。

**四、人工智能编程校本课程纲要**

**（一）课程背景与分析**

1. 课程定位

（1）政策层面分析。

2017年国务院印发了《新一代人工智能发展规划》，文件中指出：支持开展形式多样的人工智能科普教育，鼓励广大科技工作者投身人工智能的科普与推广，全面提高全社会对人工智能的整体认知和应用水平。实施全民智能教育项目，在中小学阶段设置人工智能相关课程，逐步推广编程教育，鼓励社会力量参与寓教于乐的编程教学软件、游戏的开发和推广。《义务教育信息科技课程标准（2022年版）》正式将人工智能划入新课标。

（2）学校育人要求如下。

鲸园小学遵循"文化传承与创新"的原则，以"弘扬传统文化，实现以文化人"为目标，聚焦创意（Creative）、跨学科融合（Interdiscipline）、实践（Practice），在现有创客"1+X"课程体系的基础之上，根据学生的未来发展需求与学情，以人工智能技术发展的四个维度为靶向，依托乐创空间精准构建人工智能融创课程，梯次化实施信息技术国家课程及校本课程，开展项目式主题活动，聚焦培养学生的创新思维与智造素养，创新实施融创智能课程，探索从人工智能的方向创新国家课程的深度教学方式。

（3）核心素养发展要求如下。

中国学生发展核心素养相关文件中有对中小学生信息意识方面的要求，培养学生对情境问题进行抽象、分解、建模，并通过设计算法形成解决方案；尝试模拟、仿真、验证解决问题的过程，反思、优化解决问题的方案，并将其迁移运用于解决生活情境问题。学生借助生活情境案例分析，理解人工智能，根据学习与生活需要，合理选用人工智能，比较使用人工智能和不使用人工智能处理同类问题效果的异同。

2. 学情分析

（1）认知基础：在普及课程的实施过程中，四年级、五年级的学生对人工智能已经有了初步的认知。

（2）兴趣特长：学生凸显爱思考、爱探究、爱好科技探索。

（3）发展需求：学校坐落于威海市行政文化中心，家长群体学历高，文化素养较高，教育理念、教育方法相对个性化、现代化，学生的学习素养较高，为适应人工智能社会需求，以学生自主、合作、探究为中心的项目化学习方式，设计个性化的跨学科活动课程，提升学生的核心素养。

3. 资源条件

（1）指导教师：计算机专业毕业的教师具有丰富的教学经验和辅导学生参

加市级以上比赛的经验，多次荣获区、市、省、国家级优秀辅导教师称号。

（2）场地设施和设备：学校有专门的人工智能实验室，配备数量充足的笔记本电脑和配套的软、硬件设备，能满足开课的需求。

（3）学习资源：自主研发的系列学本、视频资源、资料卡。

**（二）课程目标**

1. 核心育人价值

核心育人价值是提升计算思维和创新能力，增强信息社会责任感。能对生活实际问题进行抽象、分解、建模，通过设计算法形成解决方案，合作设计并解决实际问题。

2. 学习目标

（1）计算思维：能用自然语言、流程图等方式描述算法。通过生活情境问题，了解人工智能算法的特征和效率。知道解决同一个问题可能会有多种方法，认识到采用不同方法解决同一个问题时可能存在时间效率上的差别。

（2）信息意识：通过硬件搭建和软件编程，亲历设计与实现简单智能系统，激发兴趣，增强信息意识，提升创新能力。

（3）数字化学习与创新：在作品的创作过程中，利用恰当的数字设备设计方案、描述创作步骤，在反思与交流过程中，对作品进行表述、融合、迭代、创新。

（4）信息社会责任：通过参与项目式主题活动，学会解决问题的方法与思路，在项目活动中主动担当、协作，分享成果，提升高阶思维与创新实践能力，增强利用智能技术服务人类发展的责任感。

**（三）课程设置**

（1）修习方式：选修。

（2）选课对象：四、五年级学生，人数25人以内。

（3）课时设置：16课时。

（4）评价设置：等级制评价（以星级评价为主）。

**（四）课程实施**

人工智能校本课程的实施安排见表4-6。

**表 4-6 人工智能编程校本课程实施安排**

| 单元 | 活动主题 | 课时预设 | 实施场所 | 目标 |
|---|---|---|---|---|
| 初识人工智能 | 文字朗读 | 1课时 | 人工智能活动室 | 认识文字朗读智能插件 |
| | 百度语音识别 | 1课时 | 人工智能活动室 | 会使用百度大脑语音插件，并能通过语音控制小猫 |
| | 人脸识别 | 1课时 | 人工智能活动室 | 根据人脸的生物属性识别，将识别点进行标定，把位置反馈回来 |
| 悟空机器人 | "悟空"来了 | 1课时 | 人工智能活动室 | 初识"悟空"动作设置；会进行"悟空"跳舞表演编程 |
| | "工程狮"登场 | 1课时 | 人工智能活动室 | 认识 Ucode |
| | 人脸识别解锁 | 1课时 | 人工智能活动室 | 利用"悟空"的高清摄像头进行人脸识别 |
| | "悟空"听我的 | 1课时 | 人工智能活动室 | "悟空"编程模块的使用 |
| | 生日快乐 | 1课时 | 人工智能活动室 | 用倒计时功能，"悟空"表演生日快乐歌 |
| 未来之家 | 智慧花园 | 1课时 | 人工智能活动室 | 掌握舵机、声音传感器等用法 |
| | 智能晾衣架 | 1课时 | 人工智能活动室 | 视频侦测，通过截取当前视频的图片，和之前的进行对比，检测画面是否有变化 |
| | 垃圾分类 | 1课时 | 人工智能活动室 | 掌握条件语句及和语句的用法 |
| | 语音风扇 | 1课时 | 人工智能活动室 | 使用舵机轮模式，"悟空"控制开、关风扇 |
| | 人脸识别智能家门 | 1课时 | 人工智能活动室 | 使用舵机角模式，人脸识别 |
| | 智能家居联网 | 1课时 | 人工智能活动室 | 将智能家居串联在一个网络内，"悟空"统一指挥 |
| 项目展示交流 | 项目展示交流 | 2课时 | 人工智能活动室 | 能够流畅地分享小组创意，提升批判思维能力 |

**（五）实施要求**

教师能力：人工智能编程校本课程的开发与实施，对教师的专业发展提出了更高的要求，因此，教师应不断提升研究课程、开发课程的能力，保障人工智能编程校本课程常态、有效地实施。

课程素养：课程的开发——大单元设计、资源统整，就是让学生做中学、用中学、创中学，在项目式活动中感受课程的魅力，激发学习热情。让学生学会合作、学会探究，提升他们发现问题、解决问题的综合能力。

教学准备：资料、学具、学习支架。

成立课程研发团队：由信息科技专业教师组成的课程研究小组，认真研读国家课程教材，确定人工智能编程校本课程的目标定位，通过年级调研的方式进行学生认知需求的评估。学校结合课程目标及需求评估，以"初始人工智能、悟空机器人、未来之家"三大模块进行课程开发，完成人工智能编程校本课程学本的创编，保障课程实施。

**（六）实施策略**

1. 自主组织比赛策略

学生能够围绕赛事规则，发挥小组合作优势，自行组织小型比赛活动。教师为学生提供比赛视频，随机调整学生分组，提供比赛中应有的各项规则。在学生策划及比赛过程中，教师及时观察、记录比赛规则的落实情况，并做好安全方面的准备。

2. 实践探究策略

教师在学生已有的学科知识基础上，立足已有学本支撑，以项目化学习方式，组织学生分组、选题、制订计划，设计探究支架。

3. 项目化学习策略

项目化学习是契合新课程理念，适合中小学生的重要学习方式，通过探究学习、综合学习、实践学习等方式培育学生的核心素养。教师根据课程进度和具体活动安排，按照"策划和入项—实践探究—汇报与评估"三个阶段，组织学生开展项目实践，合作学习；为学生提供适合儿童使用的、适合儿童探究的学习支架，集中组织项目论证和评估两个关键环节；倡导学生自主管理学习资料和探究结果。

### （七）课程评价

对课程的评价（表 4-7）要注重考查学生各方面的素质，培养学生的创新意识和创新才能。对学生的评价注重校本课程的参与性，将学生的项目选定、规划设计、活动探究、项目实施和成果交流等参与情况作为评价的重要指标。

表 4-7　人工智能编程学习评价量表

| 评价要素 | 指标描述 | | | 评价方式与结果 |
|---|---|---|---|---|
| | ☆☆☆ | ☆☆ | ☆ | |
| 选定项目 | 能观察生活，确立恰当的项目选题，形成对信息的敏感度和信息价值的判断力 | 能观察生活，确立较适合的项目选题 | 不能明确主题 | 自评：<br>互评：<br>师评： |
| 规划设计 | 能够组建小组，合理规划项目与交流方案，明确项目任务，体现正确的信息社会责任意识 | 能够组建小组，合理规划项目与交流方案，组员之间的任务分工不是很明确 | 没有进行合适的规划设计 | 自评：<br>互评：<br>师评： |
| 活动探究 | 能够通过小组合作，围绕项目进行自主、协作学习，开展探究活动，提升信息获取、处理与应用、创新能力 | 能够通过小组合作，围绕项目进行自主、协作学习，但是小组成员之间的配合能力有待提升 | 没有开展小组合作探究活动 | 自评：<br>互评：<br>师评： |
| 项目实施 | 能够对给定的任务进行分解，明确需要解决的关键问题，较好地完成方案中的预设目标，在形成问题解决方案的过程中产生一系列思维活动 | 能够对给定的任务进行分解，明确需要解决的关键问题，大体完成方案中的预设目标 | 没有达成项目预设目标 | 自评：<br>互评：<br>师评： |
| 成果交流 | 能够与小组成员共享成果与分享快乐，提升批判性思维能力与信息社会责任感 | 能够与小组成员分享交流，批判性思维能力不足 | 不能流畅地进行成果交流 | 自评：<br>互评：<br>师评： |
| 综评等级 | | | | |
| 注：12星及以上，最终等级为A；12星以下，9星及以上，最终等级为B；其他为C | | | | |

# 第四节　课程实施与评价

## 一、课堂教学模式

依托学校"人文"课堂"初探预学（聚焦发现问题、提出问题）—深度建构（重在解决问题、构建模型）—评价反思（侧重拓展应用、迁移创造）"的教学模式，借助助学单激发学生的主体意识，让学生在参与中学习，在合作中创新，提高学生学习的主动性、思维力和创造力。

课前初探预学：上课前聚焦学生对新知识学习的困惑，让学生借助助学单自主探究，发现并提出问题，以问题激活学生的元认知，激发学生的想象力与思维。

课中深度建构：课堂上聚焦单元结构化教学策略。学生小组合作交流，动手操作，共同研究，思想互相碰撞。在此基础上，教师以问诱思，以问启智，建立知识间的内在关联，重在引导学生运用知识与方法合作解决问题，从而构建模型。

课末评价反思：聚焦学生对于核心知识的深度理解和实践创新，将研究的问题延伸迁移，并在迁移运用中内化知识、创新创造。

## 二、数学四上第四单元"认识多边形"单元教学方案

单元名称：认识多边形。

学科（领域）：数学（图形与几何）。

单元总课时：5 课时。

年级：小学四年级。

班额：45 人。

课程类型：国家课程。

设计者：林凌燕、刘美妤、潘炜、宋涛、徐琳。

### （一）课标分析

1. 学段内容

（1）通过观察、操作，认识平行四边形、梯形。

（2）认识三角形，通过观察、操作，了解三角形两边之和大于第三边、三角形内角和是180°。

（3）认识等腰三角形、等边三角形、直角三角形、锐角三角形、钝角三角形。

2. 学段目标及具体要求

《义务教育数学课程标准（2022年版）》第三学段对本单元的学习要求如下。

（1）认识常见的平面图形，探索一些图形的形状、大小和位置关系，了解一些几何体和平面图形的基本特征，掌握测量、识图和画图的基本方法。形成量感、空间观念和初步的几何直观。

（2）尝试在真实的情境中发现和提出问题，探索运用基本的数量关系，以及几何直观、逻辑推理和其他学科知识、方法分析与解决问题，形成模型意识和初步的应用意识、创新意识。

（3）对数学具有好奇心和求知欲，主动参与数学学习活动。在解决问题的过程中，体验成功的乐趣，相信自己能够学好数学，感受数学的价值，体验并欣赏数学美。初步养成认真勤奋、独立思考、合作交流、反思质疑的习惯。

3. 解读分析

根据以上《义务教育数学课程标准（2022年版）》第三学段关于"图形与几何"部分具体要求，"认识多边形"单元要让学生充分经历探索、观察、实验、猜想、验证的过程，发现图形的特征、三角形三边以及内角和特征，形成空间观念和初步的几何直观。在探究过程中要借助真实情境，运用助学单等探究支架进行有条理的思考，清楚地表达自己的思考过程与结果，体会数学特有的理性和严谨，激发学生强烈的求知欲望和探索精神。

**（二）教材分析**

1. 主题单元结构分析（纵向结构化分析）

本单元是在学生经历了"图形的认识"生活直观阶段和分析过渡阶段之后，处于理性思考阶段，也是今后进一步学习"图形与几何"知识的基础。

生活直观阶段：学生按照具体物品的外观识别几何图形，通过直观辨认和感知形成初步的空间观念。但在这个阶段，学生不能意识到图形的性质。

分析过渡阶段：学生能够通过图形的性质来描述图形并能确定图形的特征，逐步形成空间观念。然而在这个阶段，学生看不出图形之间的关系。

理性思考阶段：学生能形成抽象的定义，在认识图形特征的同时，理解图形之间的关系，发展空间观念、量感和几何直观。

综合应用、建立联系阶段：学生能根据定义、性质等进行形式推理，从感性上升为理性。

抽象认知阶段：学生即便没有参照模型，也能进行研究、推理，逐步形成推理能力。

"图形与几何"部分纵向结构化分布见图4-2。

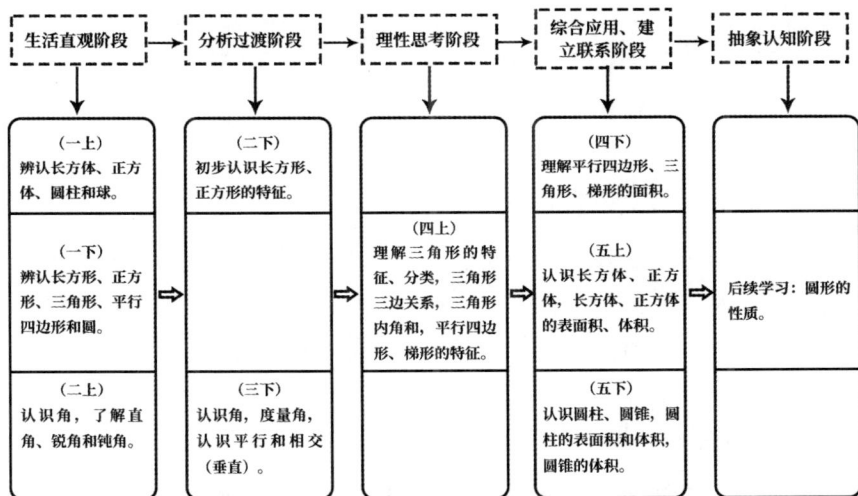

图4-2 "图形与几何"部分纵向结构化分布

### 2. 自然单元内容分析（横向结构化分析）

本单元安排了三个信息窗。第一个信息窗引出三角形，让学生借助拼搭成的多边形研究三角形的特征；通过自己的拼搭和观察理解三角形的意义，明确三角形的边、角、顶点的名称及数量，认识三角形的底和高，学会高的画法并探究三角形的分类。第二个信息窗引入对三角形三边关系的研究，继而展开对三角形的内角和的研究。第三个信息窗引出平行四边形和梯形，带领学生深入研究平行四边形和梯形的特征。

依据教学实际，"三角形的认识"包含三角形的特性、认识，为本单元种子课。学生通过本课时习得的学习经验，可以自主迁移到平行四边形、梯形的认识中，因此平行四边形、梯形的认识安排一个课时。"三角形的三边关系"

和"三角形的内角和"既是本单元的重点内容，也是难点内容。其中包含猜想、探究、验证、分析结果、得出结论等数学探究的基本过程。因此，这两项内容各安排一个课时。

按照知识点整合并重新划分为以下五个课时及内容（图4-3）。

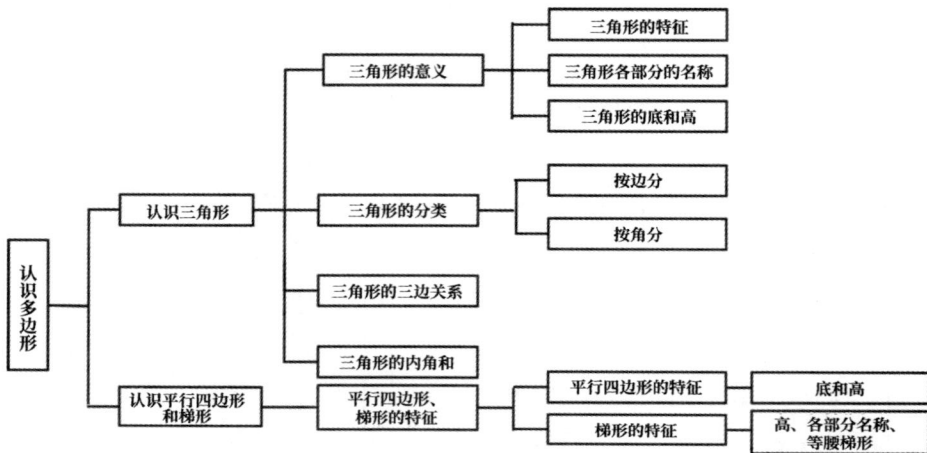

图4-3　"认识多边形"单元课时重构

### （三）学情分析

三角形、平行四边形、梯形的知识是图形与几何领域中的重要内容，学生们在生活中经常接触到这些图形，对这些图形已经有了较多的感知经验。为了更客观地了解学生的真实学情，在本单元内容学习之前，教师进行了课前访谈及问卷星调查，从认知基础、认知特点、生活经验等方面进行分析，以具体、明确的问题更加了解学生，为教学目标的设定提供合理依据，保证课程有效实施。

（1）认知基础：学生认识了长方形、正方形；认识了平行、相交与垂直；认识角，会度量角；对三角形、平行四边形和梯形有直观认识。

（2）认知特点：学生能够通过图形特征认识几何图形，处于从描述、分析到抽象、关联的阶段。

（3）生活经验：学生在生活中对三角形、平行四边形和梯形已经有了较多的感知经验，只是这些经验是感性的。

教师分析发现以下五点：

（1）学生对多边形的外观特征有很强的直观认识和感知，知道图形各部分的名称，能够发现部分三角形、平行四边形和梯形的特征，但很难用数学语言准确概括出定义，习惯于用特征取代定义。

（2）学生对图形相关知识缺乏深入了解，特别是对图形的高及三角形三边关系和三角形内角和，没有形成系统的知识框架。

（3）对三角形三边关系仅有53%的学生掌握，其他学生仅仅知道三角形是由三条线段组成，没有意识到三角形三条线段长度的关系。

（4）学生对多边形高的定义理解不够深刻。部分学生能够借助已有知识找出锐角三角形水平方向上的高，对于另外两个方向上的高及直角和钝角三角形的高都不了解。对于平行四边形的高仅有58%的学生理解，说明学生并没有真正理解高的概念。

（5）有68%的学生知道三角形内角和是180°，但部分学生对此没有深入理解，12.1%的学生不理解三角形的"内角"和"内角和"所指的是什么。

因此，在设计课堂教学活动时，要创设多种感官参与活动，调动学生自主探索的积极性，优化单元知识结构，强化知识之间的内在联系，注重渗透学习方法，让学生掌握研究图形特征的一般策略。在整体视角下，使学习内容结构化、系统化。

### （四）单元学习主题

本单元"认识多边形"学习的要求主要有两方面：一是对平面图形自身特征的认识，二是对图形各元素之间、图形与图形之间关系的认识。对图形自身的认识，是进一步研究图形的基础。例如，本单元中认识三角形，认识等腰三角形、等边三角形、直角三角形、锐角三角形、钝角三角形、三角形内角和是180°等都是对图形特征的认识。对图形各元素之间、图形与图形之间关系的认识，主要包括大小、位置、形状之间关系的认识。例如，本单元中体会高是直线外一点到这条直线的最短距离，认识等腰三角形和等边三角形的关系，对其他多边形可以分割成三角形来求内角和，这些都是对图形关系的认识。

根据以上要求，在整个单元学习中，应该鼓励学生在操作中想象、推理和创造，初步获得对图形特征、图形与图形关系的感知，积累认识图形的研究经验，发展空间观念和推理能力。因此，确定本单元的学习主题是"丰盈图形表象，充实数学经验，培养空间观念"。

**（五）学习目标**

（1）经历从具体物体中抽象出三角形平行四边形和梯形的过程。通过观察、操作，认识三角形、平行四边形和梯形，发现它们之间的联系，进一步发展空间观念。

（2）了解三角形、四边形的分类情况，探索三角形三边之间的关系和三角形的内角和，在观察、操作、验证等学习活动中，体验数学思考与探究的乐趣，激发学习数学的兴趣。

（3）经历与他人合作、交流、解决问题的过程，尝试解释自己的思考过程。能发现、提出并解决问题，在探索和交流中，体会解决问题策略的多样化。能回顾解决问题的过程，初步判断结果的合理性。

（4）感受数学语言表达的简洁性，体验数学的应用价值。在解决实际问题的过程中，培养爱国家、爱数学的意识，形成自主探索与合作的意识和能力。

**（六）学习重点、难点**

1. 学习重点

（1）学习三角形、平行四边形和梯形的特征。

（2）进行三角形三边关系、内角和的探索及应用。

2. 学习难点

（1）根据图形的特征按一定的标准进行分类，归纳图形之间的关系。

（2）进行三角形三边关系、三角形内角和的探索。

**（七）评价设计**

1. 评价框架

从学习兴趣、学习习惯、学业成果三个维度设计单元评价内容和观测点，构成评价框架（表4-8）。

表4-8　评价框架表

| 评价维度 | | 评价内容 | 评价方式 |
|---|---|---|---|
| 学习兴趣 | 活动兴趣 | 在探究三角形、平行四边形、梯形特征的过程中乐于思考、实践 | 日常观察过程记录表现性任务 |
| | 阅读兴趣 | 积极阅读有关多边形的数学资料，查找多边形特性、三角形三边关系以及内角和等相关研究资料，帮助自己深入理解 | |

| 评价维度 | | 评价内容 | 评价方式 |
|---|---|---|---|
| 学习兴趣 | 探究兴趣 | 探究多边形特征时，积极动脑筋、想方法，乐于和他人合作完成探究任务 | 日常观察<br>过程记录<br>表现性任务 |
| 学习习惯 | 听说习惯 | 1. 在探究多边形特征及关系的课堂学习中，听清老师的要求，认真倾听他人的表达 | 日常观察<br>作业<br>检测分析<br>过程记录 |
| | | 2. 用数学语言表达关于三角形三边关系、内角和的思考或探究的结果 | |
| | 操作习惯 | 1. 按要求取用、摆放三角形、平行四边形、梯形框架学具 | |
| | | 2. 按要求自行准备三角形三边关系、三角形内角和学具，课堂上按照操作步骤完成探究 | |
| | 练习习惯 | 1. 按时完成多边形的认识的相关练习 | |
| | | 2. 在画三角形、平行四边形、梯形高的时候能用三角板规范画高 | |
| | | 3. 练习专注度高，做完练习，自觉检验、改错 | |
| 学业成果 | 特征掌握 | 1. 熟练地说出三角形、平行四边形、梯形的特征，准确地找到对应的底和高、画高 | 课堂记录<br>作业<br>检测分析<br>表现性任务 |
| | | 2. 能根据四边形的特点，在给出的一组图形中识别平行四边形、梯形（等腰梯形） | |
| | 概念理解 | 1. 运用三角形的稳定性解释生活现象，解决实际问题 | |
| | | 2. 会按照不同的标准给三角形分类，并说明分类依据和结果 | |
| | 简单应用 | 1. 根据教师提供的三条线段的长度，判断其是否能围成三角形；根据三角形已知的两条边长，判断第三条边的取值范围 | |
| | | 2. 已知三角形两个内角的度数，求出三角形第三个角的度数，并判断三角形的类型 | |

2. 评价实施

（1）学习兴趣：主要从活动兴趣、阅读兴趣、探究兴趣三个方面进行评价（表4-9），每课时通过自评和小组互评，进行等级评价。

表4-9 "认识多边形"单元学习兴趣评价标准

| 学习兴趣 | 评价标准 | | |
| --- | --- | --- | --- |
| | A | B | C |
| 活动兴趣 | 对活动充满兴趣，能积极参与、动手实践 | 愿意进行操作、思考与探究 | 不能主动投入，需要在组内同学带动下进行探究 |
| 阅读兴趣 | 在课前初探、课后延探中，能够积极阅读相关研究资料，深入理解 | 能在老师布置任务的前提下，去主动进行相关阅读 | 需要在组内同学的带动下被动阅读 |
| 探究兴趣 | 探究特征时，很积极地动脑筋、动手操作，带领组员操作 | 愿意和组内同学探究图形的特征 | 对探究图形特征不感兴趣 |

（2）学习习惯：主要从听说习惯、操作习惯、练习习惯三个方面进行评价（表4-10），采用课堂学生自评、小组互评、教师作业评价进行等级评价。

表4-10 "认识多边形"单元学习习惯评价标准

| 学习习惯 | 评价标准 | | |
| --- | --- | --- | --- |
| | A | B | C |
| 听说习惯 | 专注倾听老师、同学的表达，用准确的数学语言条理清楚地表达思考或探究结果 | 认真倾听，基本能用数学语言表达思考或探究结果 | 不能专注倾听，语言表达不连贯 |
| 操作习惯 | 课堂上严格按照操作步骤进行学具操作，准备充分，操作流畅 | 能按要求去摆放学具，操作步骤基本准确 | 操作流程不规范，步骤不清晰 |
| 练习习惯 | 准确规范进行画图操作，练习专注度高，做完练习自觉检验 | 画图操作准确，能按要求进行练习、检查、订正 | 画图不规范，不能主动进行检验和改错 |

（3）学业成果：主要从特征掌握、概念理解、简单应用三方面进行评价（评价标准见表 4-11），主要采用课堂观察、作业分析、检测分析（含课堂小测、单元检测、单元二测）的方式，由教师在单元学习结束前完成评价。

表 4-11 "认识多边形"单元学业成果评价标准

| 学业成果 | 评价标准 | | |
| --- | --- | --- | --- |
| | A | B | C |
| 特征掌握 | 熟练、正确地说出图形的特征，在练习中准确识别图形 | 对图形特征表述正确，练习中能够识别图形 | 对图形特征表述不全面，识别不够准确 |
| 概念理解 | 能够按不同标准准确地进行三角形的分类，灵活运用三角形的特征解释生活现象 | 能够对三角形进行分类，理解三角形的特性在生活中的运用 | 对三角形的分类标准不清晰，不能灵活运用知识来解决实际问题 |
| 简单应用 | 灵活判断三角形的三边关系，利用三角形的内角和求第三角的度数，准确判断三角形的类型 | 能够判断三条线段能否围成三角形，准确计算三角形第三角的度数 | 不能准确判断三角形三边关系，内角和的运用不够准确 |

3. 评价结果解释与运用

（1）学生层面：提供关于表现状况的具体反馈，使学生了解自己的学习状态和结果，以激发学习动力，调整下一步学习方向。

（2）教师层面：基于评价结果对教学决策进行自我反馈，对照学习目标，依据评价数据，检验教学目标达成度，并确定下一步教学走向，思考教学策略是否需要调整，以及如何进行调整，为教学决策提供支持。

**（八）学与教活动设计**

教学内容与课时安排见表 4-12。单元学与教活动见表 4-13。

表 4-12 "多边形的认识"教学内容与课时安排

| 单元教学内容 | 学习内容和任务 | 课时安排 |
| --- | --- | --- |
| 三角形的特性 | 探究三角形的稳定性 | 认识三角形 1 课时 |
| 三角形的认识 | 探究三角形底和高及高的画法 | |
| 三角形的分类 | 讨论三角形分类情况（按边、按角分） | 三角形的分类 1 课时 |

续表

| 单元教学内容 | 学习内容和任务 | 课时安排 |
|---|---|---|
| 三角形的三边关系 | 探究三角形的三边关系特点 | 三角形的三边关系1课时 |
| 三角形的内角和 | 探究三角形的内角和 | 三角形的内角和1课时 |
| 平行四边形的认识 | 探究平行四边形的特征，找到相应的低和高，画高 | 平行四边形和梯形的认识 |
| 梯形的认识 | 探究梯形的特征，认识各部分的名称，会画高，认识等腰梯形 | 1课时 |

表4-13　单元学与教活动

| 活动名称 | 活动目标 | 情境设置 | 活动任务 | 活动方式 | 活动性质 | 活动水平 |
|---|---|---|---|---|---|---|
| 1. 生活中的三角形 | 通过拼摆、推拉，发现三角形不易变形，具有稳定性，并解释生活中运用三角形稳定性的现象 | 木匠师傅在修理桌椅时，常常在桌子或椅子腿之间斜着钉一根木条。这是为什么？ | 1. 通过活动感知三角形的特性，直观比较为什么自行车架、埃菲尔铁塔、胡夫金字塔都要设计成三角形<br>2. 利用学具拼插成不同的三角形、四边形、五边形，拉动，对比发现三角形的特征<br>3. 观察一下我们的生活，三角形的稳定性还有哪些具体的应用呢？你能说说其中的设计原理吗？ | 独立操作<br><br>组内交流<br><br>集体分享 | 感知体验<br><br>探究发现 | 探究性理解 |
| 2. 三角形的认识 | 通过画三角形，发现三角形的特征； | 观察这些三角形，思考为什么都要设计成三角 | 1. 自主绘制三角形，说说各部分的名称<br>2. 反例判断：这是不是三角形？为什么？用自己的话说说什么是三角形 | 小组合作<br><br>集体分享 | 感知体验<br><br>探究发现 | 解释性理解 |

| 活动名称 | 活动目标 | 情境设置 | 活动任务 | 活动方式 | 活动性质 | 活动水平 |
|---|---|---|---|---|---|---|
| 2. 三角形的认识 | 通过助学单探究三角形高的画法 | 形? 三角形背后有什么奥秘? | 3. 小组合作探究三角形的高<br>4. 交流总结高的画法，交流，对比，矫正 | 小组合作<br><br>集体分享 | 感知体验<br>探究发现 | 解释性理解 |
| 3. 给三角形分分类 | 调动学生的思维，让学生自主探究三角形的分类 | 从图片中找出三角形。观察这些三角形，你有什么感受? 为了便于区分，需要给它们分分类 | 1. 三角形分类的标准是什么?<br>拿出准备好的不同的三角形纸片。你准备按什么标准进行分类?<br>2. 怎样按角给三角形分类? 分成几类?<br>同桌合作，对三角形纸片进行分类。交流中认识锐角三角形、直角三角形、钝角三角形<br>3. 怎样按边给三角形分类?<br>等腰三角形和等边三角形之间有什么联系? | 小组合作<br><br>集体分享 | 感知体验<br>探究发现 | 解释性理解 |
| 4. 任意3根小棒，能否围成三角形 | 通过拼摆、猜想、验证，探究三角形三边之间的关系 | 春天是放风筝的季节，同学们喜欢放风筝吗? 如果自己亲手做一只风筝，就会有不 | 1. 小组合作探究，准备标有长度的小棒，任意摆三角形<br>2. 谁围成了三角形? 谁没有围成三角形?<br>从不能围成三角形的入手，研究围不成的原因 | 小组合作<br><br>集体分享 | 理解运用<br>探究发现 | 探究性理解 |

续表

| 活动名称 | 活动目标 | 情境设置 | 活动任务 | 活动方式 | 活动性质 | 活动水平 |
|---|---|---|---|---|---|---|
| 4. 任意3根小棒，能否围成三角形 | 通过拼摆、猜想、验证，探究三角形三边之间的关系 | 同的意义了。明明和丽丽在做风筝，为什么都是三根小棒，有的能围成一个三角形，有的不能够围成一个三角形呢？这里面隐藏着什么秘密？ | 3. 通过能围成三角形的例子来验证：什么样的三根小棒能围成三角形？（三角形的三条边之间有什么关系？）<br>4. 两条线段之和等于第三条线段，能否围成三角形呢？说说理由 | 小组合作<br>集体分享 | 理解运用<br>探究发现 | 探究性理解 |
| 5. 探究三角形三个内角的度数和 | 通过猜想、动手操作验证，发现三角形内角和为180°，经历探索过程，积累数学活动经验 | 三个三角形吵了起来，一个大的直角三角形说："我的个头大，我的内角和一定比你们的大。"一个钝角三角形 | 1. 任选一种三角形，想办法求出它的三个角的度数和<br>2. 交流量、折、拼等不同方法，猜想，验证，归纳三角形内角和 | 小组合作<br>集体分享 | 探究发现 | 探究性理解 |

156

续表

| 活动名称 | 活动目标 | 情境设置 | 活动任务 | 活动方式 | 活动性质 | 活动水平 |
|---|---|---|---|---|---|---|
| 5. 探究三角形三个内角的度数和 | 通过猜想、动手操作验证，发现三角形内角和为180°，经历探索过程，积累数学活动经验 | 说："我有一个钝角，我的内角和才是最大的。"一个小的锐角三角形很委屈地说："是这样吗？"它们谁是对的？ | 3. 一把三角尺的内角和是180°，用两把完全一样的三角尺拼成一个三角形，这个三角形的内角和是360°吗？返回课堂伊始的故事情境：这时谁能说说他们谁是对的？为什么？4. 为什么任意三角形的内角和都是180°？几何画板揭露奥秘 | 小组合作集体分享 | 探究发现 | 探究性理解 |
| 6. 生活中的平行四边形 | 借助经验，迁移研究平行四边形边和角的特征 | 小明搬到新家，邀请我们去参观一下。仔细观察，你发现了 | 1. 想一想，我们研究长方形、正方形、三角形时，是从哪些方面开展研究的？2. 出示一个长方形木框，用两只手捏住长方形的两个对角，向相反方向拉。引导学生观察两组对边有什么变化，拉成了什么图形，什么没有变？3. 什么是平行四边形的高呢？怎样画平行四边形的高？回顾三角形高的画法。 | 小组合作集体分享 | 感知体验探究发现 | 有意义识记 |

续表

| 活动名称 | 活动目标 | 情境设置 | 活动任务 | 活动方式 | 活动性质 | 活动水平 |
|---|---|---|---|---|---|---|
| 6. 生活中的平行四边形 | 借助经验，迁移研究平行四边形边和角的特征 | 什么图形，它们都有什么特征？ | 这条底边上有多少条高？它们之间有什么关系？ | 小组合作<br><br>集体分享 | 感知体验<br><br>探究发现 | 有意义识记 |
| 7. 生活中的梯形 | 在操作、探索中认识梯形的基本特征 | 这是什么图形？它有什么特征？ | 1. 根据平行四边形的研究经验，我们可以从哪几个方面研究梯形的特征？<br>小组合作交流：梯形底边有什么特点？角有什么特点？什么是梯形的高？怎样画？梯形有多少条高？它们之间有什么关系？<br>2. 什么是等腰梯形？有什么特点？梯形和等腰梯形的关系如何？<br>3. 研究四边形、平行四边形、长方形、正方形和梯形的关系 | 小组合作<br><br>集体分享 | 感知体验<br><br>探究发现 | 有意义识记 |

**（九）单元作业设计**

1. "悦"思考，我会填

（1）人们在建筑房屋时，常常把屋脊建成三角形，这是利用了三角形具有（　　　　），在大门口安装伸缩门，是利用了平行四边形（　　　　）的特点。

（2）爸爸给小红买了一个等腰三角形的风筝，风筝的底角是30°，顶角是（　　　　）。

（3）李伯伯家有一块等腰梯形的菜园，要在菜园的边上围篱笆。篱笆的总长度是 28 米，菜园的上底与下底的和是 16 米，一条腰长（　　　）米。

（4）下面是三块三角形的玻璃打碎后留下的碎片，它们原来分别是什么三角形？

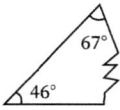　　　　

（　　　）三角形　　　　（　　　）三角形　　　　（　　　）三角形

（5）一根吸管长 14 厘米，剪成 3 段（取整厘米），用线串成一个三角形。还可以怎样剪？

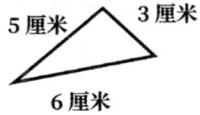

2. "悦"思考，我会判

（1）用 3 根同样长的小棒不能围成三角形。　　　　　　　　　　（　　）

（2）把一个长方形框架拉成平行四边形，周长不变。　　　　　　（　　）

（3）只有一组对边平行的四边形叫做梯形，它有无数条高。　　　（　　）

3. "悦"思考，我会辨

（1）等腰三角形的两条边长度分别是 5 厘米和 7 厘米，这个等腰三角形的周长是（　　　　）。

① 17 厘米　　　　　② 19 厘米　　　　　③ 17 厘米或 19 厘米

（2）下面四位同学的说法中，正确的是（　　　　）。

①等腰三角形一定是锐角三角形

②三角形任意两边之和大于第三边

③三角形 3 个内角度数和等于一个周角的度数

④两个三角形能拼成一个平行四边形

（3）三角形中有一个角是 78°，另外两个角可能是（　　　　）。

① 90° 和 12°　　　　② 83° 和 65°　　　　③ 55° 和 67°

（4）在三角形 ABC 中，一个锐角是 30°，把这个锐角剪掉之后，剩下图形的内角和是（　　　　）。

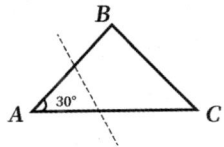

① 150°　　　　② 210°　　　　③ 360°

4. "悦"思考，我会画

5. "悦"思考，我会做

（1）明明的身高是 160 厘米，腿长 75 厘米，明明说自己一步能迈 2 米，你认为明明说得对吗？请说明理由。

我的想法：_____

（2）丫丫买了一条红领巾（等腰三角形），它的一个角是 120°，它的另外两个角分别是多少度？

我的想法：_____

6. "悦"思考，我会拼

同学们，你们玩过七巧板吗？七巧板是由 7 块板组成的，完整图案为一个正形，包括 5 块等腰直角三角形板（2 块小型三角形板、1 块中型三角形板和 2 块大型三角形板）、1 块正方形板和 1 块平行四边形板。七巧板是我国古代劳动人民的发明，其历史至少可以追溯到公元前一世纪，到了明代基本定型。明、清两代在民间广泛流传。用这 7 块板可拼成许多图形（1600 种以上），如三角形、平行四边形、不规则多边形，也可以把它拼成各种人物、动物、桥、房、塔等，也可以是一些中、英文字母。课后请你尝试制作出一副七巧板，并且拼出你喜欢的图案，让我们勇敢挑战自我吧！

7. 单元跨学科项目化学习

（1）项目简介：风筝是春天的使者，"儿童散学归来早，忙趁东风放纸鸢"。春季，正是放风筝的季节。本项目围绕"怎样让风筝飞得更高？"这一问题，引导学生通过研究风筝的历史、风筝的制作、风筝的放飞、风筝的文化，探究风筝中的学问。在用学科知识解决问题的同时，激发学生在生活中发现问题、解决问题，并且创造美、分享美、享受美的能力，赋予学生创造力与学习力。

项目涉及学科：数学、科学、美术、语文、综合实践、音乐。

（2）驱动性问题：同学们，春天是放风筝的季节，请你设计一个自己喜欢的风筝，让风筝飞得更高。

（3）学习目标如下。

①通过探寻风筝的文化，了解风筝的起源、发展、寓意，激发学生对民间艺术的热爱。

②通过自主探究、小组合作开展风筝的制作活动，运用图形的特征、三角形的稳定性等数学知识，设计并制作出稳固、结实的风筝支架。

③通过研究如何让风筝"趁风飞行"，发现风筝起飞的科学原理，激发学生探究科学的兴趣。

④运用国画知识，设计自己喜欢的图案，培养学生创造美、分享美、享受美的能力。

⑤围绕风筝进行品读诗词、歌曲欣赏，创作与风筝有关的诗歌、歌曲，运用语言文字、乐谱，对学生进行语言素养的沉淀和美的熏陶。

（4）项目具体实施。

任务一：怎样让风筝飞得更高？

①任务目标：通过讨论，确定要从哪几方面开展该项目学习，并进行合理分组及分工。

②核心问题：怎样让风筝飞得更高？

③活动安排：

活动一：我们可以从哪些方面研究风筝的学问？

活动二：从风筝的历史、风筝的制作、风筝的放飞、风筝的文化四方面进行分组研究，确定研究步骤。

任务二：风筝的起源和发展。

①任务目标：调查风筝的历史文化。

②核心问题：你知道风筝是怎样产生的吗？它有哪些寓意？

③活动安排：

活动一：小组商讨调查方案。

活动二：将调查结果制作成风筝文化长卷。

任务三：怎样制作风筝？

①任务目标：通过上网调查、访谈风筝制作人等方式，学习风筝的制作步骤和方法。

②核心问题：风筝由哪几部分组成？怎样制作风筝的支架？

③活动安排:

活动一: 设计简单的风筝结构图。

活动二: 小组合作制作风筝支架。

任务四: 风筝图案有什么特征?

①任务目标: 通过上网调查、访谈等方式, 了解风筝图案的寓意和分类, 设计自己的风筝图案。

②核心问题: 风筝图案有什么特点?

③活动安排:

活动一: 了解风筝图案及寓意。

活动二: 结合国画, 画出自己的风筝图案。

任务五: 怎样让风筝"趁风"飞行?

①任务目标: 探究风筝飞翔的原理和技巧, 了解风筝飞起来的科学原理。

②核心问题: 怎样让风筝"趁风"飞行?

③活动安排:

活动一: 风筝是怎么飞起来的?

活动二: 怎样让风筝飞得更高?

任务六: 创编与风筝有关的诗歌、歌曲。

①任务目标: 欣赏与风筝有关的诗歌、歌曲, 创编诗歌、歌曲。

②核心问题: 从古至今, 有哪些赞颂风筝的诗歌、歌曲?

③活动安排:

活动一: 搜集、欣赏与风筝有关的诗歌、歌曲。

活动二: 自主创编。

### 三、人工智能编程校本课程第一单元"认识人工智能"第3课时教学设计

#### (一)课程主题与课型

课程主题: 人脸识别。

课型: 理论课、软件设计课、硬件拼搭课、项目设计课。

#### (二)学习目标

(1)了解机器识别人脸的原理。

(2)初步体验人脸识别。

(3)理解特征点对机器识别人脸的作用, 能用程序画出五官图。

（4）思考人脸识别技术在校园生活中的应用场景。

（5）感受智能技术给生活和学习带来的影响，进一步激发学生的学习兴趣，提升其创新意识和探究思维。

**（三）教学评价**

（1）通过观看微视频，说一说机器识别人脸的原理。

（2）通过 Kittenblock 软件中 Machine Learning 模块 Face API 中积木的运用初步体验人脸识别。

（3）观察并提取同桌的面部特征，感受五官对人眼识别人脸的重要性；体验用 Face API 中积木编写程序画出五官。

（4）小组讨论，探讨人脸识别在校园生活中的应用场景。

**（四）教学设计**

1. 情境创设

教师引导：人工智能时代已经到来，我们能靠"刷脸"来快捷、方便地学习、工作、生活了，人脸识别技术在我们的生活中随处可见，应用也很广泛。说说生活中你见过哪些人脸识别技术？

学生交流：手机可以用"刷脸"代替输密码，网上银行转账需要"刷脸"，学校门卫处的安保系统可以"刷脸"等。

教师小结：人脸识别技术确实方便了我们的生活，提高了效率。

2. 基础探究

教师提出问题：在一张照片中你怎样找到熟悉的人？怎么确认他们的呢？如果是机器，它又会怎么认出一个人？

学生交流。

活动一：了解人脸识别原理。

教师引导：现在，我们通过一个小视频，来简单了解一下人脸识别的原理。

学生带着问题观看视频。

学生交流：机器如何进行人脸识别。

教师小结：人脸检测在 Face API 的插件中，Face API 的人脸检测是基于网络云端完成人脸检测、识别和特征点检测任务的插件。

活动二：体验 Face API 人脸识别。

教师出示活动要求：打开 Kittenblock 软件，找到 Machine Learning

模块。运用指令编写程序来监测摄像头拍到了几张人脸，看他们的表情是什么样的。

尝试并思考：序号从 0 开始。如果镜头中有两张人脸，到底哪个是序号 0，哪个是序号 1 呢？

得出结论：脸越靠近摄像头的，序号越小。表情反馈的数值为 0～1，越接近 1，表明这个表情的概率越大。

问题交流：程序编写好，运行时为什么那么卡？

教师解答：Face API 初始化与检测会有点卡，稍等几秒就好，因为首次运行需要导入模型到卡中进行初始化运算。

程序展示，互动点评。学生演示，其他学生尝试并评价。

教师小结：注意要把语句放到循环语句中才能真正地起作用。

活动三：给五官画像。

教师引导：Face API 人脸识别不但可以用于完成人脸检测、识别，还能对特征点进行检测。人脸的特征点通过什么来体现？

学生交流：通过五官。

教师引导：思考人类如何通过人脸辨识不同的人。

组织学生两人一组，观察彼此脸部特点，并说一说。

Machine Learning 机器轻量学习模块是怎样通过摄像头检测特征点的呢？找一找这两块程序积木，并用它们编写程序。

活动提示：编写程序，画五官图，五官图随时跟人的动作、表情变化而变化。注意将 Machine Learning 模块和视频模块、画笔模块结合起来使用。

学生尝试。教师巡视指导。

提出问题：程序编好，摄像头已打开，为什么画不出五官？

预设：两个积木块之间要有时间等待。

程序展示。

3. 深度探究

活动四：人脸识别应用于校园。

教师引导：通过以上的活动我们已经对人脸识别有了初步的认识和体验，同学们讨论一下，人脸识别在未来校园生活中有哪些应用？

学生讨论、分享交流：新生入学身份核验，简化烦琐的手续；在教师食堂

"刷脸"扣饭费，提升排队打饭的速度；校园班车"刷脸"，及时提醒，减少安全隐患。

4. 拓展延伸

学生谈收获。

教师小结，启发学生思考人工智能发展对社会发展的影响，课下去更多地了解人工智能。

**四、课程建设路径**

建设好一门课程必须有一条科学可行的路径。《义务教育课程方案和课程标准（2022年版）》为小博士课程建设提供了依据，但作为课程建设的起点，还远未达到课程建设的重点。研究并设计一条合理有效的路径是小博士课程建设的当务之急。课程建设路径是由很多关键节点组成的，建设路线的总体性和节点实施的关键性是相辅相成的。分析每个关键节点、提出各节点的目标和实现方法，在实际工作中不断健全、优化每个节点，加强节点之间的关联和衔接，才能逐步构建起切实有效的建设路径。小博士课程建设主要包括课程标准、教材建设、资源开发、教师培训、课堂教学、学业评价、反馈迭代以及优化推广，共八个关键要素。

**五、综合实践活动类单元教学方案**

单元名称：小小营养师——设计营养午餐食谱。

学科：综合实践活动。

单元总课时：9课时。

年级：五年级。

班额：45人。

课程类型：国家课程。

设计者：宋永兰、林凌燕、鲁馨。

**（一）背景分析**

1. 本单元在本门课中的地位和作用

中国具有历史悠久、源远流长的饮食文化，而且中国人自古以来就有追求美食的传统和习惯。随着社会的发展，人们对饮食的要求也在进一步提高。国家在2017年发布了《学生营养餐指南》，规定了6～17岁中小学生全天及一日三餐能量和营养素供给量、食物的种类和数量以及配餐原则等，同时考虑到学校可能只提供三餐中的一餐,规定了营养餐一日三餐提供能量的比例:早餐提供的能量应占全天总能量的25%～30%,午餐提供的能量占30%～40%,晚餐提供的能量占30%～35%为宜,可见午餐提供的能量占全天总能量的比例是最大的。小学阶段正是儿童生长发育的关键时期,建立科学、营养平衡的膳食结构,有计划地在学校实施营养餐制度,是提高中华民族下一代整体素质的重要举措之一。

2017年《中小学综合实践活动课程指导纲要》指出:综合实践活动是从学生的真实生活和发展需要出发,从生活情境中发现问题,转化为活动主题,通过探究、服务、制作、体验等方式,培养学生综合素质的跨学科实践性课程。课程目标以培养学生的综合素质为导向,强调学生综合运用各学科知识,认识、分析和解决现实问题,提升综合素质,着力发展核心素养。

本项目一方面使学生用数学的眼光观察身边的事物,综合运用简单的排列组合、统计等相关知识(知识网络见图4-4),设计营养午餐食谱,通过解决问题体会数学在日常生活中的应用价值,增强学生应用数学的意识;另一方面使学生通过了解各道菜中热量和脂肪、蛋白质等含量,了解营养午餐的一些基本指标,改掉偏食、挑食的毛病,感受合理膳食的重要性,养成科学饮食的习惯。

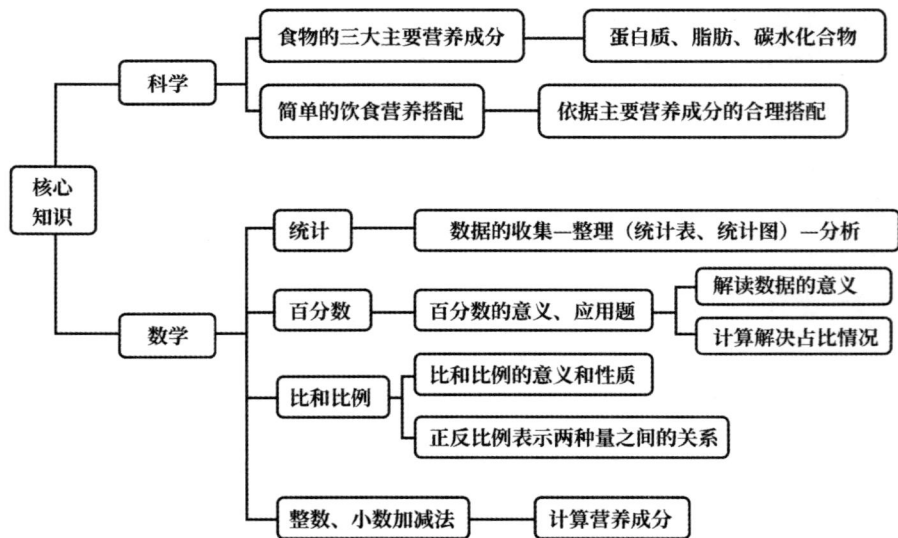

图4-4 "设计营养午餐食谱"项目的知识网络

2. 教材分析

"设计营养午餐食谱"是在对五年级学生问卷调查的基础上，结合五年级学生的知识基础与能力，综合运用数学学科和科学学科知识开展的跨学科项目化学习。这一主题设置的目的是通过生动有趣的营养调查研究，合理设计系列活动，提高学生用数学、科学知识解决问题的能力，同时培养学生有序、严密思考问题的意识，加强学生综合运用知识解决问题的意识。

3. 学情分析

"设计营养午餐食谱"是学生既熟悉又陌生的一个课题。熟悉的是目前学生的午饭基本是在学校解决的；陌生的是学生对于什么样的营养午餐才是合乎营养标准的还没有科学合理的认识，偏食、挑食等不良饮食习惯在学生群体中比比皆是。本次综合实践活动的开展，是联系学生的生活实际并且源于生活中的实际问题。在前面的学习中，学生已经积累了有关统计、计算等数学知识和食物的营养成分等科学知识，具备一定的解决实际问题的能力，这些都是进行项目化学习的重要基础。本次项目化学习，旨在让学生通过小组合作的探究，采用"课内＋课外、校内＋校外、集中＋分散"的方式，运用所学知识解决问题，体会探索的乐趣和知识的实际应用，提高观察、分析、解决问题和创新思维的能力，提升综合素养。

**（二）单元目标**

（1）通过人体营养需求和食物中营养物质的调查研究，了解午餐当中应具备的营养成分及其比例，感受合理膳食的重要性。

（2）通过统计表、统计图整理调查结果，分析如何实现营养均衡，感受营养搭配应具有科学性。

（3）经历一周营养午餐食谱的设计过程，感悟在实际情境中方案的形成过程。

（4）在交流、质疑、分享、评价的过程中，形成重视调查研究、合理设计规划的科学态度。

**（三）评价设计**

1. 评价属性

本项目评价属性见表4-14。

**表 4-14　"设计营养午餐食谱"项目化学习评价属性**

| 评价项目 | 评价属性 |
|---|---|
| 评价名称 | "设计营养午餐食谱"项目化学习 |
| 评价目标 | 1. 能记录学生参与项目化学习的进程，评价学生在实践活动中的进步与缺点，从强化评价的甄别性，走向评价的诊断性与激励性<br>2. 能提供反馈信息，使学生明确学习中欲达到的目标，形成正确的活动预期，并改善教师的教和学生的学 |
| 评价对象 | 五年级全体学生 |
| 评价类型 | 形成性评价 |
| 评价维度 | 项目化学习习惯与态度、项目化学习过程、学业成果 |
| 评价内容 | 综合实践活动 |
| 评价地点 | 校内、校外、课堂 |
| 评价主体 | 学生自评、学生互评、教师评价 |
| 评价方法 | 表现性评价 |
| 结果分析 | 定性分析、静态与动态相结合、总体分析 |
| 结果表达 | 星级 |

2. 评价标准

从活动习惯与态度、活动过程、活动成果三个维度设计评价内容和观测点，构成评价标准（表 4-15）。

**表 4-15　"设计营养午餐食谱"项目化学习评价标准**

| 评价维度 | 评价内容 | 观测点 | 评价方式 |
|---|---|---|---|
| 活动习惯与态度 | 我会参与 | 积极举手发言，积极参与午餐设计的讨论与交流 | 日常观察<br>过程记录<br>表现性任务 |
| | 我会合作 | 在团队中与成员良好合作，在小组内起积极作用，能够给出建议 | |
| | 我会探究 | 有强烈的求知欲，不断提出与项目有关的问题，并努力寻找答案 | |
| | 我会创新 | 学习过程中有明显的创新意识，且观点有一定的合理性 | |
| 活动过程 | 方案制订 | 借助 KWH 量表，经历发现问题、提出问题的过程，在小组合作梳理问题的过程中，学生能科学地筛选、合并问题，在 | 表现性任务<br>过程记录 |

| 评价维度 | 评价内容 | 观测点 | 评价方式 |
|---|---|---|---|
| 活动过程 | 方案制订 | 设计研究方案的过程中，合理选择研究方法，合理完成研究过程与分工，进行有效协作探究 | 表现性任务过程记录 |
| | 调查分析 | 能运用访谈、上网调查、分析等方法，全面调查，了解午餐提供的能量占全天食物能量的百分比、常见午餐食物中的营养成分及所含营养物质的比例，为午餐设计提供理论和数据支撑 | |
| | 科学设计 | 综合前期调查，能运用绘画、文字等方式设计科学合理、具有创新性的午餐可行性方案 | |
| 活动成果 | 个性展示 | 召开"营养午餐食谱展示会"，综合运用调查研究获取的营养知识，运用数学知识和方法，流利、大胆地表达，向大家阐述自己的午餐设计方案，分享自己的设计依据、设计理念和创新点，聆听他人的设计思路，综合应用数学以及科学的知识评价他人的设计方案 | 课堂记录表现性任务 |

3. 评价实施

评价贯穿整个项目化学习的全过程，以评价量规的形式进行评价。

（1）对于活动习惯与态度的评价量规设计小组方案制订评价量规（表4-16），采用课堂即时评价。

**表4-16 "设计营养午餐食谱"项目化学习小组方案制订评价量规**

| 过程 | 精通（3☆） | 熟练（2☆） | 熟悉（1☆） | 了解（不得☆） | 自评得分 |
|---|---|---|---|---|---|
| 提出问题 | 小组能经过沟通交流，提出独特、具有研究性的问题 | 小组能提出一个研究问题，但研究价值不高，经过修改具有研究价值 | 凭借帮助，小组能提出一个具有研究价值的问题 | 即便凭借帮助，小组仍不能提出一个有研究价值的问题 | |

| 过程 | 精通（3☆） | 熟练（2☆） | 熟悉（1☆） | 了解（不得☆） | 自评得分 |
|---|---|---|---|---|---|
| 协同合作 | 小组能有效进行交流，合理分工，整合思路，组员互相支持 | 小组不能独立开展研究，但努力尝试进行有效的交流，一起决策，合理分工，整合思路，组员互相支持 | 小组需要在帮助和监管下进行交流，合理分工，整合思路，组员互相支持 | 沟通和小组合作出现严重问题，对任务产生影响 | |
| 制订计划 | 小组能综合应用数学核心知识和多样的调查研究方法，制订完整的项目计划，并能发挥个人学业特长，能够综合运用在其他课程中学到的知识与技能来解决问题 | 小组能制订大致的项目计划，能够运用在其他课程中学到的知识与技能来解决问题 | 小组在帮助下，能制订项目计划 | 即便在帮助下，小组也不能制订项目计划 | |
| 交流表达 | 能大方、流利地介绍小组的设计方案 | 能清晰地表达设计方案 | 在老师的引导下，能清晰地表达设计方案 | 即便在老师的帮助下，也不能清晰地表达设计方案 | |
| 优化方案 | 小组成员主动参加讨论，能适时调整和优化方案 | 小组成员能参加讨论，改进方案 | 小组在帮助下，能改进方案 | 即便在帮助下，小组也不能对方案进行优化 | |
| 合计得分 | | | | | |

（2）以小组合作的形式进行研究，设计小组合作评价量规（表4-17），采用过程性自我评价与小组评价。

**表4-17 "设计营养午餐食谱"小组合作评价量**

| 行为 | 优秀（3☆） | 良好（2☆） | 一般（1☆） | 未完成（不得☆） | 自我评价 | 小组评价 |
|---|---|---|---|---|---|---|
| 调查和收集信息 | 收集了大量与主题相关的信息 | 收集了一些基本信息，部分与主题有关 | 收集的信息不多，只有一部分和主题有关 | 没有收集与主题相关的信息 | | |
| 个人完成任务 | 个人任务在规定的时间内完成，质量非常高，并将自己的成果与他人共享 | 工作质量高，在规定时间内完成个人任务，促进小组内他人工作 | 能在规定时间内完成个人的任务，但没有协助他人工作 | 知道自己的任务，但在规定时间内未能完成个人的任务 | | |
| 平等分享 | 不要他人提醒，总是做布置的工作 | 常常做布置的工作，偶尔要别人提醒 | 能做布置的工作，但总是要别人提醒 | 工作总是依靠别人 | | |
| 与组员的合作 | 在小组中起领导作用，接纳并能给出建议，对最终的成果有着举足轻重的贡献 | 帮助协调，推动整个小组的工作，鼓励其他成员，对最终成果有一定的贡献 | 在小组中工作认真负责，为其他成员提供一定的帮助，参与了讨论工作 | 没有合作精神，不准备承担整个小组的责任，对小组活动过程只是旁观而已 | | |
| 总评 | | | | | | |

（3）"营养午餐食谱设计"评价量规见表4-18，采用自评、互评、师评的方式进行评价。

表 4-18 "设计营养午餐食谱"评价量规

| 项目 | 优秀（3☆） | 良好（2☆） | 一般（1☆） | 自评 | 互评 | 师评 |
|------|-----------|-----------|-----------|------|------|------|
| 食谱 | 食谱书写清晰、详细，有充分的思考 | 书写清晰、详细 | 书写简单，不够全面 | | | |
| 营养均衡 | 符合膳食比例，呈现营养成分表，并体现创新理念 | 符合膳食比例，呈现营养成分表 | 基本符合膳食比例 | | | |
| 设计理念 | 设计理念突出，并在食谱中呈现 | 考虑同学们的需求，针对需求进行设计 | 设计缺乏科学性 | | | |
| 创新性 | 搭配多样化，考虑到菜品的色泽 | 搭配多样化 | 搭配无原则 | | | |
| 展示 | 小组结合"合理搭配"进行讲解，思路清晰，有反思 | 小组进行清晰讲解 | 存在讲述不清晰的地方 | | | |

（4）整个主题活动结束后，学生填写项目学习的自我评价表（表4-19）。

表 4-19 "设计营养午餐食谱"自我评价表

| 内容 | 高（4☆） | 较高（3☆） | 一般（2☆） | 较低（1☆） |
|------|---------|-----------|-----------|-----------|
| 参加这个项目活动的兴趣程度、投入程度 | | | | |
| 调查报告／海报的质量 | | | | |
| 处理数据的能力 | | | | |
| 利用统计知识来说明问题的能力 | | | | |
| 与同学的交流、合作能力 | | | | |

　　对评价结果的表达，学生层面采取星级评价制，每个观测点为3颗星，每个维度累计10颗星及10颗星以上为A等，7～10颗星为B等，其余为C等，三个维度综合评价3个A或2个A、1个B为A等，2个C、1个B或3个C为C等，其余为B等；教师层面对评价结果进行分析，思考评价中的不足之处和评价对个别学生影响较小的原因，进一步改进评价办法。

### （四）学与教活动设计

"设计营养午餐食谱"项目化学习采用"课内＋课外、校内＋校外、集中＋分散"的方式，指导学生开展学习研究实践活动。本项目学习设计见图4-5。

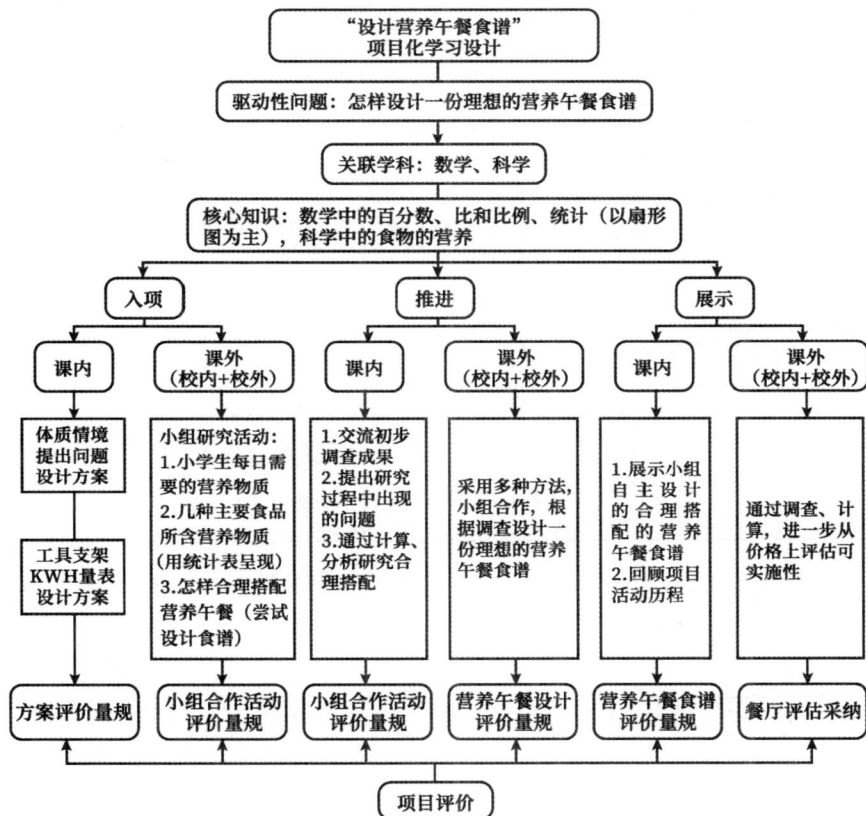

图4-5 "设计营养午餐食谱"项目化学习设计

本项目学习活动内容及课时安排见表4-20。

表4-20 "设计营养午餐食谱"项目化学习活动内容与课时安排

| 活动过程 | 活动内容和任务 | 活动形式与课时安排 |
| --- | --- | --- |
| 准备阶段 | 开展入项课 | 课内入项课 1课时 |
| 实施阶段 | 方案设计： 1. 结合 KWH 量表，结合驱动性问题，提出并筛选有研 | 课外调查研究 2课时 |

| 活动过程 | 活动内容和任务 | 活动形式与课时安排 |
|---|---|---|
| 实施阶段 | 究价值的问题，提炼出驱动性问题的子问题<br>2. 小组合作设计研究方案，明确方法与过程，确定人员分工及步骤 | 课外调查研究<br>2 课时 |
| | 小组合作探究：<br>1. 小学生午餐需要哪些营养成分？<br>2. 食物中所含的营养物质有什么？<br>3. 怎样合理搭配午餐？ | |
| | 开展推进课 | 课内推进课<br>1 课时 |
| | 1. 结合 KWH 量表进行午餐提供的能量占全天食物能量的百分比、常见午餐食物中的营养成分及所含营养物质的比例等相关子问题的交流分享<br>2. 从研究方法与过程、研究收获、遇到的问题三方面交流分享，集体解决在调查研究过程中发现的问题 | 课外合作设计<br>2 课时 |
| | 设计一份理想的营养午餐食谱 | |
| 总结阶段 | 进行展示课 | 课内出项课<br>1 课时 |
| | 1. 召开"营养午餐食谱展示会"，综合运用调查研究获取的营养知识，运用数学知识和方法，分享自己的设计依据、设计理念和创新点<br>2. 评价午餐食谱，选出最受欢迎的营养午餐食谱<br>3. 回顾项目化学习历程，点评收获与改进 | 课外活动<br>2 课时 |
| | 进一步调查午餐价格及食谱价格预算，修改自己的午餐食谱，递交食堂 | |

**（五）课时内容**

1. 第一课时：科学饮食身体好

（1）环节一：播放《舌尖上的中国》节目片段。

中国人自古就特别关注饮食文化，还特别关注吃里面的营养。我们平时吃

的菜肴里面都有哪些营养成分呢？（介绍食物的营养成分）

（2）环节二：记录《一天的食物》。

让学生思考一天摄入的食物营养达到标准了吗，写出一天所吃的食物，并按照营养成分表，判断自己一天的营养是否达标，思考不达标应该怎么办。

（3）环节三：观看视频《儿童肥胖危害不容忽视》。

观看视频，并结合身边同学偏胖或偏瘦的不良发育案例，激发学生探究的兴趣，知道合理饮食的重要性，理解本单元学习的意义。

设计意图：了解食物营养成分的含义和作用，初步理解合理搭配食物的方法；通过记录一天所摄入的食物，学会用数学的眼光观察现实生活；通过观察身边同学偏胖或偏瘦的不良发育状况，深刻体会到科学饮食的重要性。

2. 第二课时：入项课前奏

（1）环节一：初步确定项目主题。

以人体每天摄取的总能量中午餐提供的能量约占 40% 为标准，结合青少年发育的现实问题，初步确定本单元项目化学习主题为"设计营养午餐食谱"。一方面体现数学在日常生活中的应用价值；另一方面帮助学生改掉偏食、挑食的毛病，养成科学饮食的习惯。

（2）环节二：梳理各个学科涉及的知识（图 4-6）。

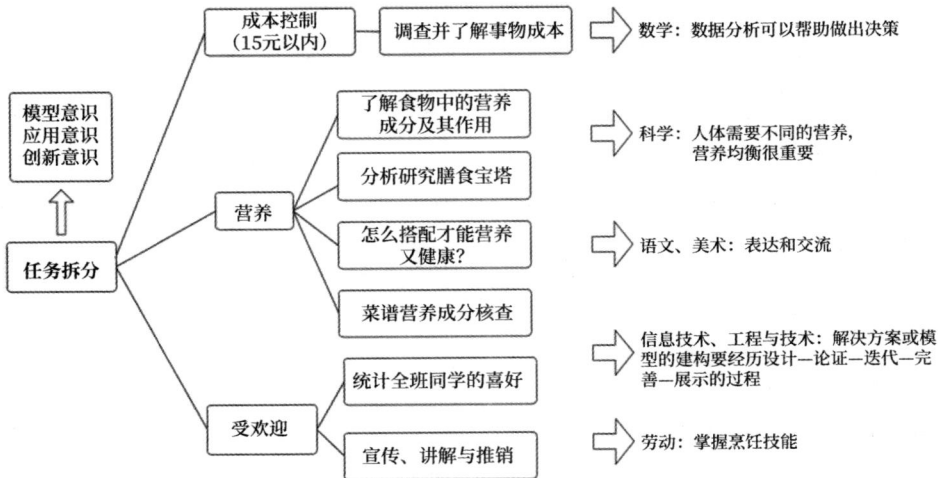

图 4-6　"设计营养午餐食谱"各学科知识结构

（3）环节三：研讨项目评价方式。

整个项目的实施过程，以小组合作的方式呈现。学生在老师的带领下，从提出问题、协同合作、制订计划、交流表达、优化方案等方面思考，设计一份全面的评价量规，促进每个学生深入研究。

设计意图：从学生的生活实际出发提出项目化研究的主题，引导学生学会用数学的眼光观察现实世界。在梳理各个学科用到的知识点中，初步展示跨学科学习的能力。小组评价量规的设计，让小组合作有章可循。

3. 第三课时：研究方案我来定（入项课）

（1）环节一：创设情境，引出问题。

①情境导入——理解数据，了解背景。

②角色扮演——提出研究主题。

（2）环节二：解决 KWH 量表问题一（Know）。

梳理已经知道的核心知识，做思维导图。

（3）环节三：解决 KWH 量表问题二（What）。

按照小组合作要求进行小组讨论。

（4）环节四：提出三个子问题：小学生每天午餐需要哪些营养？常见食物中有哪些营养成分？怎样合理搭配营养午餐？将子问题分类、合并。

①分类整理：给子问题分类，并说出分类的依据是什么。

②合并问题：可以把这几个问题合并为一个什么问题？

③研究顺序：这三个问题，应该先研究什么，再研究什么？

（5）环节五：小组研究确定研究方案。

①小组设计研究方案：各小组依据项目化学习小组方案评价量规，讨论设计小组研究方案。

②集体交流优化方案：调查－整理－分析是研究的整体思路。

（6）环节六：课堂评价。

各小组按照小组方案评价量规，给自己小组的表现打分，组长总结本节课小组同学们的整体表现。

设计意图：本节课从学生想知道的和想解决的问题入手，激发学生研究的兴趣，再到将挑战性学习任务有效分解，便于学生开展研究，最后到小组合作优化方案。整堂课评价贯穿始终，真正发挥了学生学习主体的作用。

4. 第四课时：膳食宝塔来帮忙

（1）环节一：回顾上节课梳理的三个子问题。

（2）环节二：根据查找的资料，填写食品营养成分统计表（表4-21）。

**表4-21　食品营养成分统计表**

| 食物名称（种类） | 提供的营养 | 对人体的作用 |
| --- | --- | --- |
|  |  |  |
|  |  |  |
|  |  |  |
|  |  |  |

结合自己查找到的资料组内交流，并统计在表格中，形成完整的营养成分统计表。

（3）环节三：初步设计膳食宝塔。

通过了解食物膳食宝塔及样例，结合前期统计、调查和理念，小组独立设计一份膳食宝塔，并根据自己设计的膳食宝塔进行午餐食谱初设计。

（4）环节四：根据组内交流，提出新问题。

通过组内交流，提出新问题：应该按照什么比例搭配各种食物？怎样用直观的方法概括食物营养成分所占的比例？用什么方法计算食物所含的脂肪、蛋白质等营养成分？网上资料很多，怎样进行有效筛选？

（5）环节五：小组合作分工。

根据教师的指导、组内协调，细化小组成员分工，如上网查阅资料、调查学校食堂工作人员、采访营养师等。

设计意图：项目化学习中小组合作是主要的学习方式，组内每个成员都应该有合理的分工，积极投入、合作共享。小组合作量表对小组活动效果具有较好的指导作用。

5. 第五课时：合理搭配午餐

（1）环节一：衔接引入。

各小组制订了研究方案，经过一阶段的研究，有了一定收获，又遇到了一些困难。

（2）环节二：合作交流。

交流围绕KWH量表的以下三个方面展开：研究方法和研究过程、研究收获、遇到的问题。

各小组通过课件、视频、手抄报等形式，解答上节课提出的三个子问题。

（3）环节三：午餐合理搭配。

①尝试自主搭配。

展示学校食堂营养师设计的九种午餐菜品。让学生思考：如果让你从中选择三种搭配一顿午餐，你会怎么搭配？想想要考虑哪些因素。

②计算营养成分。

营养专家指出，11岁左右的儿童从每顿午餐中获取的热量应不低于2926千焦，不高于3344千焦，脂肪应不超过50克。让学生思考自己选择的套餐是否合理，快速算一算。

肯德基两份套餐的营养成分对比见表4-22。

表4-22　肯德基两份套餐营养成分对比

| 食物名称 | 热量／千焦 | 脂肪／克 |
|---|---|---|
| 套餐一 | | |
| 汉堡包 | 2386 | 36 |
| 蛋挞 | 1571 | 21 |
| 鸡米花 | 1630 | 28 |
| 可乐 | 940 | — |
| 套餐二 | | |
| 鸡肉卷 | 2060 | 26 |
| 蛋挞 | 1571 | 21 |
| 薯条 | 1759 | 34 |
| 可乐 | 940 | — |

③专业营养师指导。

在听取专业营养师的指导后，询问学生对营养午餐搭配有哪些想法。

（4）环节四：小组合作评价。

学生对照小组合作评价量表，进行自评和小组评。

设计意图：通过推进课的交流学习，学生掌握了设计营养午餐食谱要遵循的原则，在此基础上完成本项目的最终任务——设计一份科学合理的营养午餐食谱，同时呈现评价量规，更好地指导展示课当中学生的食谱设计和展示。

6. 第六课时：饮食小调查

（1）环节一：借助统计图调查学生喜欢的食物。

为了更好地设计出受欢迎的食谱，学生以小组为单位，调查全班同学最喜欢吃和最不喜欢吃的食物，并根据数据绘制复式条形统计图。

（2）环节二：集思广益，初步设计食谱手绘作品。

小组交流讨论，将膳食宝塔中的量按照需求分配到各个时间段，根据饮食建议等拓展资料，对午餐食谱进行再设计；通过科学反馈，核查午餐食谱中的营养成分；结合美术学科，集思广益，认真完成手绘作品，有的组用超轻黏土制作美食，有的组尝试用手绘形式画出每道菜的制作过程，还有的组用手账的形式将不同美食搭配在一起……将食谱初稿进行再加工。

设计意图：在计算、交流、讨论中，判断本小组的食谱是否符合营养标准，使学生体会到在设计食谱时要符合营养标准，均衡膳食。让学生在汇报中形成用数据说话的意识，感受数据的力量。

7. 第七课时：营养午餐食谱展示会（展示课）

（1）环节一：食谱初印象。

每个学生选出了自己最喜欢的食品，进行投票，查看投票情况，并分享这样选择的理由。

（2）环节二：食谱深了解。

每个小组运用多种途径深入介绍设计依据、设计理念和创新点，其他组同学进行评价，最后由教师进行总结。

（3）环节三：食谱大PK（挑战）。

每个小组为自己的小组设计推荐口号，再进行二次全员投票。

（4）环节四：专家、领导点评。

赞赏同学们的探究精神，并对此次项目化学习提出建议。

设计意图：让学生通过设计推荐口号宣传自己小组的设计理念，通过小组PK确定本节课的优胜小组，专家、领导点评让学生感受到此次项目的重要性。

8. 第八课时：市场调研菜价

导入：询问学生，之前设计食谱时讲究粗细搭配、营养搭配等，是否考虑了每餐 6.5 元的成本呢？

（1）环节一：设计菜价调查表。

小组合作探究，调查表（表 4-23）需要包含哪些内容，并对表题、行、列及其含义进行说明，其他小组提出意见，补充完善。

**表 4-23　蔬菜价格调查**

_____组　　　　调查对象：_____

| 蔬菜名称 | 调查时间<br>（　年　月　日　时） | 调查地点 | 价格<br>（元／斤） | 新鲜度<br>（☆☆☆☆☆） |
|---|---|---|---|---|
|  |  |  |  |  |
|  |  |  |  |  |
|  |  |  |  |  |
|  |  |  |  |  |

（2）环节二：实地调查。

学生以小组的形式前往农贸市场、早市或者超市等地方，记录下所看到的蔬菜名称和价格，小组内成员需要分工配合，互相帮助和交流，以确保记录的准确性。

（3）环节三：数据整理。

回到教室后，让学生把收集到的数据整理到调查表中，然后计算出每种蔬菜的平均价格，并进行简单的数据分析，例如，最便宜的蔬菜是什么，最贵的蔬菜是什么，什么时候的菜价比较便宜等。

（4）环节四：绘图。

利用调查表的数据绘制简单的柱状图或者饼状图，以便直观地了解各蔬菜类别的价格。

（5）环节五：食谱价格预算，修改食谱。

根据市场调研的菜价进行食谱价格的预算，进一步改善原本设计的食谱，进行菜品的替换，设计出既符合营养午餐搭配的原则，又能将每餐成本控制在 6.5 元以内的食谱。

（6）环节六：展示最终设计的食谱。

各小组展示最终设计的食谱，并简要说明理由。

设计意图：让学生通过实地走访调研的形式来调查菜价，帮助学生提高交际和合作能力、理论联系实际的能力，力争将食谱落实到食堂的食谱上，体现项目化学习的落地性。

9. 第九课时：午餐食谱上餐桌

（1）环节一：将食谱递交食堂。

学生代表将最终设计好的食谱交给食堂经理，由食堂综合考虑后进行再次评价，采纳合理的部分，对于不合理的部分交还学生，进行二次修改，修改好后再次递交食堂，直至达到合理。

（2）环节二：全校学生共评价。

将符合条件的午餐食谱添加到学校食堂的食谱中。全校学生品尝菜品后，填写调查问卷，对该食谱提出意见和建议。如果调查结果满意，可以将该菜谱长期存留于学校食堂食谱中。

（3）环节三：午餐食谱家中做。

将符合条件的食谱中的菜品，学生在家中尝试做一做，品尝一下，然后再和学校食堂的菜品进行对比，看看是否还有需要改进的地方。

（4）环节四：结题。

项目化学习课程总结，学生谈收获。

设计意图：在不断评价、修改、对比和完善过程中，培养学生动手操作能力，使其做事情严谨细致，让其真正理解"取之于生活，用之于生活"的理念。

**（六）课时教学方案**

课时名称：设计营养午餐食谱——入项课。

使用年级：五年级。

设计者：宋永兰。

1. 课时目标

（1）在营养不良的实际问题和"营养午餐"征集令的生活情境中，学生借助 KWH 量表，运用数学、科学、营养学的知识与方法，经历发现问题、提出问题的过程，发展问题意识。

（2）在梳理核心知识、交流问题及确定研究方案的过程中，学生发现并提出自己感兴趣的问题，能将问题转化为研究的子问题，针对子问题提出自己的想法，形成对问题的初步解释。

（3）在小组合作梳理问题的过程中，学生能学会科学地筛选、合并问题，在设计研究方案的过程中，能合理选择研究方法，合理设计研究过程与分工，发展协作探究能力。

2. 评价设计

（1）分析全国中小学生营养不良率为 10.2％这个数据，发现学生营养不良的普遍性，借助食堂经理发布"营养午餐"征集令的活动，让学生帮忙设计一份理想的营养午餐食谱。

（2）借助 KWH 量表让学生写出想要研究的问题和想要解决的问题，开展小组交流活动，共同梳理小组研究的主问题，确定研究的子问题。

（3）开展集体交流活动，交流本次设计营养午餐食谱项目化活动的子问题，师生共同筛选信息，确定研究问题，借助小组活动方案确定研究方法，开展调查研究活动。

3. 学与教活动设计

（1）创设情境，引出问题。

①情境导入——理解数据，了解背景。

教师：据调查，2021 年全国中小学生营养不良率为 10.2％。10.2％，表示什么意思？数据是会说话的，透过营养不良率 10.2％这个百分数，你想到了什么？或者有什么疑问？

学生交流。

教师：是呀，现在生活条件这么好，为什么还会出现营养不良的现象？同学们的疑问也是我们国家通过体质调查发现的问题，所以社会各界都很关注学生的营养餐。

教师：你们知道吗？在人体每天摄取的总能量中，午餐提供的能量约占40％，我们学校的食堂经理特别关心同学们的午餐营养，想让大家吃得饱、吃得好。

②角色扮演——提出研究主题。

假如你是食堂经理，面对学生营养不良的问题，你想怎么做？

学生交流。

教师小结：看来大家都在想怎样让午餐更营养好吃，瞧，学校食堂就发布了"营养午餐"征集令的活动，一起来看看。

亲爱的同学们：

你们好！

5月20日，是第33个"中国学生营养日"，今年的主题是"知营养　会运动　防肥胖　促健康"。为保证同学们能吃上种类丰富、营养全面且受大家欢迎的午餐，特向全体同学开展"营养午餐"的征集活动，请你设计一份理想的营养午餐食谱，要充分考虑学生的午餐营养需求，合理搭配。

请把设计好的食谱，以班级为单位收集起来送给食堂经理，理想的设计将会成为同学们的营养午餐食谱，希望大家积极参与！

威海市鲸园小学食堂

2022年5月20日

教师：怎么样？很诱人吧。这节课我们就启动"设计营养午餐食谱"项目化学习，一起来研究怎样设计一份理想的营养午餐食谱。

板书：设计一份理想的营养午餐食谱、营养午餐。

设计意图：通过解读全国中小学生营养不良率为10.2%这个数据，引发学生的认知冲突，并引导学生以食堂经理的身份思考解决问题的方法，通过食堂发布的"营养午餐"征集令活动，提出此次项目化学习的具有挑战性的驱动性任务：怎样设计一份理想的营养午餐食谱？从而激发学生的探究兴趣。

（2）解决KWH量表问题一（Know）。

①教师出示量表：为了方便大家研究，老师为大家设计了关于营养午餐的KWH量表，这个量表大家熟悉吧？我们在做项目化学习时经常用到它。

②教师：关于营养午餐，你们已经知道了哪些知识，下面我们来交流一下。

学生交流，互动补充。

③教师小结：通过各种方式，大家了解得还真不少。我们一起来梳理一下同学们已经知道的核心知识。

教师用课件出示思维导图。

教师：同学们，这些知识对大家接下来的研究都很有帮助。

设计意图：在开展项目研究之前，学生并不是一无所知，借助KWH量表梳理学生已经知道的知识，能够更精准地把握学生学习的起点，系统地梳理学科核心知识，能够帮助学生把握思考方向。

（3）解决 KWH 量表问题二（What）。

①独立思考。

教师：关于营养午餐，你还想知道什么？你想解决什么问题？请同学们安静思考后，把你的问题写在小纸条上。每位同学有两张小纸条，一张写你想知道的，一张写你想解决的问题。时间是 2 分钟。

②小组讨论。

教师：时间到，老师看到大家的小纸条都完成了，下面我们以小组为单位展开讨论，讨论的方法很重要，好的方法能让小组合作更高效。大家看——

教师以课件出示小组讨论方法，包括以下三个方面：

交流问题：组长带领小组成员交流自己想研究的问题。

筛选问题：选出与研究任务相关的、有研究价值的问题，贴在 KWH 量表上。

提炼问题：对于小组讨论选出的问题，先分类整理，再通过合并同类问题的方法，汇总 1～2 个有研究价值的问题，用彩笔写在卡纸上，写好后贴到黑板上。

教师：对于讨论方法有疑问吗？那就开始吧！时间是 5 分钟。

设计意图：学生想知道的和想解决的问题，才是学生真正感兴趣的问题。引导学生通过小组讨论的方法，经历一次完整的"好问题"形成过程：交流—筛选—提炼。本节课的小组合作学习过程中，全部由小组长带领小组成员逐步完成任务，这是学校开展项目化学习研究与实践的阶段成果呈现。

（4）将子问题分类合并，确定研究子问题。

①分类整理。

教师：同学们，我们一起来看，同学们提出了这么多问题。读一读，哪些问题是你已经知道的？已经知道的知识就不需要研究了。剩下的问题，想一想，哪些问题是同类的、相似的，把它们分分类。小组先讨论讨论。

小组交流，将问题分类并说明分类的依据。

例如，有学生提出简单具体的百分数问题，教师引导其分析问题，说明分类的理由：像这样很具体的问题，调查研究的范围就比较窄，不利于同学们了解更多相关知识，但把它归类后，同学们就明白只需要在调查研究过程中通过收集数据计算。

②合并问题。

教师：先来看这一组问题，可以把这几个问题合并为一个什么问题？

学生交流。

学生经过讨论、筛选、合并，最终形成了这3个子问题：小学生每天午餐需要哪些营养？常见食物中有哪些营养成分？怎样合理搭配营养午餐？

③研究顺序如下。

教师：要想设计理想的营养午餐食谱，对于这三个问题，我们应该先研究什么，再研究什么？

教师根据学生的答案，将板贴问题调换顺序。

教师：有了这两个问题的调查研究基础，我们才能进一步思考怎样合理搭配出营养午餐，从而设计一份理想的营养午餐食谱。

设计意图：集体交流，通过"分类—合并"提炼出递进性的问题链，从而将挑战性学习任务有效分解，便于学生开展研究。

（5）小组研究确定研究方案。

①小组设计研究方案。

教师：下面各小组依据项目化学习小组方案评价量规，结合老师提供的项目化学习研究方案表，围绕研究任务，讨论并设计小组研究方案。大家对设计方案并不陌生，这张方案表和以往的有些不同，我们先来认识一下。

首先要思考研究这个问题可以用哪些研究方法，根据研究的方法和对应主题的三个递进的问题，用文字或思维导图的方式梳理研究过程，小组成员合理分工，最后依据研究过程和小组成员的特长，合理选择研究成果的呈现方式。

对于方案表大家还有问题吗？那就开始吧！时间是6分钟。

②集体交流优化方案。

小组交流究方案。

教师：你们为什么这样分工？

小组代表回答。

教师：结合方案的评价量规，谁来评价一下他们的方案？

教师：他们的方案有没有什么问题？还可以怎样优化？

学生交流。

关于研究过程和分工的建议：用思维导图呈现更清晰。关于研究方法的建议：汇总、整理信息，进行数据分析。

教师：是呀，这就是统计分析的方法，运用数学的研究方法，能让我们的研究更严谨、科学。你们小组的研究方案，除了用这两种方法，还用到了什么方法？

学生回答：有采访、问卷调查等。

教师：通过刚才的交流，大家对方案的设计又有了进一步的了解，从同学们设计的研究过程看，调查—整理—分析是研究的整体思路，下面给大家2分钟时间优化小组方案。

设计意图：小组合作设计方案，遵循了项目化学习的要求，对驱动性任务进行完整的设计和规划。通过集体交流，指导学生进一步了解调查研究的方法，更合理地设计研究过程与分工，明确数学知识在解决问题过程中的重要作用。

（6）课堂评价。

教师：同学们，一节课的交流研讨，每位同学都积极参与，下面请大家拿出小组方案评价量规，给自己小组的表现打分，组长要总结一下本节课小组的整体表现。

学生自主评价。

教师：哪位组长来评价一下自己小组的整体表现？

学生交流。

设计意图：本节课评价贯穿始终。入项课的主要目标是提出问题，完成研究方案的设计，因此设计了小组方案评价量规，从提出问题、协同合作、制订计划、交流表达、优化方案等方面，能够全面评价学生整节课的参与情况，并通过自评、互评、组长评的方式，让学生不断反思自己参与小组学习的情况。

（7）总结课堂。

教师：通过本节课的交流与讨论，每个小组都确定了研究问题和研究方案，接下来我们就按照自己小组的方案展开研究。老师相信，通过每个成员的努力，每个小组都能完成任务，收获成果。

设计意图：设计小组方案评价量规，让接下来小组自由研究的过程更有方向性。

项目化学习研究方案见表4-24。项目化学习小组方案评价量规见表4-25。项目化学习小组调查活动评价量表见表4-26。

**表 4-24 项目化学习研究方案**

| 组号： | 小组成员： |
|---|---|
| 研究任务 | |
| 研究方法<br>（可多选） | 调查法：查阅资料    查阅方法：上网   看书<br>          实地考察    考察地点：_____<br>          采访       被采访人：_____<br>          问卷调查    问卷形式：纸质   网络问卷星<br>统计分析法<br>其他：_____ |
| 研究过程与分工<br>（文字或思维导图） | |
| 研究成果呈现方式<br>（可多选） | 1. 统计图表      2. 微视频       3. 研究报告<br>4. 手抄报       5. PPT<br>6. 其他：_____ |

**表 4-25 项目化学习小组方案评价量规**

| 流程 | 精通（10分） | 熟练（8分） | 熟悉（6分） | 了解（2分） | 自评<br>得分 |
|---|---|---|---|---|---|
| 提出<br>问题 | 小组能经过沟通交流，提出独特的、具有研究性的问题 | 小组能提出一个研究问题，但研究价值不高，经过修改具有研究价值 | 凭借帮助，小组能提出一个具有研究价值的问题 | 即便凭借帮助，小组仍不能提出一个有研究价值的问题 | |
| 协同<br>合作 | 小组能有效进行交流，合理分工，整合思路，组员互相支持 | 小组不能独立开展研究，但努力尝试进行有效的交流，一起决策，合理分工，整合思路，组员互相支持 | 小组需要在帮助和监管下进行交流，合理分工，整合思路，组员互相支持 | 沟通和小组合作出现严重问题，对任务产生影响 | |

续表

| 流程 | 精通（10分） | 熟练（8分） | 熟悉（6分） | 了解（2分） | 自评得分 |
|---|---|---|---|---|---|
| 制订计划 | 小组能综合应用数学核心知识和多样的调查研究方法，制订完整的项目计划，并能发挥个人学业特长，能够综合运用在其他课程中学习的知识与技能来解决问题 | 小组能制订大致的项目计划，能够运用在其他课程中学习的知识与技能来解决问题 | 小组在帮助下，能制订项目计划 | 即便在帮助下，小组也不能制订项目计划 | |
| 交流表达 | 能大方、流利地介绍小组的设计方案 | 能清晰地表达设计方案 | 在老师的引导下，能清晰地表达设计方案 | 即便在老师的帮助下，也不能清晰地表达设计方案 | |
| 优化方案 | 小组成员主动参加讨论，能适时调整、优化方案 | 小组成员能参加讨论，改进方案 | 小组在帮助下，能改进方案 | 即便在帮助下，小组也不能对方案进行优化 | |
| 合计得分 | | | | | |

### 表4-26　项目化学习小组调查活动评价量表

| 行为 | 优秀 | 良好 | 一般 | 初级 | 自我评价 | 小组评价 | 老师评价 |
|---|---|---|---|---|---|---|---|
| 调查和收集信息 | 收集了大量与主题相关的信息 | 收集了一些基本信息，部分与主题有关 | 收集的信息不多，只有一部分和主题有关 | 没有收集与主题相关的信息 | | | |

续表

| 行为 | 优秀 | 良好 | 一般 | 初级 | 自我评价 | 小组评价 | 老师评价 |
|------|------|------|------|------|----------|----------|----------|
| 个人完成任务 | 个人任务在规定的时间内完成，质量非常高，并将自己的成果与他人共享 | 工作质量高，在规定时间内完成个人任务，促进小组内他人工作 | 能在规定时间内完成个人的任务，但没有协助他人工作 | 知道自己的任务，但在规定时间内未能完成个人的任务 | | | |
| 平等分享 | 不要他人提醒，总是做布置的工作 | 常常做布置的工作，偶尔要别人提醒 | 能做布置的工作，但总是要别人提醒 | 工作总是依靠别人 | | | |
| 与组员的合作 | 在小组中起领导作用，接纳并能给出建议，对最终的成果有着举足轻重的贡献 | 帮助协调，推动整个小组的工作，鼓励其他成员，对最终成果有一定的贡献 | 在小组中工作认真负责，为其他成员提供一定的帮助，参与了讨论工作 | 没有合作精神，不准备承担整个小组的责任，对小组活动过程只是旁观而已 | | | |
| 总评 | 备注：每项行动优秀为3颗星，良好为2颗星，一般为1颗星，初级不得星 | | | | | | |

（8）板书设计。

营养午餐

设计一份理想的营养午餐

怎样合理搭配营养午餐？　　　　　　　　分析

小学生每天午餐需要多少营养？　　　　　整理

常见食物中有哪些营养成分？　　　　　　调查

## 六、课程评价

围绕《义务教育课程方案（2022年版）》强调的过程评价、结果评价、增值评价、综合评价四种评价方式的综合运用，学校以学生综合素质发展为核心，关注学生学业发展中的学习习惯、学习态度、学习兴趣和学科素养，强化过程评价，改进结果评价，探索增值评价，健全综合评价，融合四种评价方式，改革评价目标、评价内容、评价工具、评价结果的应用，提升教师的评价素养，提升学生自我评价、自我反思的能力，从而建立有序进阶、可测可评的学生综合素质评价体系。小博士课程实施评价标准见表4-27。

表4-27　小博士课程实施评价标准

| 一级指标 | 二级指标 | 评估标准 |
|---|---|---|
| 学期课程纲要 | 课程背景 | 准确评估所开发课程现有资源状况，例如，是否有与数学、科学、信息科技、综合实践等学科拓展学习相关联的资源，教师是否具有一定的专业资源，是否挖掘社区与家长资源等，归纳和梳理课程的开发依据，以保证课程发展的长远性和创新性 |
| | 课程目标 | 课程目标聚焦思维与探索，指向发展学生的核心素养，设计时要整体思考。"课程总目标—学段目标—课时教学目标"三个层次要有序，逐级具体化，目标描述明确具体，清晰可视，同时具有可操作性和可检验性 |
| | 学习主题／活动安排 | 依据目标合理安排学习主题／活动，所选择的教与学的方法与目标匹配；课程内容的选择要体现小博士课程的特点，创设有利于学习的真实情境，学习方式多样 |
| | 课程评价 | 评价要以开发与实施过程为主线，与课程目标匹配，以学生发展为目的，凸显表现性评价和结果评价，评价量表具体可操作 |
| 单元教学方案 | 背景分析 | 能从本单元在小博士课程中的地位和作用、学生已有知识基础、学习重点和难点等方面进行分析，语言简练，逻辑清楚，分析透彻 |
| | 单元目标 | 能把实际问题转化为建模问题，目标明确具体、切实可行、可测性强，叙写规范，一般3～5条，每一条都能体现基于核心素养的新三维目标（大观念、新知识、新能力）的具体内容 |

续表

| 一级指标 | 二级指标 | 评估标准 |
|---|---|---|
| 单元教学方案 | 评价设计 | 能体现关键目标在评价任务中的落实情况，促使学生在实践创新中应用知识，在应用中加深对新知识的理解，同时发现问题，及时反馈，培养学生的核心素养 |
| | 学与教活动设计 | 单元课时划分合理；将核心问题融入真实的复杂情境中，让学生经历"知识的问题化"与"问题的知识化"的方法论的重建过程，从而发展高阶思维；学生学习方法的选择体现自主性、开放性、实践性 |
| 课时教学设计 | 课时数量 | 课时数量要与课程纲要中的学习主题／活动安排相一致 |
| | 学教评一致性设计 | 与单元教学方案一致，课时教学设计关注学生的差异，对接学生的高阶思维（创新性思维、批判性思维）培养 |
| 课程实施 | 课程管理 | 课程管理规范，有点名册，记录清晰、真实，客观反映每一个学生课堂学习的参与率 |
| | 课程学习 | 课堂学习与课时教学设计一致，创新教学方式，精心设计问题，动态把握过程，丰富评价方式，提高实施效益 |
| | 课程评价 | 课程评价与课程纲要中的课程评价设计相一致，且能真实地反映每一个学生参与学习的表现和成果 |
| 课程成效 | 课程展示 | 每学期组织课程现场展示，通过查阅过程性学习资料、观摩课程展示活动、听取课程汇报，全面了解课程建设情况 |
| 学生访谈 | 满意度调查 | 依据学生对所学（或所选）内容的学习满意情况赋予等级，按照 50% 及以下满意度、50%～80%满意度、80% 及以上满意度赋等级 |
| 备注：以上内容每一条标准均按照 A、B、C、D 四个等级评定，综合评价后评选出三星级课程 | | |

　　依据《义务教育课程方案（2022 年版）》对评价内容的具体要求，聚焦学科思想方法理解与掌握水平，对学生运用学科知识和技能解决生活实际问题的能力素养评估进行循证研究。通过学情调研问卷、学习任务单的编制、评价量规的设计与应用、作业与命题的设计，以及师生共同制定学业评价标准，科学、合理地应用各项监测结果，尝试探索学生学业述评（即对学生学期结果评

价的述评）等方面的研究与实践，提升学生自我评价、自我反思的能力，提升教师的评价素养，树立正确的质量观，从而有效测评学生的综合素质养成（表4-28）。

表4-28　学生的综合素质养成测评表

| 学科 | 学科素养 | 测评内容 | 测评方式（关注全程） | 测评工具（实证支持） |
|---|---|---|---|---|
| 数学 | 会用数学的眼光观察现实世界 会用数学的思维思考现实世界 会用数学的语言表达现实世界 | 以会观察、会思考、会表达为核心，聚焦运算能力、表达能力、推理能力、审题能力、建模能力等学科能力素养 | 过程评价（40%）：遵守学习规则（10%）、积极参与课堂讨论等活动（10%）、学科知识习得扎实（20%） 结果评价（50%）：日常作业（10%）、单元练习题（10%）、专项练习（10%）、期末检测（20%） | 问卷、助学单、量规、AI智课、作业、命题 |
| 科学 | 科学观念 科学思维 探究实践 态度责任 | 以探究实践与创新制作为核心，开展基于核心概念知识性的纸笔测试，以及基于现场任务的科学探究实践操作 | 增值评价（10%）：主要指向参与项目化学习成果，或与上一学期相比有明显进步 | |
| 信息科技 | 信息意识 计算思维 数字化学习与创新 信息社会责任 | 以信息意识、计算思维、数字化学习与创新为核心，开展创意编程设计与项目化学习等多元评价 | 过程评价（40%）：上机实践 结果评价（50%）：作品创作增值评价（10%）：主要指向参与项目化学习成果，或参加学校创客作品比赛 | 程序命题、作品评价量规 |

# 第五章 小达人课程，向美而行

《论语》中说"兴于诗，立于礼，成于乐"①。艺术是我们人类精神文明的重要组成部分，是借助一定的媒体、语言、形式和技能等塑造艺术形象，反映自然与人类相融合的创造性活动。艺术教育是以形象的力量、美德促进人的审美能力和人文素养的提升，也是美育的重要组成部分，其核心在于弘扬真善美，塑造美好心灵。小达人课程能引导学生在健康向上的审美实践中感知、体验与理解艺术，逐渐提高学生感受美、欣赏美、表现美、创造美的能力，坚定文化自信，提升人文素养。

艺术教育是素质教育不可或缺的内容，对青少年提高审美修养、丰富精神世界、培养创新意识、促进全面发展具有重要作用。作为教育工作者，我们要重视学生在学习过程中的艺术感知及情感体验，激发学生参与艺术活动的兴趣和热情，使学生在欣赏、表现、创造、联系的过程中，形成健康的审美情趣，能够在以艺术体验为核心的多样化实践过程中，提高艺术素养和创造能力。在与其他学科相互融合的基础上，充分发挥协同育人功能，汲取丰富的审美教育元素，促进学生健康、全面地发展。

小达人课程坚持以美育人、以美化人、以美润心、以美培元，引导学生树立正确的历史观、民族观、国家观、文化观，增强爱党、爱国、爱社会主义的情感，坚定文化自信，提升人文素养，理解人类命运共同体的内涵，为实现中华民族伟大复兴而不懈努力。

小达人课程包括合唱、绘画、剪纸、舞蹈、管乐、京剧等，是对学生进行

---

① 陈晓芬，徐儒宗.论语·大学·中庸[M].2版.北京：中华书局，2015：92.

美育，培养学生想象力和创新思维等的重要课程，具有审美性、实践性、创造性的特点。小达人课程属于艺术与审美领域，旨在通过音乐、美术、实践活动、项目化学习活动，培养学生艺术核心素养（审美感知、艺术表现、创意实践、文化理解），逐渐形成适应个人终身发展和社会发展所需要的正确价值观、必备品格和关键能力。

# 第一节  课程价值观与课程理念

## 一、课程价值观

艺术教育最重要的方面就是情感教育。教师通过课堂教学对学生进行情感与审美教育，是艺术教育课程的最重要的任务。小达人课程以社会主义核心价值观为指引，在各个美育课程的实施过程中，让学生认识艺术的重要性，激发学生的审美、创造力等。小达人课程的教学内容不仅要广泛，还要让学生更全面地了解、感受、学习多种艺术表达形式，在学习中建立健康、积极向上的价值取向，获得审美体验，从而让学生得到全方面的发展。

## 二、课程理念

### （一）坚持以美育人

小达人课程，以艺术核心素养为主要依据，在教学中鼓励、引导学生积极参与我校各类艺术课程及艺术活动，通过感受美、欣赏美、展现美、创造美，达到艺术发展多元化的目的，进而唤醒每个学生的审美潜能，提升美的意境与生命的境界。

### （二）重视艺术体验

由于每个学生的想象力与个性都是独一无二的，我们充分做到因材施教，尊重和珍惜学生原有的艺术感受，让学生去想、画、剪、唱、演等，重视学生在学习课程过程中的艺术感受和情感体验，激发学生参与艺术学习与艺术活动的兴趣和热情，使学生在艺术体验中，提高艺术素养和创造能力。

### （三）加强课程综合

以艺术学科为主体，加强与其他学科融合，进行与各学科相关联的项目化实施；让学生在学习艺术技能的过程中不仅能掌握艺术学科的知识，还能了解与其相关的综合知识，汲取丰富的审美教育元素，全面提升学生的综合人文素质。

# 第二节 课程目标

**一、课程总目标**

（1）在发现、感受、体验与欣赏艺术之美的过程中，提升审美感受能力，丰富想象力。运用演唱、表演、创造等方式进行表现与交流。

（2）在学习过程中发展创新思维，积极参与京剧、合唱、舞蹈、管乐、剪纸等创造性的艺术实践活动，在学习过程中能发现问题并学会解决问题，提升创造能力，通过创作，提高艺术表现和创造能力。

（3）能感受和理解我国的深厚文化底蕴，通过京剧、合唱、舞蹈、剪纸等课程的学习，传承和发扬中华优秀传统文化，坚定文化自信，增强中华民族共同体意识。通过学科之间的相互融合，充分了解我国的历史与文化传统。

**二、分级目标**

**（一）低学段（一至二年级）学习目标**

（1）能感知身边的美，认识美存在于我们周边。能体验艺术作品表达的情绪与情感，了解其基本特征，感知所要表达的艺术形象，对艺术课程产生兴趣，初步形成发现美、感受美、欣赏美的意识。

（2）能积极参与京剧、合唱等艺术活动，积累实践经验，享受艺术表现的乐趣，在各种艺术实践中初步建立规则意识和合作意识。对艺术学科有好奇心和探究欲，能在探究声音与美术创作的过程中表达自己的想法和感受。能使用不同的工具、材料和媒介，以平面、立体或动态等表现形式表达对剪纸艺术的感想，进行装饰和美化，初步形成设计意识。

（3）初步了解京剧、剪纸等中国艺术文化。在作品创作过程及各类的艺术体验中，唤起爱国主义情感，逐渐形成乐观的生活态度以及对他人的友爱之情。能利用不同的工具、材料和媒介，制作剪纸工艺品，增强中华民族自豪感。

**（二）中、高学段（三至五年级）学习目标**

（1）具有丰富的音乐情绪与情感体验，感知、体验、了解艺术学科的感性特点和审美特性，从而养成良好的鉴赏习惯，增强对艺术学科的兴趣；能运用造型元素、形式原理和欣赏方法，欣赏、评述艺术家的剪纸作品，感受中外美术作品的魅力。

（2）能够自信、自然地进行京剧、合唱、舞蹈、管乐等演唱、演奏、表演艺术活动，能创作平面、立体或动态等表现形式的剪纸艺术作品，乐于表达自己独特的感受和想法，在实践中增强规则、责任和学习意识，从而发展交流与合作能力；对音乐保持好奇心和探究欲，能在即兴表演和编创等艺术创造活动中展现个性和创意。运用剪纸的表现形式为班级、学校的活动设计物品，体会设计能改善和美化我们的生活，发展创造能力。

（3）增进对京剧、舞蹈、合唱、剪纸、绘画等中国传统艺术文化的了解与喜爱之情，在课程学习过程中唤起学生的爱国主义情感；在学习制作传统工艺品的过程中，感受与学习工艺大师们敬业专注与精益求精的工匠精神；了解世界多元的艺术文化，开阔视野。能将音乐、美术与社会相融合，与自然生命、社会发展及科学技术相融合，学会探究各种创造性问题，提高学生综合探索与学习迁移的能力，提升自我的艺术素养。

# 第三节 课程结构与课程设置

## 一、学科课程结构

学科课程结构见图 5-1。

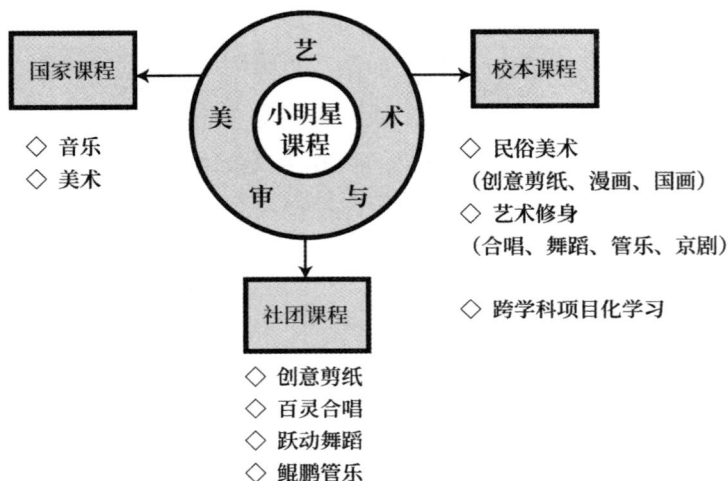

**图 5-1 学科课程结构**

## 二、学科课程设置

学科课程设置见表 5-1。

**表 5-1 学科课程设置表**

| 艺术课程·美术 | 学科拓展课程 | 一年级：剪影 | 艺术课程·音乐 | 学科拓展课程 | 一年级：京剧发展史 |
|---|---|---|---|---|---|
| | | 二年级：纹路 | | | 二年级：京剧"生" |
| | | 三年级：具象 | | | 三年级：京剧"旦" |
| | | 四年级：镂刻 | | | 四年级：京剧"净" |
| | | 五年级：情景 | | | 五年级：京剧"丑" |
| | 校本特色课程 | 一、二年级：儿童剪影 | | 校本特色课程 | 一、二年级：探秘京剧 |
| | | 三年级：传统剪纸 | | | |

续表

| 艺术课程·美术 | 校本特色课程 | 四年级：生活剪纸 | 艺术课程·音乐 | 校本特色课程 | 一至五年级：百灵合唱 |
|---|---|---|---|---|---|
| | | 五年级：创意剪纸 | | | |
| | | 一年级：童味彩笔 | | | 三至五年级：鲲鹏管乐 |
| | | 二年级：少儿漫画 | | | |
| | | 二至五年级：泥土留香 | | | 三至五年级：跃动舞蹈 |
| | | 三至五年级：水墨丹青 | | | |

### 三、生活剪纸校本课程纲要

#### （一）课程背景与分析

1. 课程定位

（1）政策要求：《义务教育艺术课程标准（2022年版）》强调了艺术课程的完整性，强调艺术活动不仅是艺术技能训练，更是让学生在多元文化环境下进行自我发展和思考，并进一步发展他们的情感和心智，还强调了多元文化领域的素养培养。该标准要求学生了解不同文化中的艺术价值和风俗习惯，并能够将其集成到个人的艺术风格中。艺术教育里面的文化元素不是单一的，课程标准要求学生从不同文化的表现方式和媒介中探索艺术，发现不同文化通过艺术传达的信息和价值观。生活剪纸校本课程对于落实政策要求起到支持性作用。

（2）学校育人要求：培养具有"家国情怀、智慧创新、责任担当"的时代新人，着力打造符合学生发展需要的剪纸课程。通过剪纸创作让学生认识中国民间剪纸艺术，培养观察能力，努力成为传统文化的传承者，发展学生的个性。

（3）核心素养发展要求：结合《中国学生发展核心素养》中的要求，要培养学生积累艺术知识的能力；培养学生感知、鉴赏、品评艺术作品的能力；要尊重不同地域艺术作品的多样性，从健康的方面对作品进行品鉴；要努力将课堂知识与生活相联系，在生活中进行创意表现。生活剪纸校本课程在发展核心素养过程中起着推动性作用。

2. 学情分析

（1）认知基础：调查学生对剪纸材料知晓的情况、学习的途径等内容，调查结果显示，学生对材料较熟悉，学习的途径多来自学校课堂。

（2）兴趣特长：小学生喜欢做手工作品，生活剪纸校本课程的开设是对日常剪纸教学的拓展，更加具有生动性，活动方式多样化。

（3）发展需求：从学生发展来讲，本课程从学生的视角引领学生关注生活中的材料，增进学生的环保意识，培养创新能力等。

3. 资源条件

（1）指导教师：学校现有指导本课程的教师 6 人。这些教师对剪纸的剪法与刻法有一定的研究，构建了"民俗美术"学材和评价表。对"民俗美术剪纸"进行了课程资源的开发，撰写的《情趣兴趣为基　实践创新为主》在山东省美术教学创新成果展示活动中获奖。

（2）场地设施和设备：学校大屏可以为学生提供欣赏作品和交流的平台。美术教室能够为学生创作和活动提供场地。

（3）学习资料：剪纸的工具与材料比较简单，成本较低，也便于学生准备。做好的作品可以装点生活，也可以送亲朋好友，其意义比买来的礼物意义更大。

**（二）课程目标**

1. 本课程的核心育人价值

核心育人价值主要体现在学生的人文情怀和文化理解的形成。

生活剪纸校本课程引导学生将剪纸与生活中的 T 恤衫、帆布包、手提袋相结合，通过棉烫转印的形式进行创作。课程不仅培养了学生的动手、动脑的本领，打开了学生的眼界，提高了学生的思维力、想象力和创造力，还使学生在合作的过程中具有了团队意识。

2. 学习目标

（1）了解中国剪纸的历史发展和文化内涵、剪纸的分类和表现形式，掌握基本的造型规律与方法，激发强烈的学习和创作欲望。

（2）通过剪、刻、画、贴等方法，系统地了解各种材料的性能，在实践过程中获得丰富经验，培养学习兴趣，设计制作出有创意的作品。

（3）通过实践创造，发展个性，转化学习方式，拓展创新能力，增强民族自豪感，促进个性化发展，传承传统的剪纸艺术。

**（三）课程设置**

（1）修习方式：选修。

（2）选课对象：三至五年级，30 名学生。

（3）课时设置：32 课时。

（4）评价设置：自评、互评、师评。

**（四）课程内容**

课程内容选择的基本思路：学校的学生具有良好的绘画功底。剪纸活动集绘画、手工于一体，绘画是剪纸的前提，这为剪纸课程的开发打下了深厚的基础，因此，在课程的初始阶段先加强基本功训练。课程内容的框架结构见图5-2。

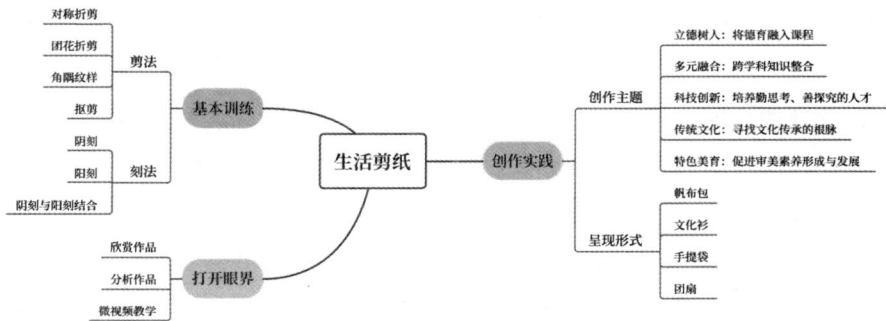

图 5-2 课程内容的框架结构

**（五）课程实施**

1. 实施安排表

课程实施安排见表5-2。

表 5-2 生活剪纸课程实施安排表

| 内容模块 | 活动主题 | 课时预设 | 实施场所 | 目标／要求／资源 |
|---|---|---|---|---|
| 立德树人 | 社会主义核心价值观 | 4 | 美术教室 | 社会主义核心价值观宣传标语 |
| | 鲸园老校友 | 4 | | 王海将军、漫画家毕克官头像 |
| 多元融合 | 红色党建 | 2 | | 党旗、党徽、有历史纪念意义的城市 |
| | 中国梦 | 2 | | 中国地图、天安门、华表、地铁等图案标志 |
| 科技创新 | 宇航员 | 2 | | 中国著名的航天员、宇航员头像 |
| | 神舟、天宫 | 2 | | 神舟飞船、天宫一号、天宫二号、运载火箭图案 |
| 传统文化 | 传统节日 | 4 | | 端午节、中秋节、元旦、元宵节等传统节日 |
| | 二十四节气 | 4 | | 立春、雨水、惊蛰、春分、清明、谷雨、立夏、小满等二十四节气图 |
| | 传统美德 | 4 | | 仁、义、礼、智、信等传统美德 |
| 特色美育 | 跨学科学习 | 4 | | 生、旦、净、丑京剧脸谱 |

2. 实施要求

（1）对教师的要求如下。

教师能力：生活剪纸校本课程的开发与实施，对教师的专业发展提出了更高的要求，因此，教师应不断提升研究课程、开发课程的能力，保障剪纸课程常态、有效地实施。

课程素养：课程的开发——大单元设计、资源编制，就是让学生自主学习图案，从而进行图案创作，在创作中感受剪纸的魅力，激发学习热情。剪纸故事的融入让学生学会合作、学会探究，提升团队解决问题的能力。

教学准备：资料、学具、学习支架。

（2）对学生的要求如下。

安全要求：学生上课时要注意课堂安全，在剪纸过程中不将剪刀与刻刀朝向人，不在教室跑跳及打闹，切勿将剪刀与刻刀当作玩具，保证安全。

纪律要求：学生走入美术教室要保持安静，切勿吵闹，可轻声与小组成员讨论剪法与刻法；走进教室后，坐在相应的位置上，做好课前准备。

学习要求：所有学生认真完成主题创作，上课认真听讲，听从小组长的安排，积极练习。

3. 实施策略

（1）文化渗透策略：教师为学生提供剪纸发展历程的微视频，分析各个时代剪纸作品的特点。在学生观看的过程中，教师要适时的暂停，总结相同点和不同点，帮助学生进行区分。学生在教师的指导下有目的地学习，掌握剪纸的发展历程和文化内涵，感受剪纸艺术的博大精深。

（2）动手实施策略：以知识的巩固、动手实践能力的提升为目标，创新剪纸活动体验，营造乐学向上的文化氛围。教师通过公众号将学生制作的剪纸手提袋、文化衫、帆布包等成果进行分享展示。

（3）成果展示策略：课程实施过程中，搭建了文化衫走秀、剪纸小商铺等形式多样的展示平台，使学生能更好地内化知识，开拓视野。

（4）项目化学习策略：项目化学习是中小学学生最重要的学习方式，是新课程理念在学生活动之中落地的有效载体。它融合了自主学习、综合学习、实践学习等方式。教师根据课程进度和具体活动安排，按照"策划和入项—实践探究—汇报与评估"三个阶段，组织学生合作学习，开展"社会主义核心价值观""传统节日""红色党建"项目实践；为学生提供适合儿童使用的、适合儿童探究的学习支架，以此发展学生的实践能力和高阶认知。

**（六）课程评价**

1. 评价原则

（1）激励性原则：在评价过程中注重学生的过程性表现，采用多方评价、激励、自我反思等评价方式，不过分强调结果；鼓励学生大胆表现，尊重学生的每一次表现与回答，多给予鼓励性评价，多提出指导建议。

（2）发展性原则：用成长折线描绘学生学期（自评、师评）成长的情况。学生可以将自己的作品、收获和心得进行汇总，达到自我肯定、自我反思的目的，培养学生自我评价能力。学生可与同伴、指导教师一起，分析和反思成长过程，共同鉴赏其独特之处，指出其有待改进的地方，使其能力日益提高。

（3）差异性原则：教师应对学生的习惯养成、审美判断、美术表现、图像识读等方面进行全方位评价。

2. 评价形式

（1）多元评价：生活剪纸校本课程评价以小组学生互评为主，教师评价和自我评价为辅。

（2）积星评价：每节课教师会从出勤情况、工具准备、作品数量、完成质量等方面对学生进行评价，每表扬一次，在相应的位置加一颗星，每节课评出"星级达人"。

（3）档案袋评价：每节课教师将学生作品装入个人作品袋，并在评价表上记录。期末时教师对学生作品进行期末评价，学生自己也对本学期的作品进行展示评价。

3. 评价内容

充分利用每节课的交流展示平台，为每个学生提供展示成果的机会，使其提高信心和表达能力，并在展示过程中达到互相学习、互相评价的目的。对学生的评价以赞美、建议为主，采用鼓励的评语加以指导。

每节课根据出勤、课前准备、课堂表现、完成数量、卫生情况等方面对学生进行点评。每节课评出最有创意、完成得最认真的作品，进行集体欣赏。学期末，挑选样式新颖、设计独特的作品进行展览，并颁发证书。学生的档案袋评价根据日常的课堂表现及期末作品，为学生给出优秀、良好、合格、待努力的评价。

4. 评价量表

课程评价量表见表5-3。

**表5-3　生活剪纸校本课程评价量表**

| 评价内容 | 评价指标描述 | | | 评价方式与结果 | |
| --- | --- | --- | --- | --- | --- |
| | ☆ | ☆☆ | ☆☆☆ | 自评 | 互评 |
| 设计应用 | 能设计单个物体，无主次，主题不明显 | 能把文字与纹饰巧妙地结合，初步表现构图关系 | 构图整体感强，能设计出完整的、有创意的作品，画面和谐 | | |
| 创意想象 | 创作以模仿再现为主 | 在模仿的基础上，能根据自己的意愿，增添新的内容 | 标新立异，有一定的艺术感 | | |
| 主题呈现 | 画面主题不大明显，欠缺设计感 | 能表现出一定的主题，画面内容丰富，但无关联 | 画面内容丰富，情节生动，主题清楚 | | |
| 我的故事 | | | | | |
| 教师寄语 | | | | | |

**（七）课程管理**

课程管理如图5-3所示。

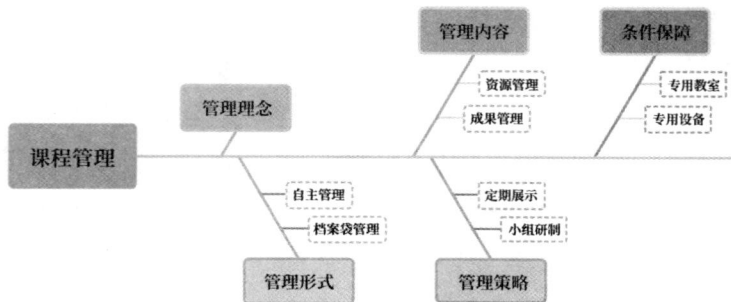

**图5-3　课程管理**

### 四、百灵合唱校本课程纲要

#### （一）课程背景与分析

1. 课程定位

（1）政策要求：2020 年 10 月，中共中央办公厅、国务院办公厅印发的《关于全面加强和改进新时代学校美育工作的意见》要求以立德树人为本，义务教育阶段注重激发学生艺术兴趣和创新意识。《义务教育艺术课程标准（2022年版）》中提出，坚持以美育人、以美化人、以美润心、以美培元。学校通过百灵合唱校本课程的开发与建设，使其成为学生审美能力与艺术素养发展的载体。

（2）学校育人要求：学校的特色育人方式为"人文教育"，倡导"弘扬传统文化、实现以文化人"的理念，立足素质教育，大力发展艺术课程，提升学生的审美能力和人文素养，使学生获得精神培育和精神成长。

使学生获得精神培育和精神成长是我们的首要任务，将求真、求善、求美的精神放在首位，应当遵从生命成长的规律，呵护孩子的天性，注重学生认知生长与潜能开发、艺术审美与创新能力，注重品德形成、人格发展等人文精神塑造，促进他们的可持续发展，点亮他们的未来。合唱课程对于以上精神的发展有着重要推动作用。

百灵合唱校本课程通过对学生进行合唱培训，梯次性、有目的地培养学生的合作演唱能力。学生通过长期训练和活动，不仅习得相关音乐知识，还能感受到人文精神，启迪心智，陶冶情感，提升审美能力，增强文化自信。

（3）核心素养发展要求：新时代中国的小学生应发展核心素养，提升发现美、表现美、创造美的能力。百灵合唱校本课程重在通过对合唱作品的感受、体验，提升学生对音乐的审美感知素养；通过对合唱作品的演唱及创意表演，提升学生在合唱表演中的表现和创意素养；通过对不同合唱作品的学习和理解，提升学生的文化理解素养。

2. 学情分析

（1）认知基础：大部分学生对歌唱有一定的认知基础，乐于歌唱，能了解歌唱对于抒发情绪、增强自信有重要的作用。目前合唱队员分为低年级及中、高年级队员。现有队员音色较好，对歌唱有着非常浓厚的兴趣，大部分学生在校外进行了声乐学习，具有一定的歌唱基础。另一部分新生，学习时间较短，存在气息不稳、喉头过紧、嘴巴张不开、发声位置较低等情况。为了使所有学生的声音能达到"合"的效果，需要解决气息及发声方法问题，进而进行音准、节奏方面的提升培养。

（2）调查兴趣特长。

①对于"喜欢歌唱吗？"的调查发现，62%的学生喜欢歌唱，20%的学生不喜欢歌唱，18%的学生选择"差不多"。调查发现，大部分学生对于歌唱的兴趣较高，喜欢在学习和生活中通过歌唱来表达情感。

②对于"我学过乐理知识吗？"的调查发现，30%的学生学过乐理知识，50%的学生没有学过乐理知识，20%的学生选择"差不多"。经进一步调查，选择"差不多"的学生只是在音乐课堂中学习了音乐基础知识。调查发现，学生整体乐理知识的基础较为薄弱，部分学生认为乐理知识较难，对乐理知识的学习兴趣不足。

③对于"我能视唱乐谱吗？"的调查发现，25%的学生能视唱简单的乐谱，认识音名、唱名，了解基本的节奏型；50%的学生不会视唱乐谱，音高、节奏等方面的基础薄弱；25%的学生能在教师的帮助下，进行简单的乐谱视唱，但仍有错误，不能做到自主学唱。调查发现，学生的视唱练耳、唱谱能力有待提升，不过若有音乐基础较强的学生，可重点培养。

④对于"我乐意上台演唱吗？"的调查发现，60%的学生喜欢上台表演，25%的学生不喜欢上台表演，15%的学生不确定。调查发现，学生上台表演的欲望较强，但信心不足，在平日学习和生活中缺少展示及锻炼的平台。

⑤对于"我能坚持长时间学习合唱吗？"的调查发现，70%的学生表示可以坚持长时间学习合唱，15%的学生不能长时间学习合唱，15%的学生不确定。调查发现，喜欢歌唱的学生都表示可以坚持长时间的学习，具有一定的耐心和信心；小部分学生对于合唱较为陌生，无法确定自己能否长久坚持。

（3）发展需求如下。

学生个人发展需求：根据调研结果，学生对于歌唱的兴趣较高，恰当的歌唱能够帮助学生学会传达情感的方法，释放学习压力和精神压力。基于学生的兴趣爱好及发展需求，将合唱作为一门发展学生自身兴趣的课程，帮助学生树立正确的歌唱意识，增强信心，提高专业歌唱水平。

团队发展需求：根据调研结果，可分为基础班、进阶班、高阶展演班，培养学生的歌唱能力及团队合作精神。

终身发展需求：根据调研结果，部分学生在校外已经有学习声乐的基础，并愿意坚持长期训练，合唱课程可巩固及提高学生校外所学歌唱基本功，为学生的终身发展服务。

3. 资源条件

（1）指导教师：学校现有指导本课程的教师 2 名。他们热爱音乐教学，乐于学习与研究合唱，多年以来积极参与环翠区教师合唱团的排练，撰写了多篇关于小学音乐合唱教学研究的论文，并在国家级刊物上发表。教师指导的合唱比赛多次获得区、市、省级一等奖，他们具备一定的合唱排练指导能力。

（2）场地设施和设备：学校设有合唱专用教室，有专业的合唱台、钢琴、打击乐器等，能够满足课程开展的需要。

（3）学习资料：学校有合唱学习指南以及厦门六中合唱团合唱音乐会、深海蓝合唱团合唱音乐会、维也纳童声合唱团表演视频、音频等。

**（二）课程目标**

1. 核心育人价值

百灵合唱校本课程的核心育人价值是艺术表现力和团队精神。通过对合唱作品的鉴赏、歌唱基本功的练习、乐理知识的学习、合唱作品的排练等活动，提高学生歌唱技能及对歌曲的艺术表现力，引导学生团结协作，充分调动学生对歌唱的主观能动性。

2. 学习目标

（1）进行气息练习、节拍练习、视唱练耳练习，体会这些基本功练习在歌唱时的作用，初步掌握合唱的基本音乐理论知识。

（2）通过声音及音色的练习、多声部和声入门练习，探寻科学的发声方法及发声技巧，初步了解合唱时多声部声音要求，接受声乐启蒙，形成和谐统一的声音意识，建立和谐、融洽的合作关系。

（3）学生聆听多声部成员的演唱，欣赏不同主题的合唱作品，领悟不同类型合唱作品的不同音色及艺术处理方法，体会歌唱对于表达情感及文化传承的重要作用，增强文化自信。

**（三）课程设置**

（1）修习方式：选修。

（2）选课对象如下。

基础班：一、二、三、四年级，学生人数 30 人左右。

高阶班：三、四、五年级，学生人数 50 人左右。

（3）课时设置：每学期 16 课时。

（4）评价设置：星级评价、等级评价、特长评价。

**（四）课程内容**

1. 课程内容选择的基本思路

（1）从学生的认知能力出发，突出课程内容的基础性。

百灵合唱校本课程以歌唱基本训练为基础，以气息训练、节拍律动训练、声音及音色训练、视唱练耳训练、合唱作品排练、合唱作品鉴赏等为主要课程内容。课程内容作为合唱作品排练的基础，环环相扣，不可分割，且课程内容中排练作品这一环节耗费时间最长。

（2）从合唱特点出发，建立合唱内容的进阶梯度。

为保证学生合唱的持续进步，以气息训练、节拍律动训练、声音及音色训练、视唱练耳训练、合唱作品鉴赏环节各占 10% 的比例，合唱作品排练 50% 的比例，将所有课程内容分布在每次的校本课程中。

2. 课程内容框架结构

课程内容框架结构见图 5-4。

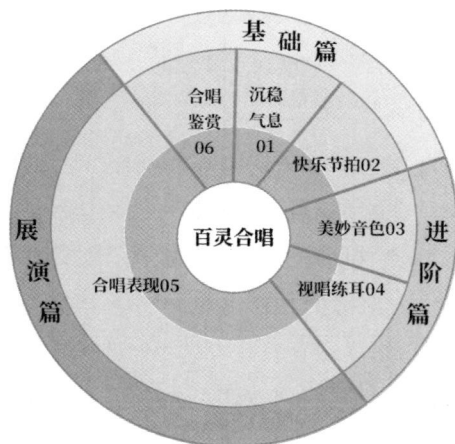

图 5-4　百灵合唱校本课程内容框架结构

**（五）课程实施**

1. 实施安排表

课程实施安排见表 5-4。

表 5-4　百灵合唱校本课程实施安排表

| 单元 | 活动主题 | 课时预设 | 实施场所 | 目标／要求／资源 |
|---|---|---|---|---|
| 基础 | 开展合唱鉴赏 | 2 课时 | 合唱教室 | 目标：通过欣赏合唱作品，了解合唱作品所表达的情感与内涵，更好地理解作品<br>资源：场地、学习资源、视频、音频等 |
| | 进行气息体验 | 2 课时 | 合唱教室 | 目标：通过教师示范，了解歌唱时必须根据发声和艺术表现的要求呼吸<br>要求：用闻花香的方法，通过受惊的感觉来找慢吸慢呼、快吸快呼的感觉<br>资源：场地、学习资源、视频、音频等 |
| | 进行发声练习 | 2 课时 | 合唱教室 | 目标：通过音阶的练唱和趣味发声练习，建立规范、统一的发音状态<br>资源：场地、学习资源、视频、音频等 |
| | 进行音准练习 | 2 课时 | 合唱教室 | 目标：通过对歌曲中较难掌握的音进行练唱、跟着钢琴模唱音阶，将音准练习曲唱熟 |
| 进阶 | 排练合唱作品 | 8 课时 | 合唱教室 | 目标：通过基本的乐谱演唱，采用小组学习和教师指导等方式，正确掌握歌曲的旋律、节奏，培养学生二声部合唱的能力<br>资源：场地、学习资源、视频、音频等 |

2. 实施要求

（1）对教师的要求如下。

教师素质：教师要具备基本的职业道德，尊重学生，关心、爱护学生，创设和谐、温馨的课堂氛围。

课程素养：教师要注重培养学生的艺术素养，并积极整合其他学科及传统文化等方面的知识，提升合唱团成员的音乐核心素养，拓宽学生对合唱学习的视野。

教学准备：对于每个活动主题，教师需要准备教学资源、学具、学习支架，引导学生利用学习支架更好地开展活动，增强活动效果，积极开展前测、后测，及时分析改进，更好地服务课堂。

调控管理：教师要对课堂进行纪律、安全、学习状态、合作积极性等方面的管理，增强课堂的实效性。

指导能力：教师要加强对课堂活动的指导，组织挑选声部长，注重小组合作效能。

（2）对学生的要求如下。

安全要求：所有学生要注意课堂安全，合唱时在台阶上站稳，不乱跳，不做大动作。边缘及后排学生注意身体重心在中线，切勿摔倒受伤，保证安全。

纪律要求：所有学生进入合唱教室时保持安静，切勿吵闹，可轻声与本声部成员练唱；进入教室后，站在各自声部的位置，不推、不挤、不打闹。

学习要求：所有学生认真完成练唱作业，上课认真听讲，听从声部长的安排，积极练习。

合作要求：小组合作练唱时，不说话，不做与练习无关的事情。小组合作练唱保证准确、熟练、整齐。

3. 实施策略

（1）自主模唱策略：能结合乐谱，自主进行旋律模唱，并发挥合作的优势，准确掌握音准、节奏。教师需要提供对应旋律的伴奏音频、唱谱音频及乐谱资料，挑选声部长引领学唱，并在教学过程中指导学生如何正确掌握节拍、音准、节奏，帮助学生顺利、准确地学唱。

（2）节拍律动策略：能了解歌曲节拍，用肢体语言正确地表现，并能与音乐相融合，积极、自信地随音乐表现。教师需要讲解不同节拍的强弱规律及基本概念，帮助学生分析不同主题歌曲表现的不同情绪，并通过示范指导学生如何进行情绪表达，帮助学生用自然、正确的肢体动作表达节拍和情绪。

（3）发声练习策略：训练过程中要求学生能正确掌握科学的发声方法，并能随伴奏自信、主动地演唱。教师需要提供发声示范、讲解视频资料，在教学过程中指导学生互相聆听其他同学声音，并及时辨别、纠正有问题的声音，保证发声方法的统一。

（4）合唱展示策略：能用自信的表情、准确的节奏、自然的律动、和谐的声音参与合唱表演。教师需要提供其他合唱团表演视频，提出合唱作品艺术处理要求，进行合唱作品表演配器，并挑选合适学生进行打击乐器的训练与表演。在此过程中，教师指导学生正确的音准、节奏、声音的和谐统一，帮助学生自然、积极、自信地参与合唱展示。

**（六）课程评价**

1. 评价原则

（1）激励性原则：在学习过程中，教师要善于用鼓励的语言引导学生大胆、自信、积极地演唱，肯定学生的领悟效果和进步，给予激励。在学生练唱过程中，教师要多聆听并及时给予正面反馈，对学生的声音及课堂表现进行激励性评价。

（2）差异性原则：在学唱及排练过程中，教师要关注不同层次合唱团成员的接受和领悟程度，因材施教，对不同层次的成员进行有目标、有针对性的评价与指导。

2. 评价形式

百灵合唱校本课程的评价方式以小组学生互评为主，教师评价和自我评价为辅。评价能调动学生的学习主体性，同学之间的互评也能帮助学生发展各方面能力。以下是评价的形式。

（1）赛事式评价——通过各级各类评选活动、各类比赛等，让学生体验获得感。

（2）反馈式评价——语言评价。在活动中，可以通过学生自我评价、同学间交流评价、家长反馈进行语言性评价。

3. 评价内容

百灵合唱校本课程主要针对识谱、音准、表现、作品分析能力等方面展开评价，主要在学习过程中进行。

4. 评价量表

综合能力评价见表5-5。

### 表5-5 综合能力评价量表

| 内容 | 评价指标描述 | | | 评价方式 | | |
|---|---|---|---|---|---|---|
| | ☆☆☆ | ☆☆ | ☆ | 自评 | 他评 | 师评 |
| 识谱 | 能够自主视唱、学唱歌谱，准确、熟练地掌握旋律、节奏 | 能够根据老师提供的唱谱音频进行学唱，准确、熟练地掌握旋律、节奏 | 能够在其他同学的帮助下进行学唱，准确、熟练地掌握旋律、节奏 | | | |
| 音准 | 能准确听出音高，并能跟随钢琴伴奏将各自声部的音唱准，不与其他声部混淆 | 能准确听出音高，并能随钢琴伴奏将各自声部的音唱准 | 能够在其他同学的帮助下掌握各自声部的音准 | | | |
| 表现 | 能积极、主动、自信、自然地随音乐及歌曲进行律动表现及情感表现 | 能在同学及老师的带动下自信、积极地随音乐及歌曲进行表现 | 能跟随老师积极、认真地随音乐进行情感表现 | | | |
| 作品分析 | 根据作品的音乐情绪、歌词、节奏、节拍、艺术处理等方面，对合唱作品有自己的艺术见解 | 能够在老师的讲解下，理解作品的情绪、歌词所表达的情感 | 能够在老师的讲解下，理解作品的情绪、歌词所表达的情感 | | | |

学生活动综合评价表（表5-6）是学生在课程后对自己、团队在活动中的学习状态和学习效果所进行的评价。该评价表主要从作品的完成效果、团队合作情况等方面进行评价。

### 表5-6　学生活动综合评价表

| 内容 | 评价指标描述 | | | 评价方式 | |
|---|---|---|---|---|---|
| | ☆☆☆ | ☆☆ | ☆ | 自评 | 他评 |
| 任务达成 | 能完整演绎合唱作品，将情感表达、音准、艺术处理等方面都表现得很好 | 能完整演绎合唱作品，在此过程中服从安排，完成作品的学唱 | 能完整演绎合唱作品，在老师和同学的帮助下将歌曲唱下来 | | |
| 参与热情 | 积极、主动地参与活动，并乐于帮助他人，且颇有成效 | 积极、主动地参与活动，认真完成每次的排练 | 需要在别人的帮助下参与练习活动，并能跟上进度 | | |
| 团队合作 | 团队合作中能够担任声部长，积极、主动地帮助他人 | 团队合作中能积极帮助他人 | 团队合作中服从声部长的安排，按时完成任务 | | |
| 我的故事 | | | | | |
| 家长评 | | | | | |
| 教师评 | | | | | |

**（七）课程管理**

管理理念：鼓励学生进行自我管理，培养主人翁意识。

管理形式：学生自主管理、线上作业及线下排练反馈相结合。

管理内容：星级管理、资源管理、成果管理。

管理策略：制定声部长专人负责制，定期展示自主管理结果。

**（八）总结**

在合唱课程的学习过程中，需要多方面融合，实现合唱的艺术、鉴赏、教育功能。通过合唱课程对学生进行教育、启蒙和引导，在规范学生道德、行为等方面都有着不同程度的意义。我们培养的未来的人才，是具有家国情怀、勇于担当、团结奋发的青少年，合唱教学的研究与实践，正是将这些精神融入其中，培养学生的审美能力、音乐素养，还能培养学生的团结合作精神。

# 第四节　课程实施与评价

小达人课程依托"人文"课堂"初探预学—深度构建—评价反思"的教学模式，借助课前小组合作预习激发学生的学习主动性，使学生在主动参与的过程中，提升创造美的能力。

课前初探预学：即先行学习，自主探究，自主查阅与本节课相关的艺术知识。教师充分掌握学生对新知识学习的基础，了解学生目前已掌握的学习内容，以及不同学生之间的差异性，精准把握学生的学习情况。

课中深度建构：聚焦艺术课堂单元结构化教学策略，从"初探交流—合作探究—知识架构"三个层次，展开学生主导的探究活动和教师主导的引领活动。发挥学生的自主性，使学生在解决问题过程中感受美、创造美。

课末评价反思：聚焦学生对于艺术核心知识的深度理解，教师从自主练习、小组合作展示、作品创造三个层面将研究的问题延伸，使学生的艺术核心素养得到发展。

## 一、聚焦"大单元"课程初探情境视阈下的体验式教学——美术学科大单元"人物"主题教学案例

### （一）教材分析

鲁教版一至五年级的教材每册都涉及人物画教学，对人物绘画形成了纵向的贯穿。在同册教材中，课与课之间也有一定的关联。从低年级的用图形、线条表示人物到中、高年级的人物头像、人物线描写生，对人物画教学形成了系统的呈现。

### （二）学情分析

学生从一年级的绘画中已经开始接触人物，但人物的绘画对学生来说有一定难度，中、高年级的学生对人物动态也不能够完全理解，学生对人物骨骼的生长缺乏理解。在一学期短短的几节人物绘画课程中学生不能完全掌握与理解人物绘画，因此，通过本案例对人物画进行全面而清晰的梳理与讲解。

**（三）教学目标**

（1）通过欣赏图片，初步了解和感受生活中人物的外形特征，用简单的线条进行动态表现，提高观察能力和造型表现能力。

（2）通过人物动态简笔画练习，表现人物动态形象，体会人物骨骼动向及四肢的变化。

（3）通过欣赏、练习与交流，培养观察能力，体验画人物动态的乐趣，提高审美素养和实践能力。

**（四）案例分析**

1. 设计多元重组教学，提高学生的认知水平

核心素养导向下的"大单元教学"设计是指借助原有的学科建构体系，结合学情和学生的认知对教学内容进行重新规划设计。教师在学期初备课时，先根据教材内容将 20 节独立的课划分为几个单元，再根据单元主题整体规划课时安排，达到多元重组教学的效果。

（1）重组学科课程，提高课堂参与度。

目前，学校教学主要依赖于教材，然而教材中安排上有关联的课程间隔太长，每一堂课仅仅获得对本堂课知识的关注，学生难以系统地掌握知识，导致课堂参与感下降。

以鲁教版一年级上册为例：通过目录我们可以看出第 7 课"我的新朋友"和第 10 课"我在空中飞"与画人物有关，但是加入了"折折画画'站'起来"和"鱼儿游游"两节课，打断了人物系统教学的情境。对此，在前期备课时将课程顺序进行了调换，初步形成人物画大单元课程体系。

但是，仅仅两节课的人物画教学，学生不能完全掌握人物画的所有知识；再次纵观整本教材，"淅沥的小雨""节日的烟花"中都有人物刻画，于是把这两课加入人物画大单元教学中；最后根据本节课中要求人物的刻画是静态还是动态安排课程顺序。

在这样的单元课程中，学生在教师的引导下，以自主探究的学习方式了解了人物画的创作步骤，联系生活情境体验了"真实性学习"，提高了学生的课堂参与度。这样的单元课不仅让课与课之间自然衔接，也能使单元教学有序展开。

（2）贯穿点面结合，体会作品情感。

点面结合法是将最能表现教学主题的技能技法化作"点"，安排在最主要

的位置上，把其他能丰富"点"的知识作为"面"来丰满布局，因此在人物画教学中，我们用点面结合法解决教学效果的单一性问题。

"我的新朋友"一课的教学重点是通过观察人物的特点、姿态，以写实的手法进行人物创作，体现独特性。教材选择的优秀学生作品中，8 张中有 6 张是正面头像，存在单一性，导致我们需要花大量的时间在网络上寻找和筛选不同角度的人物画作品。在第一课时中，学生对五官、动作有一定的了解，第二课时的深层目的应该是通过画新朋友来感受同学间的友情。因此，我们在这堂课中将刻画五官、动作、姿态的技法穿插在新朋友的爱好中，作为着力思考的"点"，画面中表现自己对同伴的爱是我们反映的"面"。"面"的设计，揭示了学生对同伴的情感广度，"点"的勾画，反映了学生对同伴的观察深度。

所以，在体验式教学中，我们除了创造一个大的、整体的情境之外，还要在每一堂课中设立一个小的、独立的情境，让课与课之间既环环相扣，又相对独立，更好地帮助学生体会作品的情感，达到从"点"到"面"，以"点"显"面"，以"面"衬"点"的效果。

2. 加强师生互动交流，创设多维情境体验

我校大单元教学的开展是在原有情境构建下，结合当下"双减"政策进行的，尊重了学生的独立性，也加强了师生间的互动交流。

（1）探索图文内涵，体验识读乐趣。

识读体验是提升学生欣赏能力的关键。中、高年级的知识量较大，就图赏图，从根源上简化了学生对名画等视觉艺术的深入了解，不利于师生间的互动交流。针对该现象，我们展示名画时要考虑以何种方式展现给学生，让学生在识读探索中寻找乐趣。

在讲授四年级上册"最受尊敬的人"时，我们根据教材中提供的摄影作品《生命的敬礼》，采用"以文导图"的方法去开展教学。四年级的学生通过电视、媒体对 2008 年汶川地震有一定的了解，因此我们通过作品背后的文字内涵去引导学生用情境画出人物的特征。

（2）贴近日常生活，感受故事气氛。

以主题为统领，以单元为形式的体验式教学，既要让学生获得体验，更要利用体验提高学生的美术素养。于是，我们通过故事中的情境开展美术教学，既贴近了学生的日常生活，又让他们在无意、有意的体验中感受故事气氛。

在教授三年级上册"大人国与小人国"一课时，课本上呈现了一张电影《格列佛游记》中的照片，虽然学生对该故事很熟悉，但在授课时采用更贴近学生的绘本故事作为切入点，可以让学生更直观地欣赏，再把"我"置身于该情境中，层层探讨，最终用绘画的方法记录"我"在大人国与小人国发生的有趣事情。

3. 进行分层次式教学，把握学生的情感体验

传统的班级授课虽然有利于大部分学生的能力培养，但对"优等生"和"发展生"能力的培养作用不大，在教学中体验的获取应该立足于学生本身，利用分层式教学，促进全体学生的发展。

（1）定位已有能力，体验技能分层。

小学美术课（尤其是高年级）侧重于技法表现、情感的表达，高年级学生的个人能力趋于稳定，学生之间的差距已经十分明显。我们要针对学生已有的知识技能水平、需要层次、性格差异等制定分层目标。

在讲授四年级上册"最受尊敬的人"时，我们首先明确告诉学生本次学习的基础目标是掌握脸部比例、三庭五眼，并且通过对不同年龄、不同方向人物的脸部进行观察，掌握绘画技巧；在达到基础目标后，再欣赏不同层次的作品，利用交流、讨论的方式定位自身学习目标。

此外，由于很多学生处于"眼高手低"的状态，在自我确定学习目标时会出现定得过高或过低的情况，因此我们会积极参与到学生自我目标确定的过程中，帮助他们选择最有利于促进能力发展的目标。

（2）获得能力发展，体验练习分层。

在练习过程中，根据学生的能力进行分层作业设计，先出示全员可以达到的颜色、线条等造型元素上的基础要求，再出示分层要求，学生根据学习目标选择自己所能达到的要求，从而在积极的气氛中自主学习，获得能力的发展。

4. 开发网络信息资源，注重学生的视觉体验

以计算机为核心的网络信息技术进入美术课堂后，给美术教学注入了新的生机。在素质教育中，信息化的教学已经和学生的日常学习密不可分，例如，课堂中借助希沃白板、课件、微视频，给学生提供最基础、最普遍的信息化资源体验。

（1）构建思维导图，体验图像视化。

图像是学生反馈知识的重要元素，在美术课中，教师往往使用回忆的方式巩固知识，忽略了美术的视觉体验和学生的个体差异。因此我们在教学中构建思维导图，从归纳知识的"听课"转化为组建知识的"看课"，将隐藏在图像后的信息表现在学生的面前，形成具有个性化的框架体系。

以四年级上册"今天我值日"为例，本节课会寻找生活中的卫生工具，掌握人物做值日时的动态、方向、场景。采用文字罗列知识点的方式呈现不够直观，于是我们在小结环节，以图像视化的形式展现教学重点，给学生最直观的体验。

（2）采用微课教学，感悟教学资源。

微课以音频和视频为主要载体，以教学重难点为主要内容，按照一定的逻辑顺序一一呈现，时间一般为 5 ～ 10 分钟。我们在选择微课时会贴近学生的日常生活，主要运用在导入和示范环节。

在一年级上册"我的新朋友"作品示范环节中，我们提前利用相机录好绘画步骤和绘画技法，不仅要学习如何画，还学习为什么画、怎么运用到其他作品中等，呈现更实用的教学资源，注重学生的视觉体验。

**二、听，旋律的脚步——音乐学科《可爱的家》教学案例分析**

**（一）教材分析**

本课选自山教版音乐三年级下册，是以唱歌为主的音乐综合课。通过鉴赏与演唱歌曲，学生能感受到歌曲中的"家庭的爱"的表达，在此过程中延伸到关心周围家庭关爱不够的同学。本课中，教师遵循教材目标，以聆听为本，营造温馨、和谐的音乐氛围，让学生沉浸在意境深远的音乐氛围中，并通过多种形式的聆听、赏析感受音乐美，感悟音乐带给我们的启迪。

**（二）教学构想**

在本课教学中，让学生充分与音乐对话，感悟音乐的旋律美、意境美。引导学生有思考地聆听，赏析出音乐情绪，品出音乐的美好，在聆听中感悟，品味音乐。在整个教学过程中注重情境教学的方法，在聆听中领悟歌曲的情感，在聆听中品味生活，感恩家庭。在教学过程中充分发挥多媒体教学的作用。

**（三）教学目标**

（1）能有表情地准确演唱歌曲《可爱的家》，做到音准、节奏正确。

（2）学生在听赏中体会同情与恩情，了解领唱、合唱的演唱形式。

（3）通过聆听、感悟、歌唱、体验音乐，学生能感受并珍惜自身的幸福，并能做到主动关爱父母和身边的人。

（4）养成良好的聆听习惯，并能通过聆听感受乐曲的情绪。

**（四）案例分析**

1. 音画结合，创设情境，聆听感悟

只靠一本课本，一首歌曲，学生可能无法更深地体会与领悟美妙的音乐世界。因此，在教学过程中教师配上符合主题的背景音乐，不仅让学生感受到了视觉上的冲击，更通过背景音乐给学生以听觉上的熏陶。在这音画结合的丰富情境中，鼓励学生大胆想象、勇敢表达，感受歌曲所表达的家庭的美好。

（1）教学实录片段一：

教师利用多媒体课件播放温馨家庭的图片，并且结合优美的背景音乐，让学生在丰富的音画中尽情观赏、聆听，感悟家庭的温馨与美满。

教师：同学们，今天老师给大家带来了一份温馨的礼物，我们一起来听赏一下吧。

课件播放温馨和谐的家庭生活的照片，背景音乐为《可爱的家》。

教师：同学们，听赏完你们有什么样的感受？

学生答：幸福、快乐、和谐、温馨……

教师：同学们的感受是对的，这些家庭给我们的感觉就是非常幸福。

教师：刚才老师看到同学们欣赏得那样专注，能告诉老师，吸引你的除了温馨的画面，还有什么？

学生：画面中的音乐。

教师：是呀，老师也感觉到，刚才在听赏时，大家不仅被图片的温馨所吸引，更是陶醉在这美妙的音乐中。刚才是什么样的音乐这样吸引你呢？

学生：美妙、温馨、温暖、和谐、优美、轻柔、感恩……

教师：大家聆听得真认真，感悟得也很深刻。这个意境深远的音乐就是这节课老师给大家带来的新歌，让我们一起走进《可爱的家》。

（2）教学实录片段二：

教师利用多媒体课件播放不幸家庭的图片，并且结合《我想有个家》的背景音乐，使学生在观赏聆听中，理解到幸福的家庭都相似，不幸的家庭却各不相同，并通过音乐触动心灵。

教师：在我们的生活中还有一些由于许多特殊的原因过着不一样的生活的孩子，让我们一起来走近他们。

课件播放生活比较困难的孩子照片，背景音乐为《我想有个家》。

教师：同学们，看到他们你想到些什么？你想说些什么？

学生：不幸、可怜、悲惨、痛苦……

教师：是呀，幸福是相通的，不幸却各不相同。老师发现在听赏的时候，大部分同学都比较痛心，除了画面，还有什么让你们这样心情沉重？

学生：是忧伤的背景音乐。

教师：你们聆听到那是怎样的音乐呢？

学生：忧伤、对家的渴望……

通过主题音画及与学生平等的对话交流，激发了学生对音乐的赏析欲望及对新歌曲的向往。教师不仅在问学生问题，还创设了一个平等的合作环境，让学生在这样的合作过程中不断地、自然地流露自身的真情实感，营造了一种师生合作的良好氛围。学生兴趣盎然，能够在美妙的音画中徜徉。在这样的情景中，教师及时地点拨学生交流画面的意境、意图；引导学生在听赏的同时交流背景音乐的风格、情绪，醉翁之意不在酒的设计意图一下子就把学生的音乐兴趣给调动起来，学生也就真正有了主动听赏、歌唱及探究的欲望。

2. 用心聆听，紧扣重点，品味音乐

歌曲的学唱是教学的重点，在学唱中，教师一改以往传统的教唱方式，以聆听感悟、对比听赏、深情模唱为主，结合本课特点，调动学生的聆听兴趣，适时指导学生边听边想，注重以想带听，充分发挥学生的想象力，借助音乐使学生在温馨、和睦的家庭中尽情徜徉。紧接着巧妙抓住重点乐句，体会感悟，以悟促听，并引导学生通过比较式聆听，让其体会乐句中弱起的轻柔美和情绪美。

教学实录片段三：

（1）引导聆听，感悟歌曲。

教师：有一首歌曲，它流传了近200年。什么样的魅力让它这样经典？让我们一起来领略它无比的音乐魅力吧。

播放《可爱的家》，引导学生带着极大的好奇心来聆听欣赏。

教师：看到同学们如此专注地聆听，老师想知道，你们被什么吸引住了？

学生：音乐非常舒畅、优美、舒缓、温暖、温馨……

教师：大家有这样多的感悟，看来这首歌曲真的是名不虚传。老师也非常喜欢这首歌，愿意听老师给大家唱一遍吗？

教师唱《可爱的家》。

教师：感觉老师唱得怎么样？

学生1：唱出了有家的幸福，听了很感动。

学生2：听了老师唱的，我感觉有家的人都幸福。

学生3：听了这首歌，我觉得家不要多么繁华，只要温馨就够了。

学生4：我觉得我们的父母都很爱我们，我们也要好好学习，报答父母。

教师：同学们说得多好，你们都是懂得感恩的孩子，也看得出来，大家在聆听的时候很认真，更值得表扬的是大家能够带着思考来聆听，所以聆听之后，会有这样深的感悟。

（2）对比聆听，体会弱起。

教师：不知大家感觉到了没有，这首歌曲的节奏有什么与众不同的地方？

学生1：与很多歌曲相比，《可爱的家》这首歌的节奏有些凌乱。

学生2：节奏好像不够整齐。

学生3：开头的节奏有些和别的歌曲不一样，开头单独多出了一拍的节奏。

教师：大家真厉害！看出这么多的问题。像刚才这位同学发现歌曲的开头先出现了一拍的节奏，这是不多见的，这种节奏形式歌唱起来有什么与众不同呢？让我们在歌声中寻找答案吧。

重点聆听弱起乐句，对比感受歌唱情绪上的不同。

教师：通过对比聆听，你感受到歌曲情绪上有什么不同？

学生：第一种从情绪上感觉比较轻弱的起唱，第二种感觉开始就比较强。

教师：你的听辨能力很棒，听起来就是歌唱开头强弱的不同。第一种唱法是弱起，第二种唱法是强拍起。你们感觉哪一种歌唱情绪好呢？带着这个问题，我们再来对比听赏。

聆听的过程就是学生感悟音乐的过程。在这一环节中教师充分调动了学生的各种感官参与听赏，使学生自觉地、主动地在聆听中品味音乐，体会家庭的欢乐以及弱起的音乐情绪。通过让学生听听、想想、说说来体验音乐赋予人类的美感，感悟音乐的内在魅力。另外教师在教授中引导学生在美妙的音乐中要用心聆听，学生在多种形式、分层次、对比式的反复聆听中，很自然地感悟到了歌曲的弱起，并在反复听赏中，领略到了弱起优美、舒缓的特点，并能从情绪的感知深化到家庭的温情和父母的爱，体会到被爱的愉悦之情。通过聆听，学生不知不觉与音乐作品产生了共鸣，继而用歌唱的形式表达出来。可见，聆听，是音乐的脚步。

3. 想象聆听，感悟聆听，情感升华

为了引发学生情感上的共鸣，最后课堂环节中教师设计了歌曲欣赏、交流、小制作。在专注地聆听中，学生能够更深刻地感受到家的温馨、父母的爱护，伴随着音乐在"爱心卡"上表达自己对家的感恩。制作后，带着幸福感恩的心情再次聆听回味，实现了情感的升华。

教学实录片段四：

（1）教师播放音乐《我爱我的家》，在歌声中教师轻声诵读歌词。

无须引导，感情在音乐的熏陶中得以升华，师生共鸣，共同歌唱这首众所熟识的《我爱我的家》。

（2）在感人的音乐中，教师引导交流。

教师：同学们，这个世界上最爱你们的人应该就是父母了。如果现在老师给你一个机会，让你对父母说说心里话，你想对他们说些什么？

学生：感谢父母，永远爱他们，好好学习……

（3）学生伴随着《可爱的家》的音乐制作心形感恩卡。

教师：老师发现你们说得最多的就是感谢自己的爸爸妈妈，听了你们的回答老师觉得你们真的很棒，为你们感到骄傲，因为你们都是心怀感恩、充满爱的孩子。让我们带着感恩的心，把对爸爸妈妈及其他亲人的感谢制作成爱心卡送给他们好吗？

没有太多的说教，没有太多的言语，音乐就是所有的主宰。在学习中，学生是发展的主体，聆听感悟是主要的学习方式。在充分聆听的基础上，教师顺学而导，以"听"定教，满足学生的音乐需求，师生进行情感上平等的沟通交流。

"听"是为了悟，一个"听"字，将学生带入情境，使学生在浓厚的音乐氛围中更深刻地感悟到家庭的温馨与和睦、父母的呵护与期望。由此可见，"听"不是简单意义上的听，它涵盖了很丰富的内容，充满智慧，充满学问。整堂课学生在与音乐对话的过程中，不仅感悟了音乐，还升华了对亲人的情感。

**（五）赏析与反思**

众所周知，音乐是听觉的艺术。听赏，能帮助学生对歌曲有思、有想、有发现；听赏，能帮助学生提升音乐审美能力。

在《可爱的家》一课中，教师以"聆听"为教学主线，通过引发学生想听，引导学生会听，在聆听中体会音乐的意境美；在聆听中使学生感受家的温馨、父母的爱护。

1. 聆听、感受音乐，激发思维

在课堂导入环节，教师借助紧扣主题的画面及主题音乐背景，一下子把学生领进一个温馨的氛围中。学生被温馨的家庭画面感染着，被暖暖的音乐浸润着，如身临其境，不自觉中进入角色，"老师，我感觉到了家庭的温馨美好……老师，音乐太好听了，很美妙……老师，音乐里充满了对父母的感恩……"没有多的话语，是音乐激发了学生的思维。

2. 聆听，体验过程，感悟生活

在学唱的过程中，学生不是记不住歌词，就是歌唱情绪不佳，教师总是在歌唱前给学生再次引导。出现这种情况是因为聆听不到位。本节课，教师通过多种情形、多种方式引导学生聆听歌曲，学生在多次聆听之后，找准问题、解决问题，所以学唱起来更加自信，能做到字正腔圆，悦耳动听。

例如，为了使学生熟知歌曲的情绪，体会歌词的深刻，教师创设情境导入，激发听赏："《可爱的家》这首歌曲流传了近 200 年，它的音乐魅力让我们震撼，让我们再次来欣赏这首具有传奇色彩的歌曲吧！"

在处理重难点的过程中，聆听这一教学手段起着至关重要的作用。本节课中的弱起感觉和附点节奏，教师让学生在听赏中感受不同，再启发探讨交流。学生在教师不同的视唱中，受到启发："感觉老师的第一种唱法开头比较弱，像是开始要轻声诉说。""第二种唱法节奏比较整齐，歌唱情绪没有第一种浓厚。"……关于附点节奏，教师通过聆听的手段让学生主动发现附点节奏的音乐特点，并在听赏后表达感受。通过聆听、赏析，教师让学生感悟出歌曲的高潮部分，顺势引导学生，要懂得感恩，并能用感恩的心情来歌唱高潮部分。不用多的话语，音乐的高潮情绪已经告诉学生，感恩是人的感情回馈，感情升华。

通过教学实践，教师更懂得，让学生拥有"音乐耳朵"是多么重要。应在这个"聆听"的平台上，给学生一个充分感受与自由想象的空间，引领他们在音乐的海洋里尽情徜徉，从而达到审美育人的最终目的。

**三、跨学科项目化学习"与母校同龄的名家"——音乐学科《松花江上》教学设计**

**（一）研究背景**

鲸园小学关注学生未来发展的需求，结合学校特色发展目标，积极探索培养学生创新精神、创新智造素养的途径与策略，通过学习"与母校同龄的名家"，让学生知晓 1902 年发生在祖国大地上的各个行业名家的生活以及创作作品的背景，能拓宽学生的知识面，拓展学生的视野，从而使学生牢记母校的建校年份以及年代背景。

**（二）教材分析**

《松花江上》作于 1936 年，作者是张寒晖先生。歌词通俗直白，旋律似怨似怒，表达了东北同胞在日军铁蹄下背痛的心声，让每一个听到这首歌的中国人，内心都会涌起悲痛的心情。作品以如泣如诉的音调，唱出了九一八事变后中国人民的悲愤之情，因而风靡中华大地。这首歌曲的结构是带尾声的二部曲式，具有叙事性、抒情性的特点，歌词真切感人。

**（三）教学内容**

演唱歌曲《松花江上》。

**（四）教学目标**

（1）通过学习歌曲《松花江上》，学生能做到有感情地、声音坚定有力地演唱歌曲，掌握对自己声音的控制能力。

（2）通过学习运用正确的呼吸方法，感受气息对声音的支持。

（3）通过歌曲的学习，培养学生的爱国主义精神。

**（五）教学重点**

（1）有感情地演唱歌曲。

（2）理解歌词含义，体会当年日军给中国人民造成的苦难。

（3）体会歌曲的演唱特点，准确地把握歌曲的感情。

**（六）教学过程**

1. 导入新课

（1）课题背景导入。

教师：同学们，你们好，很高兴能够和你们相聚在音乐课堂。今天我们能坐在如此明亮的教室，享受着快乐的学习生活，与我们的祖国繁荣富强是息息相关的。然而在历史上的 1931 年 9 月 18 日，发生了一件震惊中外的大事。有谁知道是什么事吗？

学生：九一八事变。

教师：对！自从九一八事变，日本侵略者的铁蹄践踏我国领土，东北三省很快沦陷。被逼无奈的东北人民携老带子，被迫离开了自己的家乡，流浪在外。虽然东北是他们的家乡，但是在当时，他们有家却不能回，有仇却无法报。当时许多爱国人士组织大家要拿起武器和敌人进行坚强的战斗。有一位名叫张寒晖的作曲家举起了特殊的武器——笔，谱写了一首感人肺腑的歌曲。这首歌曲以含着热泪的音调，唱出了悲愤交加的情感。他把这首歌教给群众演唱，并带领着群众到城墙上、街头中去演唱，这首歌在全国引起强烈的轰动。现在就让我们一起听一听这首歌吧。

教师弹奏《松花江上》。

（2）聆听歌曲，引出课题。

教师：今天就让我们来学习这首歌曲。

2. 创作背景

教师：再来听一遍，歌曲的情绪是怎样的？是悲壮的，坚毅的。

《松花江上》的作者张寒晖，出生于河北定县，是一位抗日志士。请大家跟随老师观看一段视频，了解他的生平。

3. 解读歌曲背景

教师：请跟着歌曲轻声唱一唱，感受当时人民的悲苦不屈的情感。

歌曲结构是带尾声的二部曲式。整首歌曲带着倾诉感，听来真切感人。接下来请同学们跟随老师一起感受这首歌的力量吧。

4. 歌曲教学《松花江上》

（1）歌唱准备：发声练习。

①体验头腔共鸣。

②身体自然直立，两肩放松，气沉丹田。

（2）轻声跟唱，分析歌曲结构。

①学生轻声跟着演唱，思考歌曲可以分成几个部分。

②分析歌曲结构。

《松花江上》的歌词内容和感情脉络，分为怀故、漂流、呼唤三个基本层次。歌词的开头部分，诉说了家乡的美丽富饶，而随着九一八事变，日军占领了美丽而富饶的东北，许多人只得背井离乡，在关内流浪；歌词的第二层次，概括地描述了失去家乡的悲惨遭遇，透过诉说丧家的哀痛、逃亡的仓皇，控诉日本侵略者给中国人民带来的深重灾难；歌词的第三层次，用饱含无限感慨的发问，向故乡和亲人发出声声深情呼唤，对早日收复失地寄寓了强烈期待，把感情表达推向最高潮。

这是一首满怀离乡之思、国难之痛的悲歌，歌词中"我"的遭遇，实际上就是全体东北同胞的遭遇，因而足以使每个中国人为之动容。这首歌以带尾声的二部曲式为结构，以倾诉性的旋律贯穿全曲，兼有叙事和抒情的特点，真切感人。这首歌以环回萦绕、反复咏唱的方式引伸展开，感情越来越强烈。当尾声唱出呼天抢地般的旋律时，积聚的悲愤情绪达到爆发的顶点，在声泪俱下的哭诉中，蕴藏着奋起抗争的强烈呼声。

（3）歌曲教唱。

教师：请大家跟随老师先来熟悉歌曲的前半部分。通过刚才的聆听，相信大家能感受到前半部分旋律基本相同，不同之处在于前面和后面两句歌词形成对比，前两句描写了家乡的景色，后两句体现了人的遭遇。这一部分描绘出流离失所的人们在外颠沛流离，遭受了无数的苦难。接下来是两句问话，一问隐含了对家乡的眷恋，二问体现了收复失地的决心和力量。跟着老师的琴声一起来唱一唱吧。

第二部分的前两个乐句基本上相同，只在结尾的三个音降低八度。这悲愤交加的声音，深刻地表现了东北同胞的愤恨和控诉。再来试着唱一唱这一部分吧！

当结尾的旋律出现时，歌曲的情绪达到最高潮。在悲痛中，巨大的力量，激励着中华儿女起来战斗。再来试试，唱唱这一部分吧！

**（七）课堂小结**

教师：战争的硝烟虽已散去，但当年万众一心奋起抗争的精神，至今仍然激励着我们，是我们永远都不能忘记的宝贵精神财富。

项目化学习阶段性小结：跨学科项目化学习就是以问题为基础，设计和研发稍有难度的问题，通过问题引导学生自行探索，培养学生各方面的能力，安排学生自己设计解决问题的方案。学生在这一过程中不仅巩固了知识，而且更加深入、全面地了解并掌握各方面的知识，在此过程中还锻炼了学生自主获取知识、主动探究知识、积极展示的能力。

跨学科项目化学习，既能让学生真正地学习到知识与技能，又能开阔学生的视野，锻炼学生的操作能力，适应社会需求。

教师不仅要注重课堂内容的趣味性、连贯性和时效性，更重要的是在如何实施上下功夫。既要注重基础知识的落实，又要结合学科特点，挖掘学生的兴趣点，从而提高学生的兴趣，调动学生学习的积极性。跨学科项目化学习为学生提供了研究的平台。学生在探究实际问题的过程中，合作交流，深入思考，积累知识与经验。

在平时的教学中，贯彻学科核心素养离不开文字、图片、视频等形式，但这些都是教师提前准备好，展示给学生的。

项目化学习强调学生为主体、教师参与。在项目化学习的具体实践中，教师的作用不再是一部百科全书或一个供学生利用的资料库，而成为一名协助者，要引导学生如何在实践中发现新知识，掌握新内容；学生作为学习的主体，把理论与实践有机地结合，不仅提高了理论水平和实践技能，还在教师有目的地引导下，培养了学生合作、解决问题等综合能力。教师在观察学生，帮助学生的过程中，也开阔了视野，提高了专业水平。

**（八）课程评价**

小达人课程评价内容主要包括学习态度、学习过程、学业成就等方面。评价贯穿在艺术学习的全过程和艺术教学的各个环节。

1. 对学习态度的评价

学习态度包括情感体验、行为倾向和认知水平。艺术课程更注重从情感体验的维度进行评价，以获得审美认知与情感升华。

2. 对学习过程的评价

学生过程评价内容包括是否积极参与艺术活动，是否有合作交流的意识和能力，是否积极地进行美术学科学习与思考，是否积极地发现问题、提出问题、解决问题等。

3. 对学业成就的评价

学业成就指学生学习和参与艺术活动的结果。《义务教育艺术课程标准（2022年版）》明确了各艺术学科的学习任务及其学业要求。小达人课程结合课程标准的要求，细化学业成就的内容，对学生学业的完成度进行评价。

评价表示例见表 5-7。

### 表 5-7　艺术（音乐）课程评价量化表

| 项目 | 类别 | 学习习惯要求 | 评价标准 |
|------|------|------------|----------|
| 整理习惯 | 学具 | 1. 准备齐：准备好上课所需学习用品，即音乐课本、竖笛<br>2. 摆放齐：<br>室内课：将音乐课本放在桌子左上角，将竖笛放在桌子上半部分<br>室外课：在音乐凳上放好音乐课本，将竖笛装在包装袋里，竖笛口朝右放在地上<br>3. 上课铃响前 1 分钟，进教室做好上课前的心理准备 | A：爱惜学习用品，保持书本的整洁，带齐课堂要求的学具，并按规定整齐地摆放<br><br>B：爱惜学习用品，保持书本的整洁，按规定整齐地摆放 |
| | 桌椅 | 1. 室内课（教室）：将桌椅摆放整齐，下课及时整理<br>2. 室外课（专用教室）：将音乐凳对齐，上课过程中不随意挪动桌椅及音乐凳，下课后及时整理 | A：将桌椅（音乐凳）摆放整齐，下课时主动将桌椅（音乐凳）恢复整齐<br><br>B：将桌椅（音乐凳）摆放整齐 |
| | 体态 | 1. 室内课（教室）：上课铃响后坐端正，目视前方，安静地等待上课<br>2. 室外课（专用教室）：上课铃响前 2 分钟在音乐教室外走廊安静地等待，立正，目视前方 | A：坐（站）好，目视前方，不交头接耳，队伍整齐有序<br><br>B：坐（站）好，目视前方，不交头接耳 |
| 倾听习惯 | 坐姿 | 1. 总要求：头正、身直、脚平、目视前方。上身及头部端正，不前俯后仰；看书歌唱时，曲肘，拿正音乐课本，课本高度以不影响头部端正为准；坐时两腿不可伸直，屈膝，两脚平放在地上，自然支撑坐姿；下巴微含，不耸肩 | A：头正、身直、脚平、目视前方，并按要求拿正音乐课本，不随意扭动身体 |

| 项目 | 类别 | 学习习惯要求 | | 评价标准 |
|---|---|---|---|---|
| 倾听习惯 | 坐姿 | 2. 室内课：双手叠放在课桌上<br>3. 室外课（专用教室）：双手平放在大腿上方 | | B：头正、身直、脚平、目视前方 |
| | 专注 | 低段 | 1. 唱歌课倾听习惯：安静、专心地聆听，表情自然，下巴微收，声音自信，不喊唱，倾听过程中能随音乐进行自然的律动，情绪饱满，精力集中<br>2. 竖笛课倾听习惯：安静地聆听老师的讲解，把竖笛放在桌上，不随意吹奏出声音，不随意摸索竖笛指法 | A：安静地倾听，并积极随音乐律动，积极张嘴歌唱，不喊唱；竖笛课上能专心聆听讲解，精力集中，不吹奏 |
| | | 中、高段 | 1. 唱歌课倾听习惯：安静、专心地聆听，表情自然，下巴微收，声音大胆自信，倾听过程中能随音乐进行自然的律动，精力集中<br>2. 竖笛课倾听习惯：安静地聆听老师的讲解，讲解完毕再进行指法练习 | B：安静地倾听，并主动积极随音乐律动，积极张嘴歌唱，不喊唱；竖笛课上能专心聆听讲解，精力集中 |
| | 举手 | 认真思考，积极发言，能做到发言先举手，举手姿势标准，举右手，大臂、小臂成90°角，手掌伸直，举手时保持安静 | | A：积极发言，发言先举手，举手姿势标准。不插嘴，不随便打断老师或同学讲话 |
| | | | | B：积极举手，发言先举手，举手姿势标准 |

续表

| 项目 | 类别 | | 学习习惯要求 | 评价标准 |
|---|---|---|---|---|
| 音乐技能 | 演唱及演奏 | 低段 | 1. 随音乐独立、完整地演唱歌曲，并随着音乐律动<br>2. 能准确掌握吹奏竖笛的指法，完整演奏音阶 | A：随音乐独立、完整地演唱歌曲，并随着音乐律动<br>B：能随音乐完整地演唱歌曲<br>C：演唱不够熟练 |
| | | 中、高段 | 1. 随音乐完成演唱，正确表现歌曲的情绪，能自主分配角色演唱<br>2. 能完整演奏指定乐曲，节奏准确 | A：随音乐独立、完整地演唱歌曲，并随着音乐律动<br>B：能随音乐完整地演唱歌曲<br>C：演唱不够熟练 |
| | 乐理 | 低段 | 能认识音阶，分辨音的强弱、音的高低、休止符等基本的音乐记号 | A：能熟练掌握，答案准确<br>B：认识部分音乐记号 |
| | | 中、高段 | 能认识节拍、连音线、多种反复记号、装饰音、力度记号等进阶性音乐记号 | A：能熟练掌握，答案准确<br>B：认识部分音乐记号 |

评价表示例见表5-8。

### 表5-8 艺术（美术）课程评价量化表

| 评价要素 | 评价内容 | 评价标准 | 分值 |
|---|---|---|---|
| 学习习惯 | 着力于课堂各方面的常规习惯培养，以达到规范学生学习行为的目的 | 课前准备：上课铃响前，学生能将学习用品摆放整齐，坐姿端正，等待老师上课 | 表现突出每次+1分，表现不佳-1分 |
| | | 卫生：课后自觉整理桌面及周边地面卫生 | 表现突出每次+1分，表现不佳-1分 |
| | | 专注力：上课认真听讲，专心完成作业 | 表现突出每次+1分，表现不佳-1分 |

| 评价要素 | 评价内容 | 评价标准 | 分值 |
|---|---|---|---|
| 学习态度 | 着力于课堂创作的主动性、兴趣、求知欲等学习态度的评价，激发学生的创作兴趣 | 回答问题：积极主动参与课堂讨论，提出自己的见解；重点考查学生的表达能力和思辨能力 | 每次 +1 分 |
| | | 作业质量：主体突出、构图大方、色彩完整、用心完成，重点考查学生的书写姿势和书写质量 | 每次 +1 分 |
| | | 作业数量：每节课能按时完成作业并交给老师 | 每次 +1 分 |
| 学习效果 | 针对学生剪纸、绘画和手工作品中的主题、创意、构图、造型、色彩等基本美术元素的评价，鼓励学生积极参与各级比赛 | 特色剪纸：参与课堂特色剪纸活动，作品突出，积极参加剪纸项目 | 每次 +1 分 |
| | | 学科阅读：认真阅读老师推荐的美术读物，完成相关的读后感 | 每次 +1 分 |
| | | 民俗课程：积极参加美术民俗校本课程 | 每人 1 分 |
| | | 综合检测：认真复习，检测成绩达到 A 等级 | 每次 +1 分 |
| | | 校内参赛：积极参加学校内作品征集活动，主动进行创作，能积极与美术老师进行沟通 | 每次 +1 分 |
| | | 校外参赛：积极参加区、市级作品征集活动及比赛 | 参加 +1 分，获奖分别按区一、二、三等奖加 3、2、1 分，获市级奖再加 1 分 |

# 第六章　小健将课程，运动与健康

100 多年前，蔡元培先生提出了"完全人格，首在体育"的教育思想。健全的人格与健康的体魄对青少年的发展同样重要。在学校办学理念引领下，小健将课程始终坚持"以体强体、以体育心、以体育德"的教学目标，逐渐形成了"以课程引领发展，以活动彰显特色"的"人文体育"理念。

青少年是国家的未来，也是民族的希望。少年的成长和发展离不开多方面的努力，这些努力不仅包括形成良好的道德品质、获得优异的学习成绩、提高创新的实践能力，还包括身心健康、体魄强健、精力充沛。青少年的身体健康是他们实现个人梦想、家庭幸福、民族未来的基础，因此，他们应该积极参与体育运动，不断提升身体素质，增强意志力，以期为中华民族伟大复兴作出更大的贡献。为培养符合新时代要求的建设者和接班人，学校要不断推进体育教学改革，使青少年的文化学习与体育锻炼协调推进，共同发展。在教育主管部门政策措施的牵引带动下，学校体育与健康课程建设体系不断完善，适合学生发展的课程不断更新，学生体质健康水平也随着课程的不断完善而迈上新台阶。

小健将课程是学校课程的重要组成部分，以"健康第一"为指导思想，全面凸显体育与健康的健身育人特征，和以体育促进身体健康的价值追求。课程以增进学生身心健康为主要目标，重视发挥课程强身健体、颐养心智、健全人格、塑造品德的综合功能和价值，促进学生养成体育锻炼习惯和健康生活方式。

小健将课程以培养学生核心素养为目标，努力构建起知识与技能、过程与方法、情感态度与价值观相结合的课程结构。课程内容融合了体育、卫生、健康等诸多领域的相关知识，增强学生的身体素质，形成健康的生活理念，促进学生身心协调发展。

# 第一节　课程价值观与课程理念

## 一、课程价值观

体育与健康教育工作是实现青少年全面发展的重要途径。小健将课程的开发对促进学生积极参与锻炼、养成健康的生活方式、形成终身体育意识有着至关重要的作用，对建设体育强国、健康中国，实现中华民族伟大复兴具有深远意义。体育课程的价值体现在学生通过体育与健康课程的学习而形成终身锻炼意识、正确的价值观念，学生能够通过学习将其内化，实现精神品格的升华和行为方式的转变。体育与健康课程作为一门注重实践的课程，在促进个体社会化过程中具有得天独厚的优势。在学科核心素养背景下，学校体育课程不仅要注重学生运动技能、体能的发展，更要关注学生在体育学习过程中正确价值观念的形成。

## 二、课程理念

### （一）坚持"健康第一"的指导思想，注重终身体育意识的培养

小健将课程以促进学生身心健康发展、提升社会适应能力为目标，围绕理论知识、技能与体能、行为与意识、情感态度与价值观等核心素养相关因素推进课程实施。课程高度关注学生健康意识、锻炼习惯、卫生习惯的养成，将终身体育意识贯穿于课程实施的全过程，确保"健康第一"的理念深入学生的意识。

### （二）落实"教会、勤练、常赛"的教学模式

小健将课程面向全体学生，旨在通过"学、练、赛"的系统训练，让学生学会基础的体育运动技能，提升身体素质。教学过程中注重发挥教师的主导作用，突出学生的主体地位，充分调动和激发学生学习的积极性，让强健的体魄伴随学生成长的每个阶段。

### （三）加强课程内容整体性设计

小健将课程从学生运动技能的形成规律、身体发展规律、心理变化规律出发，设计课程内容，体现了课程的科学性、基础性及多样性，关注融合与运用

等。课程将理论知识、运动技能、体能、比赛实践、跨学科项目化学习相融合，既关注学生技能的掌握情况，又关注学生综合运用能力的提升。

### （四）注重教学方式的改革

小健将课程遵循体育学习的实践性与实用性原则，为了更好地提高学习效果，强调从"以知识与技能为本"向"以学生发展为本"的转变，通过创设形式多样的情境，激发学生的学习兴趣，教学过程中注重以情境、问题引领学习，让学生在多元化的实践情境中自主学习、合作探索，获得丰富的情感体验。

### （五）重视学习评价的综合性

小健将课程重视学习评价激励和反馈功能的构建，注重多维度的评价内容、多样化的评价方法、多元化的评价主体。评价内容围绕体育学科的核心素养，既关注基本运动技能、体能与专项运动技能的掌握情况，又关注学生的学习态度、进步程度及体育品德的养成。评价主体仍以体育教师为主，鼓励学生与其他学科教师、家长共同参与。同时，体育教研组不断优化学业质量评价标准，使其更加明确、具体、可操作。

### （六）尊重学生发展的个体差异

学生因身体条件、兴趣爱好、性格特点等诸多因素存在着个体差异，在制定教学目标和完成教学任务时，既要考虑整体的完成情况，又要考虑不同学生的个体差异，如性别、身高、体重、饮食习惯、锻炼时间等因素，评价时也要考虑此类因素的影响。

# 第二节　课程目标

## 一、课程总目标

小健将课程的设计充分考虑学校育人目标与体育学科核心素养的联系，以两者的共同点作为学科育人目标的发力点，即以"正确的价值观、必备品格和关键能力"为核心，通过不同运动提升学生的体质健康水平，培养健康的行为习惯。小健将课程体现的是体育学科的课程性质，反映的是学校的办学理念。小健将课程总目标来源见表 6-1。

**表 6-1　小健将课程总目标来源**

| 体育学科核心素养 | | 学校育人目标 | |
|---|---|---|---|
| 运动能力 | 运动能力包括体能状况、运动认知、技战术运用、体育比赛 | 家国情怀 | 家国情怀是中国人民世代奋斗形成的情感积淀，是传统文化的精髓。汲取民族文化的精髓，教育完善人格，实现人生的更高价值是人文教育的根本 |
| | 主要体现：基本运动技能、体能、专项运动技能的掌握与运用 | | |
| 健康行为 | 健康行为包括体育锻炼意识与习惯、健康知识与技能的掌握和运用、情绪调控、环境适应 | 智慧创新 | 智慧创新：通过中华民族优秀的历史与文化教育人、影响人，使学生获得精神培育和精神成长是学校的首要任务。学校将科学创新精神和求真、求善、求美的精神放在首位，开展丰富多彩的课程，使学生在学习、理解、运用知识和技能的同时，形成清晰的价值标准、思维方式及行为表现 |
| | 主要体现：养成良好的锻炼、饮食、用眼、作息和卫生习惯，树立安全意识，控制体重，远离不良嗜好，预防运动损伤和疾病，消除运动疲劳，保持良好的心态，适应自然和社会环境等 | | |
| 体育品德 | 体育品德包括体育精神、体育道德和体育品格 | 责任担当 | 自 1902 年至今，鲸园小学涌现出空军原司令员王海、著名漫画家毕克官、香港中文大学原副校长 |

续表

| 体育学科核心素养 | | 学校育人目标 |
|---|---|---|
| 体育品德 | 体育精神主要体现在勇敢顽强、积极进取、不怕困难、坚持不懈、团队精神等；体育道德主要体现在尊重裁判、尊重对手、遵守规则、公平竞争等；体育品格主要体现在自尊自信、文明有礼、责任意识、正确的胜负观等 | 责任担当 |
| | | 傅元国等一大批学子楷模，莘莘学子心怀家国、勇于担当、自强不息、追求卓越的精神，启迪和激励着代代鲸园人 |

基于对体育学科核心素养、学校育人目标的梳理，明确小健将课程的总目标。

**（一）掌握运动技能，提高运动能力**

通过学习，学生能够享受到运动的乐趣，掌握各种体能的学练方法，积极参与各种体能练习，在学练多种运动项目的基础上掌握 1 ~ 2 项运动技能；认识体能和运动技能发展的重要性，身体健康状况达到国家体质健康标准的相应要求，保持良好的身体姿态；形成积极向上的体育锻炼态度，提高分析、解决问题的能力及实践运用能力。

**（二）掌握健康、安全的生活方式**

通过学习，学生能够理解体育锻炼对身心健康发展的重要性，能够积极参加校内外体育活动，逐步形成终身锻炼意识与习惯；能够掌握个人卫生健康、均衡膳食、青春期生长发育、常见疾病的预防、运动损伤的处理、安全避险的知识与方法；学会调节自己的情绪，能够以积极的心态应对挫折和失败，不断调整并适应不同环境。

**（三）积极参与体育活动，养成良好的体育品德**

通过学习，学生能够理解体育运动对个人品德塑造的正向作用；在遇到困难、挫折、挑战时能在保证个人安全的前提下挑战自我；自觉遵守游戏或比赛规则，诚实竞赛，具有公平竞争的意识；在集体活动中充满自信，乐于助人，具有良好的礼仪与集体荣誉感，能够承担不同的角色分工，认真履行个人职责；能够将良好的体育品德迁移至日常学习与生活中。

## 二、分级目标

小健将课程依据体育学科核心素养达成度分三个水平对课程目标进行细化（表 6-2）。

**表 6-2　小健将课程分级目标**

| 内容 | 水平一 | 水平二 | 水平三 |
|---|---|---|---|
| 运动能力 | 1. 积极参与各种体育游戏，感受体育活动的乐趣<br>2. 学练和体验移动性技能、非移动性技能、操控性技能等基本运动技能 | 1. 积极参与多种运动项目游戏，感受运动的乐趣<br>2. 学练体能和多种运动项目的技能，能进行体育展示或比赛<br>3. 观看体育展示或比赛 | 1. 积极参与运动项目训练，培养运动兴趣。体能水平显著提高；掌握运动项目的基本知识，学练运动项目的技战术，并能在体育展示或比赛中运用<br>2. 运用比赛规则参与裁判工作，观看体育比赛并能进行简要评价 |
| 健康行为 | 1. 感受体育锻炼对健康的重要性，参与校内外体育活动<br>2. 知道个人卫生保健、营养膳食、安全避险等健康知识和方法，并将其运用于日常生活中<br>3. 活泼开朗，乐于与他人交往，适应自然环境 | 1. 了解体育锻炼对健康的重要性，积极参与校内外体育活动<br>2. 了解个人卫生保健、营养膳食、青春期生长发育、运动损伤的处理、安全避险等健康知识和方法，并将其运用于日常生活中<br>3. 关注自己情绪的变化，积极与他人沟通和交流，适应自然环境的变化 | 1. 理解体育锻炼对健康的重要性，主动参与校内外体育锻炼<br>2. 将健康与安全知识及技能运用于日常生活中<br>3. 遭受挫折和失败时保持情绪稳定，交往与合作能力提升，适应自然环境的能力增强 |
| 体育品格 | 1. 在体育活动中表现出不怕困难、努力坚持学练的意志品质<br>2. 按照要求参与体育游戏 | 1. 在有一定难度的体育活动中表现出勇敢顽强、克服困难的意志品质<br>2. 按照规则和要求参与体育活动 | 1. 在有挑战性的体育活动中能迎难而上，表现出自信和抗挫折能力<br>2. 遵守各种规范和规则，尊重裁判，尊重对 |

续表

| 内容 | 水平一 | 水平二 | 水平三 |
|---|---|---|---|
| 体育品格 | 3. 在体育活动中尊重教师、爱护同学，能扮演不同的运动角色 | 3. 在体育活动中表现出文明礼貌、乐于助人的行为 | 手，表现出公平竞争的意识<br>3. 具有团队精神和集体意识，能接受比赛结果 |

小健将课程教学内容见表6-3。

表6-3　小健将课程教学内容

| 项目 | 水平一（一、二年级） | 水平二（三、四年级） | 水平三（五年级） |
|---|---|---|---|
| 学情分析 | 该年龄段学生处于长身体的关键期，也是增长知识和进行体育教育的最佳时期。该年龄段学生的心肌力量较弱，呼吸快而浅，骨骼容易变形，肌肉力量相对较弱，身体与注意力都不足以支撑单纯且长时间的静力练习，在教学内容的选择上要以激发兴趣的游戏为主 | 该年龄段学生的身体发育进入相对平稳的阶段，个别学生可能会进入生长发育的突增期。该年龄段学生的速度、柔韧性、腰腹力量、耐力进入发展的关键期，学生学习和掌握技术动作相对较快 | 该年龄段学生处于人体发育的少年时期，大部分进入青春期，学生速度、灵敏、柔韧素质等的最佳发展阶段快要过去，力量、耐力素质等发展的敏感期即将到来。在教学内容的选择上要适当增大运动量，促进学生的心肺功能的发展 |
| 教学内容 | 教学内容多以基本活动为主，如队列练习、基本体操、走、跑、跳跃、投掷、滚动与滚翻、攀登与爬越、韵律活动和简易舞蹈等内容。在教学游戏时，要重视动作的正确性，先做单个动 | 教学内容多以跑、跳、投、体操、武术、小足球、韵律活动等内容为主，同时辅以相应的民间体育活动、体育健康常识、足球特色等内容，并以游戏和趣味性较强的比赛相搭配。在发展 | 教学内容多以发展学生速度、柔韧和灵敏素质为主，同时选择搭配加速跑、跳远、体操、武术和球类等项目，使学生在小学阶段就能掌握1～2项运动技能，激发学生的运动兴趣，养成良好的锻炼习惯，在 |

| 项目 | 水平一（一、二年级） | 水平二（三、四年级） | 水平三（五年级） |
|---|---|---|---|
| 教学内容 | 作，再做综合练习，最后进行比赛。比赛不能单纯地追求结果，要体现出"教、学、练" | 学生大肌肉群的同时，也要注意小肌肉群的发展。受身体发育限制，不宜进行过分剧烈或过久的练习活动 | 发展学生身体素质的同时，为其终身自觉从事体育锻炼夯实基础，并以运动技术的学习为载体，培养学生在学习中思考、合作、探究的能力 |

# 第三节 课程结构与课程设置

## 一、课程结构与设置

小健将课程指向运动与生命领域，依据学科特色分为国家课程、校本课程、社团课程三个课程群。国家课程包括体育与健康课程（包括每周固定 1 节的足球特色课，每周 2～3 节的基本运动技能、体能课）。校本课程包括快乐足球、乒乓小将、传统武术、现代棒垒、鲸园田径（每周 1 节的自选校本课程）。社团课程包括快乐足球、乒乓小将、现代棒垒、鲸园田径（每天 1 节的自选社团托课）。学生通过学、练、赛、评等形式参与课堂，逐渐形成强健的体魄、健康的习惯和优秀的品格。小健将课程结构如图 6-1 所示。

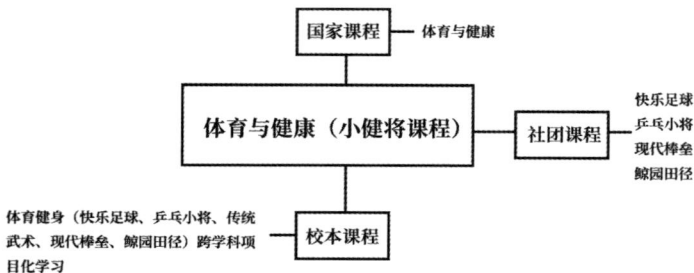

图 6-1 小健将课程结构

小健将课程着眼于学生的一般发展。学校体育教研组在教研中心梳理的《环翠区体育学科教学质量评价实施细则》引领下，依托教研组集体教研，将横跨 5 个年级、9 个单元的教学内容进行了梳理，明确了以体育知识、基本队列、跑、跳、投、技巧、武术、篮球、足球为主体的单元模块，结合"课程—课堂—活动—评价"四位一体的学习方式，运用"健康知识＋基本运动技能＋专项运动技能"的教学策略，强健学生体魄，培养坚韧、勇敢、乐观的人文精神。课程内容与实施见表 6-4。

表6-4　小健将课程内容与实施

| 模块 | | 实施年级 | 实施内容 | 定位 |
|---|---|---|---|---|
| 国家课程 | 常规体育课 | 三至五年级 | 1. 学习基本体育健身知识、技能和方法<br>2. 根据学校办学特色与师资设置教学内容<br>3. 激发学生的兴趣，培养良好的学习态度和终身体育意识 | 面向全体学生，突出课堂教学结构多样化，突出以身体练习为主要手段，具有基础性、健身性、综合性 |
| 社团课程 | 快乐足球 | 一至五年级 | 根据学校拓展课程的整体设置要求、场地、师资力量，针对体育与健康课程内容进行补充和延伸 | 选择性和开放性的课程，促进学生全面、个性化发展 |
| | 鲸园田径 | 三至五年级 | | |
| | 乒乓小将 | 一至三年级 | | |
| | 现代棒垒 | 一至三年级 | | |
| | 传统武术 | 一至三年级 | | |
| 校运动队 | 男足 | 一至五年级 | 确保学校体育特色项目发展有内涵、有品位、有持续性（面向部分有特长的学生） | 打造学校体育品牌，体现学校办学特色 |
| | 女足 | 一至五年级 | | |
| | 田径 | 三至五年级 | | |
| 校级赛事 | 体育节 | 一至五年级 | 通过组织校园赛事丰富学生的校园生活，促进学生体育技能与体育素养的培养和发展，进一步推进、完善校园体育文化建设 | 多样化、全员化、常态化 |
| | 足球联赛 | 一至五年级 | | |
| | 体操节 | 一至五年级 | | |

## 二、快乐足球校本课程纲要

### （一）课程背景与分析

足球是全球影响力最大的单项体育运动，有着"世界第一大运动"的美称。足球的历史可以追溯到中国古代的蹴鞠，后经阿拉伯人将其传至欧洲，逐渐演变发展成现代的足球。足球一直深受学生的热爱和追捧，它对学生的影响已经不仅仅局限于技能的获得，而是更全方面的素质发展。近年来，关于增强体育课堂丰富性的呼声日渐提高，小学体育课堂要满足学生更加广泛的个性化需求。

1. 课程定位

（1）政策要求：《〈体育与健康〉教学改革指导纲要（试行）》《义务教育体育与健康课程标准（2022年版）》提出：树立"健康第一"教育理念，

深化体育教学改革，强化"教会、勤练、常赛"，构建科学、有效的体育与健康课程教学新模式，帮助学生掌握1～2项运动技能，促进中小学生运动能力、健康行为、体育品德等核心素养的形成。快乐足球校本课程能够拓展小学生运动项目，增加学生在校的运动量。

（2）学校育人要求：学校具有悠久的足球历史，20世纪30年代，学校就成立了足球队并开始普及足球运动，先后被评为"山东省足球传统特色学校""全国体育传统项目学校先进集体""山东省体育传统项目学校"，2016年被中华人民共和国教育部指定为首批"全国青少年校园足球特色学校"。快乐足球校本课程对于培养学生的团队意识、责任担当品格起着至关重要的作用。

（3）核心素养发展要求：中国学生发展核心素养指出要自我管理，小学生参与运动是履行自我管理的过程，在运动的过程中，学生的运动能力、健康行为、体育品德得到发展。

2. 学情分析

（1）认知基础：一、二年级学生对足球运动的认知多停留在知晓足球球星与球队故事，三、四、五年级学生的认知水平多停留在了解基本的比赛方法，学生对具体比赛规则、裁判方法的认知不足。

（2）兴趣特长：结合学校特色，我们针对学校足球运动的开展进行了数据调研，结合数据来看，学生参与体育运动的意愿较高，全校接近90%的学生喜欢足球运动，并希望参与到足球运动中；一、二年级30%的学生对足球起源等体育文化知识的了解不足，对中国足球的关注程度不高。

（3）发展需求（个人＋团体＋终身）：足球运动适合学生身体和心理的发展。学生在学练足球技能的过程中能够提升身体健康水平，在参与足球竞赛的过程中能够充分感受团结协作的精神，在长期坚持运动的过程中能够形成终身体育的健康意识。

3. 资源条件

（1）指导教师：学校现有体育教师9名，配备体育教研组长1人。9名体育教师均毕业于体育教育专业，其中足球专项教师1人，篮球专项教师3人，排球专项教师1人，田径专项教师3人，乒乓球专项教师1人。9名教师全部负责常态化足球教学工作，2名教师负责足球训练工作。学校足球队成绩稳定在全区前三名，足球队先后多次代表环翠区参加威海市比赛并获得冠军。在不断提高校内师资队伍建设水平之余，学校还将优质的社会资源引入学校，现与威海市齐云足球俱乐部建立合作关系，目前有 2 名足球教练员（亚足联 D 级教练员）在校担任驻校辅导员。

（2）场地设施和设备：学校现有五人制场地一块、八人制场地一块，配备单独的足球器材室，学校总务处、体育教师负责体育设施的维护。除学校自行购买足球器材外，环翠区教体局也会对学校足球发展提供一定的物质保障。

（3）学习材料：为保障校本课程质量，学校每年为体育教师、学生购买大量的专业书刊，包括满足教师专业发展的《义务教育体育与健康课程标准（2022 年版）》《中国学校体育》等，满足教师足球专业发展需求的《中小学校园足球教材》，激发学生兴趣的《足球世界》杂志等。

**（二）课程目标**

1. 本课程的核心育人价值

立德树人是学校最基本的育人目标，足球项目是达成这一目标的良好形式。足球课不同于足球训练，其目标不是培养更多的职业运动员，而是强调足球运动的普及性，要让学生在参与足球运动过程中增强身体素质、提升体育运动技能，同时形成优秀的思想品质。体育教研组深入挖掘足球运动的育人价值和功能，确定了以"文明乐学、自主公正、合作拼搏、责任创新"为导向的足球精神，明确了"增强学生体质健康水平，培养学生运动兴趣和终生体育意识"的课程目标，让学生在足球运动的过程中提升身心的健康水平，指引学生建构正确的价值观。

2. 学习目标

（1）运动能力素养：通过观察、示范、展示和实践专项练习，掌握各项基本技术，能够运用多样的练习方法提升技能、强健体魄。

（2）健康行为素养：在参与运动的过程中享受足球运动的快乐，进而形成终身体育意识和锻炼习惯，能够掌握和运用基本的运动损伤的防范与处理方法。

（3）体育品格素养：通过参与日常训练，磨砺坚持不懈的意志品质，在参与比赛的过程中感受团结协作、勇于拼搏的团队精神，形成正确的人生观、价值观。

**（三）课程设置**

（1）修习方式：选修。

（2）选课对象：一至五年级，学生人数 80 人。

（3）课程设置：32 课时。

（4）评价设置：星级评价。

**（四）课程内容**

1. 课程内容选择的基本思路

（1）文明乐学：足球赛前共唱国歌、友好握手、集体合影等，竞赛中规范行为、尊重对手、服从裁决等，赛后感谢对手、相互致意等都是足球竞赛中必不可少的环节，这也体现了足球运动的精神内涵。这些文明行为是对学生最基本的体育礼仪要求。

（2）自主公正：成绩的取得离不开学生自觉主动地参与学习。无论是体育运动还是学习生活中，学生都要有规则意识。对待规则，要心存敬畏。在游戏与比赛中，注重增加学生对规则的重要性、权威性的体验，让学生树立良好的规则意识，培养遵纪守法的观念。

（3）合作拼搏：足球是一项集体运动，通过团队配合贯彻教练员的意志。合作是足球运动的精髓。足球竞赛能够让学生在参与集体生活、竞赛的过程中懂得团队合作的重要性。

（4）责任创新：一支完整的球队，有着不同的角色、分工，角色赋予大家不同的责任与义务。角色与分工虽然不同，但目标却是一致的，各司其职才能获得好的效果。

2. 课程内容框架

快乐足球校本课程围绕"足球文化、足球技能、足球实践"三大主题建构起"足球故事＋足球技艺＋足球游戏＋足球战术＋足球赛事"的课程框架（图6-2）。

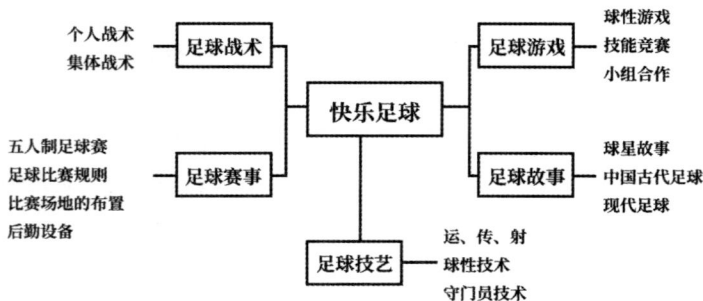

图 6-2　快乐足球校本课程内容框架

**（五）课程实施**

1. 实施安排

课程实施安排见表 6-5。

**表 6-5　快乐足球校本课程实施安排表**

| 单元 | 活动主题 | 课时预设 | 目标／要求／资源 |
|---|---|---|---|
| 足球游戏 | 球性游戏 | 2 课时 | 目标：能初步培养脚对球的感觉，做一些简单的足球运动动作<br>要求：模仿教师的足球动作，积极参与足球游戏，安全进行游戏，遵守游戏规则<br>资源：足球技能学材、足球球星视频集 |
| | 合作游戏 | 2 课时 | 目标：能够分小组相互配合，完成抱球跑接力、两人运球等团队游戏<br>要求：与其余同学积极合作，安全进行游戏，遵守游戏规则<br>资源：足球技能学材、合作游戏集锦 |
| | 技能竞赛 | 2 课时 | 目标：能够参与竞赛竞争，勇于抢球，掌握游戏技巧<br>要求：积极参与足球竞赛，安全进行游戏，遵守游戏规则<br>资源：足球技能学材 |
| 足球故事 | 球星故事 | 1 课时 | 目标：能够复述自己喜爱球星的奋斗历史<br>要求：积极分享自己喜爱的球星，合理使用网络资源<br>资源：足球理论学材、足球达人故事集 |
| | 古代足球发展 | 1 课时 | 目标：能够讲述古代蹴鞠的发展，了解现在足球的发展趋势<br>要求：主动查阅相关资料，小组合作探究<br>资源：足球理论学材、足球运动发展史 |
| | 现代足球发展 | 1 课时 | 目标：能够讲述足球起源地，了解足球俱乐部和足球联赛知识<br>要求：主动查阅相关资料，小组合作探究 |

续表

| 单元 | 活动主题 | 课时预设 | 目标／要求／资源 |
|------|----------|----------|------------------|
| 足球故事 | 现代足球发展 | 1 课时 | 资源：足球理论学材、世界足球俱乐部、世界足球联赛 |
| 足球技艺 | 足球球性 | 3 课时 | 目标：能够灵活触球，做到控制脚触球的力量、部位等<br>要求：安全进行练习，相互评价，指出错误动作并改正<br>资源：足球技能学材、足球球性练习视频、教师的指导 |
| | 运球 | 3 课时 | 目标：能够灵活地进行脚内侧运球、正脚背运球、外脚背运球、运球绕杆、运球过人、运球射门<br>要求：安全地练习，以正确部位触球，左、右脚练习<br>资源：足球技能学材、球星假动作过人视频集、足球技能运球考核标准、教师的指导 |
| | 传球 | 2 课时 | 目标：能够灵活控制传球位置、力度，掌握原地、移动中传接球的技术动作<br>要求：相互配合传接球，安全地练习，移动传球要有提前量<br>资源：足球技能学材、传接球教学视频集、教师的指导 |
| | 射门 | 3 课时 | 目标：能够定点、在移动中射门，掌握脚背内侧、正脚背、脚内侧射门技术<br>要求：安全地游戏，以正确动作射门，控制射门方向<br>资源：足球技能学材、教师的指导 |
| | 守门员技术 | 3 课时 | 目标：能够掌握守门员扑救球、开门球、守点球技术等<br>要求：敢于扑救球，安全地进行扑救<br>资源：足球技能学材、点球扑救视频集、教师的指导 |

续表

| 单元 | 活动主题 | 课时预设 | 目标／要求／资源 |
|---|---|---|---|
| 足球战术 | 个人战术 | 2课时 | 目标：能够掌握个人跑位、突破战术<br>要求：勇于拼搏，安全地练习，敢于身体对抗<br>资源：足球技能学材、教师的指导 |
| | 集体战术 | 2课时 | 目标：掌握二过一战术、下底传中战术等，了解战术意图<br>要求：积极配合队友，掌握时机<br>资源：足球技能学材、足球战术视频集、教师的指导 |
| 足球赛事 | 五人制足球赛 | 1课时 | 目标：能够讲解五人制足球赛场地大小、竞赛规则、竞赛限制等<br>要求：小组合作探究，相互交流竞赛规则<br>资源：国际五人制足球赛规则、足球理论学材 |
| | 八人制足球赛 | 1课时 | 目标：能够讲解八人制足球赛场地大小、竞赛规则、竞赛限制等<br>要求：小组合作探究，相互交流竞赛规则<br>资源：国际八人制足球赛规则、足球理论学材 |
| | 竞赛仪式 | 1课时 | 目标：能够讲解竞赛入场仪式、开始布置、开幕式基本流程<br>要求：小组合作探究，相互交流<br>资源：国际足球竞赛流程视频 |
| | 竞赛规则 | 1课时 | 目标：了解基本的界外球、角球、球门球、技术犯规、违体犯规的基本规则，能做出裁判员的基本手势<br>要求：小组合作演练，相互交流裁判员的手势<br>资源：足球理论学材 |
| | 后勤配备 | 1课时 | 目标：了解组织足球赛都需要哪些后勤配备，小组模拟足球赛的规划<br>要求：小组探究模拟，实地演练<br>资源：足球理论学材、中超联赛筹备学习单 |

2. 实施要求

（1）建立学校课程管理体系：为了更好地管理课程，学校成立了由校长担任组长，业务副校长、教导主任、学科主任、教研组长和体育教师为组员的课程管理领导小组，不定期邀请校外专业的足球教练员参与课程建设研讨，使校内外优质资源相互整合，促进课程的高质量推进。

（2）保证课程实施时间：以《环翠区体育与健康课程指南》为依据，在保障充足体育课量的前提下，将足球课程纳入国家课程中，每周安排专门时间进行足球教学，做到保质保量。

（3）教学、训练、比赛相结合：教学、训练、比赛相结合是提高学生的学习兴趣，培养学生参与意识、竞争意识、协作意识的最有效的方法，也是提升学生身体素质最有效的途径。学校坚持将技能教学与实践运用相结合、集中学习与个别指导相结合、校内训练与校外比赛相结合。注重以形式多样的足球主题活动促进教学活动开展，每学年一次的班级联赛，每学期两项的足球专项技能检测，每堂课10分钟的微比赛最大限度地激发了学生参与足球学练的热情。

3. 实施策略

（1）展示交流策略：在课程实施的过程中，搭建形式多样的足球展示平台。学生通过足球操展示、运球比赛、射准比赛、颠球比赛、五人制班级联赛充分展示个人风采。教师为学生提供展示交流的平台，学生自主分组合作，探究足球技能。学生在指导下，逐步展现熟练的运动技能、自信奋发的体育精神，积极、自信地参与足球运动。

（2）健康体魄策略：学生能够围绕足球技能练习，强化自身的身体素质，乐于参与足球活动。教师为学生提供足球技能的训练方法，依据学生的差异制订训练计划，提供技能练习中的各种器材和辅助设备，制定合理的训练时间表，提供练习后放松方式等。在学生练习过程中，教师及时观察、研究学生技能的形成规律及身体素质提升的实际情况，并做好预防运动损伤的准备。学生在教师的指导下，阶段性地提高身体素质和运动技能，逐渐展现出自信、顽强的体育精神。

（3）自主竞赛策略：学生在充分了解足球竞赛规则的基础上，充分发挥小组合作优势，自行组织小型比赛活动。教师为学生提供足球竞赛视频，随机调整学生分组情况，提供比赛规则，如裁判规则、入场仪式要求、后勤人员职能等。在学生策划及比赛过程中，教师及时观察、记录比赛规则的落实情况，并做好安全方面的准备。学生在指导下组织足球循环赛、积分赛，正确掌握比赛规则和比赛形式，体验真实情境下的足球竞赛。

**（六）课程评价**

1. 评价内容

（1）运动能力评价：通过综合评价量表和足球专项技能进行评价量表，考核学生体能、运球、传球、射门、战术运用的能力，利用星级评价方式进行评价。

（2）理论知识评价：通过综合评价量表和足球理论知识评价量表进行评价，考查学生对足球起源、足球竞赛规则、足球战术、足球赛事等知识的掌握，利用星级评价方式进行评价。

（3）运动态度评价：通过综合评价量表和足球练习、游戏参与度、课堂纪律考查表进行评价，考核学生对足球运动的喜爱程度、技能练习的认真程度、小组合作互动的程度，利用星级评价方式进行评价。

2. 评价量表

综合能力评价量表见表6-6。足球理论知识评价量表见表6-7。足球专项技能评价量表见表6-8。

**表6-6　综合能力评价量表**

| 内容 | 评价指标描述 | | | 评价方式 | | |
|---|---|---|---|---|---|---|
| | ☆ | ☆☆ | ☆☆☆ | 自评 | 互评 | 师评 |
| 基本技术能力 | 能掌握运、传、射的基本动作，掌握球性、守门员基本动作 | 能掌握运、传、射的基本动作，掌握球性、守门员基本动作；能在比赛中运用技能 | 能掌握运、传、射的基本动作，掌握球性、守门员基本动作；能在比赛熟练中运用技能；形成自己的技术特点 | | | |
| 技战术运用能力 | 能基本理解战术的应用原理，在指导练习下做出基本的跑位 | 能理解战术的应用原理，能自主做出基本的跑位 | 能理解战术的应用原理，熟练做到战术跑位，初步养成战术意识 | | | |

续表

| 内容 | 评价指标描述 | | | 评价方式 | | |
|---|---|---|---|---|---|---|
| | ☆ | ☆☆ | ☆☆☆ | 自评 | 互评 | 师评 |
| 身体运动能力 | 能在训练中坚持完成训练任务，达到基本运动标准 | 能在训练中坚持完成训练任务，并有余力完成体能训练任务 | 能在训练中坚持完成训练任务，并有余力完成体能训练任务；不断突破自己的运动上限 | | | |
| 展示或竞赛能力 | 能积极展示自己的技能，积极参与足球竞赛 | 能积极展示自己的技能，积极参与足球竞赛；在竞赛中积极、主动地抢球 | 能积极展示自己的技能，积极参与足球竞赛；在竞赛中积极、主动地抢球；能相互配合完成竞赛 | | | |
| 自主学习能力 | 能在训练中，发觉自己的动作错误，进行纠正 | 能在训练中，发觉自己的动作错误，进行纠正；善于向教师提问 | 能在训练中，发觉自己的动作错误，进行纠正；善于向教师提问；学会举一反三 | | | |
| 合作能力 | 能基本进行两人以上的足球技能配合练习 | 能熟练进行两人以上的足球技能配合练习 | 能熟练进行两人以上的足球技能配合练习，在竞赛中运用团队配合 | | | |
| 学习故事 | | | | | | |
| 学生自述 | | | | | | |

### 表 6-7　足球理论知识评价量表

| 内容 | 评价指标描述 | | | 评价方式 | | |
|---|---|---|---|---|---|---|
| | ☆ | ☆☆ | ☆☆☆ | 自评 | 互评 | 师评 |
| 足球起源 | 能基本讲述古代足球的起源地和现代足球的发展 | 能基本讲述古代足球的起源地和现代足球的发展，能复述足球起源故事 | 能基本讲述古代足球的起源地和现代足球的发展，用自己的话讲解起源故事 | | | |
| 足球赛制 | 基本了解足球三大赛制 | 基本了解足球三大赛制，能说出赛制的区别 | 基本了解足球三大赛制，能说出赛制的区别，能说出赛制的场地数据 | | | |
| 足球竞赛规则 | 能基本说出竞赛的角球、界外球、发球、点球等基本规则 | 能基本说出竞赛的角球、界外球、发球、点球等基本规则，并能掌握越位规则和守门员规则 | 能基本说出竞赛的角球、界外球、发球、点球等基本规则，能掌握越位规则和守门员规则，能实际运用规则进行竞赛 | | | |
| 球星故事 | 能复述自己喜爱的球星故事 | 能讲述一个自己喜爱的球星故事 | 了解多位球星的励志故事 | | | |
| 足球战术 | 能复述战术运动路线 | 能复述战术运动路线，能举一反三 | 能复述战术运动路线，能举一反三，能向同伴讲述战术安排 | | | |
| 足球俱乐部 | 知晓自己喜爱的足球俱乐部 | 基本了解自己喜爱的足球俱乐部的名称、称号、当家球星等 | 基本了解自己喜爱的足球俱乐部的名称、称号、当家球星等，并能讲述俱乐部的一些荣誉 | | | |

续表

| 内容 | 评价指标描述 | | | 评价方式 | | |
|------|------|------|------|------|------|------|
| | ☆ | ☆☆ | ☆☆☆ | 自评 | 互评 | 师评 |
| 足球赛事 | 能讲述自己了解的足球赛事 | 能讲述自己了解的足球赛事,知晓国际几大知名赛事 | 能讲述自己了解的足球赛事,知晓国际几大知名赛事,能讲解赛事的分级 | | | |

表6-8　足球专项技能评价量表

| 星级 | 等级与要求 | | | 自评 | 师评 |
|------|------|------|------|------|------|
| | 一阶 | 二阶 | 三阶 | | |
| ☆☆☆☆ | 能按正确的顺序完成足球的各种编排动作 | 能熟练地按正确顺序完成足球的各种编排动作,每个动作的连接自然流畅 | 能熟练地按正确顺序完成足球的各种编排动作,每个动作连贯、自然、流畅,能给其他同学示范讲解 | | |
| ☆☆☆ | 基本能按正确的顺序完成足球的各种编排动作 | 能按正确顺序完成足球的各种编排动作,每个动作的连接较自然流畅 | 能较熟练地按正确顺序完成足球的各种编排动作,每个动作的连接较自然流畅 | | |
| ☆☆ | 基本能按正确的顺序完成足球的各种编排动作,但是整套操不连贯 | 能基本按正确顺序完成足球的各种编排动作,但是整套操不是很自然连贯 | 能按正确顺序完成足球的各种编排动作,但是整套操不是很自然连贯,各个动作的衔接不是很好 | | |
| ☆ | 动作生疏,不能完成整套足球操 | 能基本做出各种足球动作,但不能将各个编排动作连贯起来 | 能基本做出各种足球动作,但不能将各个编排动作连贯起来 | | |

# 第四节 课程实施与评价

## 一、课程实施

小健将课程是学校体育与健康课程全面普及的主阵地，也是学校足球特色教学的主要渠道。小健将课程凸显"面向全体发展，满足个性需求"的重要特征。在实施的过程中，我们遵循"三类课程融合、文化建设并行、社会资源利用"的实施策略，使小健将课程建设扎实、有序地推进。

### （一）国家课程面向全体，锻炼强健体魄

学校体育教研组积极围绕"专项教学的身体素质教学方法"不断探索，形成了以"出汗量"为指标，以"2 分钟课课知 +10 分钟课课练"为框架的课堂模式，促进学生健康知识水平与运动能力的同步提升。此外，学校还以身体素质练习为主要内容设计了大课间活动，建立了系统的身体素质练习方法，并采取分层、分类、鼓励竞争的方式提升学生的体能。

### （二）校本课程提供多样选择，满足个性发展

在开齐、开足课程的基础上，学校将"上好课"作为新课改的新目标。在国家课程实现运动技能的普及的基础上，体育教研组基于学生的实际情况，围绕教学目标、教学内容、教学方法与手段进行研究，形成了以足球为特色引领，学生自主选修的校本选修课程群，在满足学生个性需求的同时，促进学生熟练掌握 1～2 项体育运动技能。

### （三）项目化课程体验体育文化，探究体育内涵

小健将课程立足于体育与健康课程的核心素养，从体育与科学、体育与人文两个维度挖掘体育与文化学科的契合点，探索跨学科教学策略。为丰富学生的体育文化体验，学校搭建了体育艺术、体育欣赏、精彩赛事、达人风采等展示平台，推动学生通过绘画、舞蹈、摄影、演讲、黑板报、手抄报等方式表现运动之美；组织学生观赏体育比赛，鼓励艺术与体育并行发展，努力将健身与审美相结合。

## 二、课程保障

不断加强教师团队管理，强化教师备课、上课、评课三大教学环节。采取"1+N"教研新范式（"1"指时间、形式固化下的学科教研，单周进行集体备课，双周进行学科教研；"N"指根据学生需求、教师需求、课程需求开展的较为灵活的组内小教研）。对教师备课情况每月一检查，使教师做到有备而上；对教师上课每周一抽查，使教师做到查漏补缺，及时反馈；对教师评课则依托亮相课、研究课、达标课，每课必评，使教师做到相互促进共成长。

## 三、课程评价

### （一）课程评价

在课程评价方面，根据《鲸园小学教学五环节评价办法》，每学期教导处组织学科主任、骨干教师，围绕"备课、上课、听评课、成绩检测"等教学环节进行基础型课程评价，将评价结果运用于教师个体考核与教研组团体评价之中。

在学生评价方面，教师采取个体发展性追踪评价机制，建立单元检测、艺体"2+1"检测和国家检测相融合的可量化的评价标准，优化覆盖整个小学全程的成长性评价途径。对学生的成绩测评既涵盖了单元内的学前、学后对比，又覆盖了不同年龄、不同学期的前后成绩测评。学期内表现优秀的学生被推荐参加学期"体育小达人"评选。

### （二）评价原则

（1）评价活动的导向性原则：把评价与指导相结合，及时对评价结果进行梳理分析，不仅能够及时反馈学生自身的优点和缺点，还能为其以后的调整与发展做出指引。

（2）评价内容的整体性原则：在评价时，从整体进行评价，制定评价标准时尽可能全面，将课程实施的各项内容进行细化，评价标准既含有宏观的评价，也包括微观可量化的评价；要把握主次，把握各种评价方式所占比例，坚持定性评价和定量评价相结合。

（3）评价方式的合理性原则：评价采取师评、自评、互评和考核评价等多元化的评价方式，既能够从主观上体现学习过程中的反思，又能客观地体现出全员参与的民主性。将形成性评价与终结性评价相结合，量性评价和质性评价相结合，注重学生的发展性评价。

（4）评价方法的可操作性原则：每学期结束前，任课教师对学生的学习成效进行评价，学校对教师及其任教年级、班级的教学成效进行评价。评价将听课记录、备课检查、问卷调查、成绩检测等方面信息汇集，真实地反馈相关情况。

**（三）评价形式**

（1）对学生的评价：每学期任课教师要根据所教学生的年龄段合理安排教学任务，制定符合学情的测试内容及标准，将测试结果作为学生的体育成绩之一，记入学生阳光档案中，并将其作为评定"体育研究生""体育小达人""红领巾奖章""优秀少先队员""美德少年"的条件之一。

在关注学生成绩的同时，要更加注重学生运动参与度、学练态度、集体意识的评价。

（2）对教师的评价：学科主任、教研组长要对实施课程过程中的教学任务、备课情况、测试情况进行及时的跟进与评价，考评教师在活动中的组织、管理、指导等方面的成效。对于班主任而言，每个班级的校队人数、年级队人数，每届足球竞赛结果都成为"文明班级""星级中队"的考核内容。

**（四）评价内容**

（1）运动能力评价：通过综合评价量表和专项技能进行评价，考核学生跑、跳、投、技巧、足球、篮球等单元的掌握情况，利用星级评价方式进行评价。

（2）理论知识评价：通过综合评价量表和体育理论知识评价量表进行评价，考查学生对运动习惯、体育健康知识、足球理论知识的掌握，利用星级评价方式进行评价。

（3）运动态度评价：通过综合评价量表和练习情况、游戏参与度、课堂纪律考查表进行评价，考核学生对体育运动的喜爱程度、技能练习的认真程度、小组合作互动的程度，利用星级评价方式进行评价。

**四、足球脚内侧传球教学案例**

**（一）指导思想**

以"健康第一"为指导思想，认真落实"教会""勤练""常赛"的新要求，根据学生的生理、心理特点，运用多种教学手段，引导学生积极主动地参与体育活动，掌握一定的知识与技能，树立终身体育意识，培养健康的生活方式与行为习惯。

**（二）课标分析**

本课在小学体育新课标的教学理念指导下，坚持"健康第一"的指导思想，促进学生健康成长；激发运动兴趣，培养学生终身体育的意识；以学生发展为中心，重视学生的主体地位；关注个体差异与不同需求，确保每一个学生受益。进一步发展学生的自主、创新、探究与合作的能力，让学生充分施展自己的才华，使每个学生都能获得成功的体验。课堂中给学生一定的时间和空间，营造宽松、和谐的学练氛围；让学生在体育教学中学得开心、学得轻松，实现玩中学、玩中乐、玩中育，通过各种游戏调动学生学习足球脚内侧传球技术的积极性，提高教学质量。

**（三）教材分析**

足球脚内侧传球是小健将课程水平二之球类的教学内容。整个动作由助跑、支撑摆腿、击球、支撑落地组成，重点是快速有力的起摆腿，这一重点对完成动作、发展学生的腰腹力量及下肢力量有十分重要的作用，对发展学生的协调性、爆发力有着积极作用。

**（四）主题单元内容分析**

本单元教学内容为小足球及与此相关的游戏活动。足球融合了球类运动的趣味性、游戏性、竞争性和集体性的特点。足球运球有助于学生发展速度、灵敏、力量等身体素质，促进身体机能的发展，激发学生对足球运动的兴趣。足球运球对场地条件要求不高，简易便行，实用性强，锻炼身体的效果较好，对增进健康、愉悦身心、磨练意志等具有重要意义。

**（五）学情分析**

足球作为世界第一运动具有广泛的群体基础。低年级学生对足球的喜爱程度增加，一、二年学生对水平一阶段的足球球性、足球游戏已有一定基础，三年级的足球教学内容要逐渐向技能性内容转换。三年级学生处于协调性、速度等身体素质发展的敏感期，观察学习能力有较大幅度的提升，该学段学生好胜心较强，有较强的体育参与激情，但持续性不足，教师需要及时进行引导，以学生感兴趣的情景为牵引设计教学内容。

**（六）单元教学目标**

（1）通过足球传球练习，身体的灵敏、速度、爆发力和协调性得到发展，腿部力量、灵活性、速度素质和爆发力得到提升。

（2）通过教师讲解与示范，掌握脚内侧传球、左右脚传球的动作要领，并在模拟竞赛中做出完整技术动作。

（3）通过足球运球竞赛和传球练习，发扬勇于挑战、大胆创新的精神，培养团结协作的意识，展现乐于自我展示、主动发展的人格魅力。

（4）通过小组练习，学生合作、交流以及人际交往的能力得到加强。

**（七）课时教学目标**

（1）初步掌握足球脚内侧传球的基本方法，80％的学生能够通过脚内侧传球的方式将球传至指定位置。

（2）通过足球脚内侧传球发展学生的腰腹肌、腿部肌肉力量，提高爆发力和身体协调性。通过传接练习提高学生的球性。

（3）通过不同难度的挑战任务培养学生挑战自我的精神，通过学习保护与帮助方法增强个人安全意识和保护他人的责任意识；通过竞赛培养学生的规则意识与团队意识。

**（八）德育目标**

使学生树立主动帮助同伴的意识，形成良好的合作态度，体验团结合作的乐趣。

**（九）教学重难点**

教学重点：脚内侧传球时脚的触球部位。

教学难点：传球的准确性与身体协调性。

**（十）教学策略**

（1）教师创设合理的教学情境，激发学生的学习兴趣。

（2）教师用清晰、精练的语言讲解，示范正确的动作，利于学生模仿学习正确技术。

（3）合作交流，成果分享。鼓励学生积极思考，并能虚心听取他人的意见，共同提高，激发学生的进取精神。

**（十一）评价设计**

（1）课堂中通过学生参加足球运球游戏的参与度，了解学生是否能积极参加体育活动；通过学生课前的队列队形以及练习习惯，了解学生是否具有良好的学习习惯。

（2）课堂基本练习中，通过学生完成练习任务的成效，了解学生是否掌握足球运球技术动作；通过绕杆练习，了解学生是否有勇于尝试、果断的精神。

（3）通过设计课堂游戏，综合足球运球接力，鼓励学生在游戏中尝试快速运球，不怕丢球，也可利用小组合作等方式，帮助个别学生克服困难，完成足球运球。

①运动能力：对运动能力主要从体能、技能、竞赛（表6-9）三个方面进行评价，每课时通过自评和小组互评，进行等级评价。

表6-9 足球传球单元运动能力评价标准

| 运动能力 | 评价标准 | | |
|---|---|---|---|
| | A | B | C |
| 体能 | 完成训练任务，在竞赛中充分发挥自己的耐久力 | 能完成基本的训练任务，并能参与竞赛 | 基本完成简单的训练任务 |
| 技能 | 熟练掌握各种传接球技术，两人能在移动中熟练传球 | 掌握各种传接球技术；两人能完成固定位置传球 | 基本掌握各种传接球技术 |
| 竞赛 | 在竞赛中熟练应用各种传球技术 | 在竞赛中能做到简单的两人传球 | 在竞赛中能做出基本的传球动作 |

②健康行为：对健康行为主要从运动习惯、运动参与度、运动安全（表6-10）三个方面进行评价，采用课堂学生自评、小组互评、教师作业评价进行等级评价。

表6-10 足球传球单元健康行为评价标准

| 健康行为 | 评价标准 | | |
|---|---|---|---|
| | A | B | C |
| 运动习惯 | 熟练掌握足球的运动方式 | 掌握足球运动的热身、放松方式 | 基本掌握足球的运动常识 |
| 运动参与度 | 积极参与体育竞赛；团结同伴，勇于拼搏 | 乐于参加各种练习 | 能参与各种练习活动 |
| 运动安全 | 能帮助他人及时处理运动损伤 | 掌握足球运动中的各种损伤的处理 | 基本掌握足球运动的安全注意事项 |

③体育品德：对体育品德主要从体育精神、体育道德、体育品格三方面进行评价，主要采用课堂观察、小组活动、练习态度、竞赛表现，由教师在单元学习结束前完成评价。

综合能力评价量表见表6-11。专项技能评价量表见表6-12。

表6-11　综合能力评价量表

| 内容 | 评价指标描述 | | | 评价方式 | | |
|---|---|---|---|---|---|---|
| | ☆ | ☆☆ | ☆☆☆ | 自评 | 互评 | 师评 |
| 运动技能 | 能基本掌握传接球的基本动作要领 | 能基本掌握传接球的基本动作要领，做到两人连续传接球 | 能基本掌握传接球的基本动作要领，做到两人连续传接球，在竞赛中能灵活应用传接球技术 | | | |
| 学习习惯 | 能初步掌握足球运动的基本运动装备 | 能了解足球运动的基本热身、放松方式 | 能熟练、自主地做好足球运动的热身活动，并在运动中做好相应足球装备的准备 | | | |
| 学习积极性 | 能积极展示自己的技能，积极参与足球竞赛 | 能积极展示自己的技能，积极参与足球竞赛，在竞赛中积极、主动地抢球 | 能积极展示自己的技能，积极参与足球竞赛；在竞赛中积极、主动地完成传接球，能相互配合完成竞赛 | | | |
| 合作能力 | 能基本进行两人以上的足球技能配合练习 | 能熟练进行两人以上的足球技能配合练习 | 能熟练进行两人以上的足球技能配合练习，并在竞赛中运用团队配合 | | | |

表 6-12　专项技能评价量表

| 内容 | 评价指标描述 | | | 评价方式 | | |
|---|---|---|---|---|---|---|
| | ☆ | ☆☆ | ☆☆☆ | 自评 | 互评 | 师评 |
| 足球脚内侧传接球 | 能找到正确的击球的位置 | 能找到正确的击球的位置，能利用小腿摆动击球 | 能找到正确的击球的位置，能利用小腿摆动击球，能控制球的方向 | | | |
| 两人一组传接球 | 两人在相距3～5米的固定位置连续传接球 | 两人相距5～10米，连续传接球 | 两人跑动中传球过杆 | | | |
| 比赛展示 | 能完成简单的脚内侧传接球动作 | 两人能配合传接球 | 根据战术，做到预判，能完成二过一传接球配合练习 | | | |

### 五、小健将课程跨学科项目化学习案例

#### （一）实施的背景

《体育与健康课程标准（2022 年版）》中明确提出要落实教会、勤练、常赛要求，注重学、练、赛一体化教学。在《义务教育课程方案（2022 年版）》中首次出现了"跨学科主题学习"的提法。体育与健康课程要立足核心素养，结合课程的目标体系，设置有助于实现体育与德育、智育、美育、劳动教育和国防教育相结合的多学科交叉融合的学习方式。

#### （二）目标与设计思路

在设计与制订跨学科学习方案前，我们先要了解什么是跨学科学习。首先从字面理解，跨学科学习就是以学科之间有关的共同问题为研究对象，运用多学科的理论和方法探讨解决问题的途径。其次，跨学科学习应区别于多学科学习，跨学科学习应该以多学科对学生关键能力的培养为出发点，聚焦多学科的核心素养的共通点，集多学科之力，达到共同育人的目标。跨学科学习虽然是多学科的相互融合，但在设计与实施过程中一定要有主体学科。体育学科教师在制订跨学科主题学习的方案时就要以体育学科的核心素养为导向，以其他学

科的相关核心素养为辅助，协调发力助推体育教学工作开展。

**（三）实施方法**

1. 集思广益，共谋发展方向

由体育学科牵头，体育、美术、数学学科开展了跨学科主题学习交流会，各学科针对各自学科的核心素养（表6-13）进行交流，梳理、归纳出各学科可共同发力的着力点（表6-14），进一步理清了跨学科主题学习的设计思路与方向。

**表6-13 学科核心素养一览表**

| 学科 | 核心素养 |
|------|----------|
| 体育 | 运动能力、健康行为、体育品格 |
| 美术 | 美术表现、创意实践、审美判断、图像识别、文化理解 |
| 数学 | 数据分析、数学抽象、直观感受、数学运算、逻辑推理、数学建模 |

**表6-14 跨学科融合的切入点**

| 融合学科 | 学科素养融合切入点 | 学科素养融合发力点 |
|----------|-------------------|-------------------|
| 美术学科 | 美术表现、图像识别 | 以直观的视觉感受建立运动技能表象，巩固动作技能的掌握 |
| 数学学科 | 数学运算、数据分析 | 通过对直观的运动数据进行分析与运算，了解自身对技能的掌握程度与提高幅度 |

2. 体美融合，丰富技能学练方法

体育与健康课程以身体练习为主要手段，以体育与健康知识、技能和方法为主要学习内容，以发展学生核心素养和增进学生的身心健康为主要目的。

融合策略：基于体育与健康的课程性质，学练基本运动技能、专项运动技能、增强体能依旧是体育课堂的主要内容。为了便于学生更好地理解、记忆动作要领，体育学科将不同的技能与美术学科人物形态、动作的表现相结合，通过创作连环画的形式展现动作技能。技能分解图能够帮助学生直观感受动作组成、巩固所学技术的动作要领。

融合案例：学生绘画蹲踞式跳远、跨越式跳高、肩肘倒立等动作的分解图。为了完成该项任务，学生必须先通过体育课学习单项技能，知晓动作的要领，无形中提升了学生学习的投入程度；其次要会观察，注意观察身体姿态与细节，通过美术课将脑海中的画面呈现在纸上,加深了学生对动作技能的理解和记忆。

3. 体数融合,丰富教学评价办法

体育与健康课程要落实教会、勤练、常赛要求,注重学、练、赛一体化教学。在评价时要重视学生综合性学习评价,评价内容要围绕核心素养,既关注基本运动技能、体能与专项运动技能,又关注学习态度、进步情况和体育品德。

融合策略:分析体育与数学学科的核心素养的切入点后,学校尝试进行了"我的体质健康水平达标了吗?"跨学科主题学习。体育学科以国家体测中的"1分钟跳绳"为测试项目,通过每节课的"课课练"监测学生一段时间的练习成绩。学生将每节课的测试结果进行记录,结合数学中"统计图""统计表""百分比"的知识点,绘制个人成绩统计图、班级成绩统计表,通过对数据的分析了解自己的进步幅度、班级之间的差距。

融合案例如下。

案例1:数学教师在进行作业设计时,将学生平日的检测成绩与作业命题相结合,教师给出本班两组学生的测试数据。学生在教师设置的问题引导下通过"平均数""百分比""统计图"等知识点对数据进行计算和分析,再根据数据分析提出具体的提升方案。

案例2:体育教师根据日常训练技能定制了暑期健身计划表,在评价方法上将传统的"A、B、C""优、良、合格"评价标准转换为"王者、黄金、白银、青铜"这种学生更喜欢的段位评价法。假期中,学生可以将练习成绩按日记的形式进行记录,并尝试使用数学课上所学的"折线统计图"绘制表格,并根据折线图总结练习成果。

案例3:在进行跨学科主题学习时,学生主动学习的兴趣被极大地调动,几个学校信息技术小组的精英学生主动提出:"体测成绩大多是老师测试,我们想尝试结合所学的编程知识研制辅助测试工具。"体育教师引导学生先从体育的角度出发,从动作规范程度和分析提升成绩的办法入手进行研究,最终确定了仰卧起坐肘部位置检测仪和50米跑步数监测仪。

4. 体育与国防教育融合,丰富学生的情感体验

体育运动与国防教育具有许多共通之处,主要体现在培养学生的爱国主义和集体主义精神,合理运用战略战术发展体能,强调纪律意识、勇敢顽强、不畏艰难、责任担当等。

融合策略：体育教师在进行课堂设计时要有意识地将国防教育、爱国主义教育与体育课堂融合，融合时要注意选择适当时机，不可强加硬塞。例如，可以将阅兵典礼、军事训练融入开学第一课中，将模拟战斗、救援救护等场景融合到常态课堂的准备部分。

融合案例如下。

案例 1：体育课需要通过开学第一课帮助学生养成良好的常规习惯，而基本的队列队形，站、立、行的正确姿态为主要教学内容，常态化的训练容易枯燥、乏味，在设计课堂时可以通过创建"军营""小战士"的情景，设置不同难度的梯次练习，让学生在积极参与的过程中养成良好的行为习惯。

案例 2：每年 10 月份是学校爱国主义教育宣传月，体育学科在按进度推进教学进程的同时，将长征精神、少年毛泽东的故事、威海地方党史教育融入体育课堂，通过创设不同情境，提升身体素质的同时培养学生的爱国情怀。

《义务教育体育与健康课程标准（2022 年版）》的颁布与实施对学校体育和体育教师提出了更高的要求，这是新时期教育发展的必然结果，也是家长、学生的共同心声。面对新课标的种种变化，学校层面要着力加强体育教师的队伍建设，从提升教师业务水平和教研能力下功夫，打造一支肯钻研、敢于尝试的教师团队；体育教师必须有充分的思想认识，在学习理解新课标的同时，不断转变思想观念，将新课标中的新要求、新思想与教学实践相结合，在摸索与尝试中找出能够更好地服务于学生的新思路、新方法。

**六、"世界杯"主题下的跨学科项目化案例分析**

《义务教育课程方案和课程标准（2022 年版）》要求教师在教育教学过程中注重培养学生在真实情境中综合运用知识和解决问题的能力，也明确提出在进行教学设计时要有意识地设计综合课程和跨学科主题学习，不断探索主题化、项目式的教学新方式。在教学实践中，教师要立足学科基本概念，通过概念群、问题链等方式驱动跨学科项目化学习的推进。

面对新的教育形势，教育教学工作面临更多机遇与挑战，新的教学改革要求学校不断修正和完善满足学生全面发展的课程体系，不断尝试和探索项目化学习、跨学科课程和情境课程。在进行跨学科项目化学习时，以统一的研究主题为方向，将各学科内容的交叉内容作为跨学科课程的发力点，既能减少因单学科教学内容重叠而造成资源浪费，又能以有趣的情景发散式地培养学生核心素养，让学生的学习自主性、课堂内容的延展性、课堂质量的高效性得到明显提升。

**（一）跨学科学习的概念**

《礼记·学记》中说"学然后知不足，教然后知困"。作为基层体育教师，我们首先要从态度上和思想上提升跨学科课程的设计意识，不断学习跨学科学习、项目化学习的新理念、新思想，充分认识到在小学体育教学过程中开展跨学科学习的重要意义，从而不断深化小学体育跨学科协同的教学模式。

什么是跨学科学习？通过翻阅相关文献与理论知识的补充，我对跨学科学习有了新的理解与看法，我认为跨学科学习是以学科之间相关的共性问题为研究对象，运用多学科的理论和方法探讨解决问题，跨学科学习虽然是多学科的相互融合，但又区别于多学科学习，在设计与实施过程中，跨学科课程的设计一定要有主体学科牵头带动，课程的主题由主体学科确定，并协调各学科共同推进课程的具体实施。

**（二）跨学科学习的项目化主题的有效确定**

在选定跨学科学习的项目化主题时，要考虑主题是否具有价值（学校价值、课程价值、学科价值、学生价值），是否具有一定的时效，在前期的设计准备过程中可以从以下几个方面考虑。

（1）在选定项目化学习主题时应充分考虑学校育人目标、特色发展及学科需求。

（2）跨学科项目化学习对各参与学科是否有促进作用。

（3）主题的选定能否有效促进学生从"偏科"向"全面"发展。

（4）项目化学习能否与当下时事、热点相结合。

学校特色项目：快乐足球。

学校育人目标：培养具有"家国情怀、智慧创新、责任担当"的时代新人。

人文体育课程：培养学生运动能力、健康行为和体育品德等。

基于以上分析，我校在2022年第一学期借"世界杯"的时事热点，由体育学科牵头设计了"我眼中的世界杯"跨学科项目化主题学习，下面就我校实施推进"世界杯"主题课程运用的策略与方法进行简单介绍。

**（三）跨学科学习的项目化学习设计**

1. 成立骨干教师团队，助力跨学科深度教研

在确定项目主题和参与学科后，体育教研组主动邀请语文、艺术、数学学科的骨干教师开展跨学科集体教研。各学科的骨干教师相互交流、相互碰撞，梳理出基于各自学科核心素养的共同发力点，并以共性问题作为各学科开展教学活动的切入点。

通过多次的研讨，我们梳理出了参与学科的不同侧重点：语文学科以语言运用、文化自信为切入点，艺术学科以艺术表现、创意实践为切入点，数学学科以数学语言、数学思维为切入点。

2. 梳理驱动性问题，引领课程发展方向

在确定了课程推进方向与思路后，各学科以提炼出的核心素养为出发点，再次研讨推动课程发展的统一驱动性问题，"当世界杯来到我们的家门口，我能做些什么？"各学科再结合自身的学科特点，设计各学科的驱动性问题（表6-15）。

**表6-15　各学科驱动性问题一览表**

| 学科 | 核心素养 | 学科驱动性问题 | 成果 |
|------|----------|----------------|------|
| 体育 | 运动能力 健康行为 体育品格 | 我是运动员：我能锻炼什么？ | 专项运动技能 足球赛 |
| 语文 | 语言运用 文化自信 | 我是解说员：我能介绍什么？ | 经典解说摘抄 |
| 数学 | 数学思维 数学语言 | 我是分析师：我能测算什么？ | 赛程编排 成绩测算 |
| 艺术 | 艺术表现 创意实践 | 我是设计师：我能设计什么？ | "球星"卡 我们的吉祥物 |

**（四）跨学科学习的项目化学习的实施**

在推进跨学科项目课程时，学校以"入项课—推进课—展示课"三步走的实施策略推进课程实施，即通过入项课激发学生的学习兴趣，推进课促进课程具体实施，展示课呈现累累硕果。

1. 入项课

入项课由主体学科先行开展，利用升旗仪式在全校层面全面启动"世界杯"

主题课程，并借机营造足球文化氛围。通过微信公众号制作世界杯观赛指南，让学生在真听、真看的过程中燃起足球兴趣。

2. 推进课与展示课

推进课是培养学生核心素养、实现育人目标的"主阵地"，推进课主要借力于国家课程（每周一节的足球特色课程）、校本课程（每周两节的校本选修课程）实施推进，学生在不同情境中、不同学习内容的课堂上分梯次参与学习活动。

（1）体育学科：体育学科聚焦运动能力、健康行为、体育品德三大学科核心素养，将足球文化、足球技能、实践运用作为体育推进课的主要教学内容，具体实施如下。

①足球文化方面：以世界杯历史（举办国、吉祥物、会徽）、球队与球星故事、"希望杯"我校精彩镜头三个主题普及足球基本知识。

②足球技能方面：创设"我是参赛球员"的情景，围绕"运、传、射"三个单元学练基本技能。

③实践运用方面：通过组织班内五人制练习赛、年级"我们世界杯"八人制班级联赛检验学练效果。

（2）艺术课程：艺术学科是引领人发现美、欣赏美进而创造美的学科，将体育的元素渗透到美术学科中，能够让学生打开一扇发现运动美和创造运动美的窗户。

①"球星卡"的设计：以球星形象、球星介绍、球星故事为表现手法，将足球元素与绘画相融合，学生在锻炼绘画技巧的同时，又加深了对足球精神的感悟。

②"吉祥物"的设计：了解历届"世界杯"的举办国的建筑、风景及风土人情，欣赏世界杯主题曲（如生命之杯》《意大利之夏》等），体验不同地域的特色文化（如非洲鼓、桑巴舞等），带领学生了解中国的传统文化，增强文化自信，进而结合中国元素创造性地设计"我们的吉祥物"。

（3）语文学科：优雅的文字是语文表达的重要形式，"世界杯"赛场上，诗情画意的足球解说让人陶醉其中而不能自拔。成功时荡气回肠的喜悦，失败时卧薪尝胆的坚韧，无不从解说词中展现出别样的美。学生在观看"世界杯"比赛时，有意识地记录经典解说，将自己喜欢的金句与同学们分享。优美的文字既培养了学生的语言表达能力，又帮助学生树立正确的人生观、价值观。

（4）数学学科：数学学科核心素养包含了用数学的眼光观察现实世界、用数学的思维思考现实世界、用数学的语言表达现实世界，数学学科的"世界杯"主题学习的开展主要从以下两个方面进行。

①我们的"世界杯"赛制安排。我们的"世界杯"（年级八人制班级联赛）共八支队伍，小组赛采取单循环积分制，半决赛采取淘汰制，请问我们的比赛如何编排？

②在世界杯赛场上，一支球队究竟需要拿多少积分才能够小组出线呢？赢两场比赛一定能出线吗？一场不赢一定会被淘汰吗？

举个例子："例如在一个小组中，有一支球队是超级'鱼腩队'，一场不胜，剩下的三支队伍在它身上各取3分。同时，这三支队伍形成互相克制的关系——A赢B、B赢C、C赢A。"这种情况下，即便赢两场拿6分，球队也有无法出线的可能。"但也有一种情况，就是即便小组赛一场不胜也有机会晋级。""例如，在一个小组中，有一支球队是超级强队，三场全胜，同时剩余这三支队伍之间全为平局。"这样一来，A、B、C三支球队中一定会有一支一场不胜但仍然能出线的球队。因此，即便是只积2分在理论上也有晋级的可能，这便是数学的魅力。

**（五）课程评价**

1. 评价依据

围绕《义务教育课程方案（2022年版）》强调的结果评价、过程评价、增值评价、综合评价四种评价方式的综合运用，学校以学生综合素质发展为核心，关注学生学业发展中的学习习惯、学习态度、学习兴趣和学科素养，强化过程评价，改进结果评价，探索增值评价，健全综合评价，融合四种评价方式，改革评价目标、评价内容、评价工具、评价结果的应用，提升教师的评价素养，提升学生自我评价、自我反思的能力，从而建立有序进阶、可测可评的学生综合素质评价体系。

2. 评价策略

以课程标准为核心的项目化学习有一套系统的教学方法和教学模式，它既是对复杂真实问题的探究过程，也是精心设计项目化学习成果，规划实施项目任务的过程。在这个过程中，教学形式以学生为中心，学生的角色由被动的接受者变为主动的知识建构者，通过自主探究合作学习，共同解决真实情境中的问题。采取"鲸园笑脸章即时评价""鲸园书签升级评价""校长签名喜报阶段性评价""人文素养成果展示性评价"四级激励性评价策略，让激励性评价成为学生自主成长的动力。其中，鲸园书签由学生依据五大学习领域自主设计，每周被评定为"学科小能手""进步之星"的学生获得一枚鲸园书签；校长签名喜报也由学生根据十二生肖自主设计，每月被评定为"学科小达人""进步小达人"的学生获得一张喜报；"人文素养成果展示性评价"主要由"学科小达人"自主申报，以人文素养展评（静态展示：与校园文化墙融合，每学期不少于2次）与鲸园书院展示（动态展示：面向不同学生群体宣讲，每月2～3次）为载体，定期进行展评。